韓愈事蹟與詩文編年

柯萬成著

文史哲學集成

文史哲出版社印行

國家圖書館出版品預行編目資料

韓愈事蹟與詩文編年 / 柯萬成著.-- 初版 --臺
北市：文史哲，民 101.07
　頁；公分（文史哲學集成；621）
　參考書目：頁
　ISBN 978-986-314-045-0（平裝）

1.（唐）韓愈　2.傳記　3.文學評論

782.8417　　　　　　　　　　101014302

文 史 哲 學 集 成　　621

韓愈事蹟與詩文編年

著　　者：柯　　　萬　　　成
出 版 者：文　史　哲　出　版　社
　　　　　http://www.lapen.com.tw
　　　　　e-mail：lapen@ms74.hinet.net
登記證字號：行政院新聞局版臺業字五三三七號
發 行 人：彭　　　正　　　雄
發 行 所：文　史　哲　出　版　社
印 刷 者：文　史　哲　出　版　社
　　　　臺北市羅斯福路一段七十二巷四號
　　　　郵政劃撥帳號：一六一八○一七五
　　　　電話886-2-23511028・傳真886-2-23965656

實價新臺幣五五○元

中 華 民 國 一 ○ 一 年（2012）七 月 初 版

序　　例

　　本書取名《韓愈事蹟與詩文編年》，編列資料的對象是韓愈，以韓愈的生卒爲序。分爲朝廷時事、韓愈事蹟、詩文編年、時人事蹟、詩文考辨五個部份。

　　有關朝廷時事部分，以《資治通鑒》及《歷代通鑒輯覽》爲主，參以新舊《唐書》相關本紀、志、傳；進士科及博學弘辭科之登科姓名，以《唐登科記考》爲主。

　　有關韓愈事蹟部分，係以李翱〈韓公行狀〉、皇甫湜〈韓文公墓誌〉、皇甫湜〈韓文公神道碑〉、李漢〈昌黎先生韓愈文集序〉、新、舊《唐書·本傳》，洪興祖《韓子年譜》、方崧卿《增考年譜》、朱熹《校新唐書·本傳》、方成珪《昌黎先生詩文年譜》爲基礎，輔以呂大防《韓吏部文公集年譜》、程俱《韓文公歷官記》、樊汝霖《韓文公年譜》、顧嗣立《昌黎先生年譜》、蔣抱玄《考正韓文公年譜》，整理耙梳，勾稽眾籍而成。

　　詩文編年部分，主要根據《昌黎集》中，昌黎詩文自述的年月日爲主，祭文、墓誌則以祭日、葬日爲準；其在某年的四季，則參考方成珪《昌黎先生詩文年譜》；其作於某官之時，則效法方崧卿〈韓文年表〉以篇什的繫年法。

　　時人事蹟部分，昌黎的師友頗多，交誼亦廣。坊間年譜頗多，如華忱之《孟郊年譜》、羅聯添《張籍年譜》、羅聯添《劉夢得

年譜》、羅聯添《李翱年譜》、羅聯添《柳宗元事蹟繫年暨資料類編》、羅聯添《白樂天年譜》、朱金城《白居易年譜》、朱自清《李賀年譜》、李嘉言《賈島年譜》、卜孝萱《元稹年譜》等，摘其要者錄之。

詩文考辨部分，有關韓愈詩文編年之研討，自宋代起，不乏其人。考之《魏本》，見於韓醇、唐庚、孫汝聽、樊汝霖、胡渭等人，嗣後，方崧卿《韓集舉正》、朱熹《韓文考異》、方世舉《韓昌黎詩集編年箋注》、方成珪《韓集箋正》、王元啓《讀韓紀疑》、鄭珍〈跋韓詩〉、陳景雲《韓集點勘》、錢仲聯《韓愈詩繫年集釋》為其著者。其中，諸家之說難免有異同，於是，作者考而辨之。此部分考辨係與詩文編年部分相呼應，而以（考辨）表示之。此部考辨主要摘自筆者的研究成果。筆者從事韓愈詩文編年工作，歷有年所，詳見拙著〈韓愈文繫年考辨二十九則〉、〈韓愈詩繫年考辨二十則〉、〈韓愈文繫年三家異同比較研究〉、〈韓愈詩繫年四家異同比較研究〉，今者，作者有增刪，可視為為筆者晚年定論。

本書將韓愈事蹟分五部分撐開，依次排比資料，庶幾綱舉而目張，條理分明，便於閱讀尋檢。旨在文獻整理，亦有學術研究。

本書較多引用的資料，以簡稱代之。如〈韓公行狀〉，簡稱〈行狀〉；〈韓文公墓誌銘〉，簡稱〈墓銘〉；〈韓文公神道碑〉，簡稱〈神道碑〉；李漢：〈昌黎先生韓愈文集序〉，簡稱〈文集序〉；洪興祖：《韓子年譜》，簡稱《洪譜》；方崧卿：《增考年譜》，簡稱《方考》；朱熹：《校新書本傳》（或稱《朱子校昌黎先生集傳》），簡稱《朱校》；方成珪：《昌黎先生詩文年譜》，簡稱《方譜》；呂大防：《韓吏部文公集年譜》，簡稱《呂

譜》；程俱：《韓文公歷官記》，簡稱《程記》；樊汝霖：《韓文公年譜》，簡稱《樊譜》；顧嗣立：《昌黎先生年譜》，簡稱《顧譜》；蔣著超：《考正韓文公年譜》，簡稱《蔣譜》。

　　本書構思十年，整理資料凡七年，期間凡六易其稿，備極辛勞；如今殺青有日，謹略述其旨趣，以告讀者。若有訛誤者，尙期賜正，是爲序。

　　中華民國一〇一年（2012）六月夏至日柯萬成識於雲林科技大學漢學資料整理研究所。電郵：kowc@yuntech.edu.tw

韓愈事蹟與詩文編年

目　　次

唐懿宗（860-873）咸通時，卒後約四十六年

皮日休上〈請配饗書〉於朝廷，請配饗昌黎於

孔聖廟堂，不果行。

宋眞宗咸平年間（998-1003），卒後約一百七十四年

潮州通判陳堯佐在潮州金山山麓創建潮州韓文公祠。

宋神宗元豐七年（1084）五月，卒後二百六十年

詔封昌黎伯，從祀孔子廟庭。

宋哲宗元祐五年庚午（1090），卒後二百六十六年

潮州知州王滌遷韓祠於城南，邀蘇軾撰〈潮州韓文公廟碑〉。

宋孝宗淳熙十六年己酉（1189），卒後三百六十五年

潮州知州丁允元遷韓祠於韓江東岸之筆架山山麓。

此後，屢有修葺，相傳至今。

明世宗嘉靖九年（1530），卒後七百零六年

詔改稱先儒韓子。

清世宗雍正七年（1729），卒後九百零五年

臺灣臺南地方人士草建三山國王廟，天后聖母祠與
韓文公祠分居兩側，形成從祀格局。其後，陸續有
倡建；至今香火不替。

清宣宗道光七年（1827），卒後一千零三年

武生李孟樹創建臺灣屏東內埔昌黎祠，至今香火頗盛。

壹、韓愈略譜

一、先　世

韓氏出自姬姓，周武王之後。

始祖爲晉武子萬，食采於韓原，稱韓武子。武子生簡，簡生子輿，子輿生厥，晉景公時，伐齊有功，封獻子，遂從封邑爲韓氏。

〈神道碑〉：「韓氏出晉穆侯，晉滅武穆之韓，而邑穆侯孫萬於韓，遂以爲氏，後世稱王。」

分晉後，始爲諸侯。是爲昭侯虔，虔生宣惠王，宣惠王生襄王倉，滅於秦。

襄王倉少子蟣蝨生信，體貌魁梧，才識過人，漢王劉邦封爲韓王，領潁川故地。及後，徙韓王信於太原以禦胡。其後，韓王信降匈奴，與胡合兵拒漢。漢使柴奇將軍擊破之，信伏誅。爲韓氏家族一大浩劫。

〈神道碑〉：「漢之興，故韓襄王孫信有功，復封韓王，條葉遂著。後居南陽，又隸延州之武陽。」

其初，信降匈奴，至穨當城，生子，遂名穨當。以避禍留居匈奴。孝文帝時率眾歸漢，封弓高侯。

穨當裔孫尋，後漢光武帝時任隴西太守。

尋生稜，字伯師，以才能稱；後漢和帝時入爲太僕，拜司空，

居潁川。其後人徙居安定武安，是為韓氏聚族河北之始。

　　七世祖韓耆，字黃耇，後魏太宗時，拜綏遠將軍、遷龍驤將軍、常山太守、假安定侯，卒贈齊州刺史，諡成侯，徙居常山之九門。

　　六世祖韓茂，字元興，膂力過人，善騎射。後魏世祖時，為侍中、尚書左僕射、加征南將軍。卒贈涇州刺史、安定王，諡桓王。

　　〈神道碑〉：「拓跋後魏之帝，其臣有韓茂者，以武功顯，為尚書令，實為安定桓王。」

　　〈墓銘〉：「後魏安桓王茂六代孫。」

　　《新唐書·本傳》：「七世祖茂，有功於後魏，封安定王。」

　　謹案，請人姚範曰：「茂於退之為六世祖。記曰。幽世而緦。服之窮也。以高祖言之。」

　　五世祖韓均，字天德，少而善射，有將略。兄備卒，無子，均襲爵安定公、征南大將軍，賜爵范陽子，加寧朔將軍，諡康公。

　　〈神道碑〉：「次子均襲爵，官至金部尚書，亦能以功名終。」

　　高祖韓晙，為韓均次子，官雅州都督。卒諡康公。

　　曾祖韓泰，唐曹州司馬。徙居河陽。

　　〈行狀〉：「曾祖泰，皇任曹州司馬。」

　　祖韓叡素，唐桂州都督府長史。行仁政，善化行於江嶺之間。

　　〈行狀〉：「祖濬素，皇任桂州長史。」

　　〈神道碑〉：「尚書曾孫叡素為唐桂州長史，善化行於江嶺之間，於先生為王父。」

　　〈墓銘〉：「祖朝散大夫、桂州長史諱叡素。」

二、家　族

父仲卿，為武昌令，有美政，懲惡護善，號古循吏；終秘書郎，贈尙書左僕射。

　〈行狀〉：「父仲卿，皇任秘書郎，贈尚書左僕射。」

　〈神道碑〉：「生贈尚書左僕射諱仲卿。僕射生先生。」

　〈墓銘〉：「父祕書郎、贈尚書左僕射諱仲卿。」

　《新唐書‧本傳》：「父仲卿，為武昌令，有美政，既去，縣人刻石頌德。終秘書郎。」

母，某氏，昌黎生未滿二月，去世。長慶元年；追贈爲郡國夫人。

叔父三人：少卿、雲卿、紳卿。

少卿，重然諾，剛正，有氣節，官當塗縣丞；

雲卿，文章冠世，好立節義，拜監察御史，官終禮部郎中；

紳卿，工古文，而能其官，官高郵尉、揚州錄事參軍、涇陽令。

從父兄與從子姪

雲卿生二子，俞、弇。

長子俞、開封尉，性豪放，喜酒色狗馬。俞三子，長子無競，為河南參軍；次子啓餘，溫州司功參軍；三子州來，唐興令。俞二女，長女好好，嫁周況；次女某，嫁張徹。

次子弇，建中四年登進士第，富學行，有節度，祕書省校書郎，遷監察御史，朔方節度使書記。貞元三年，使於吐蕃，遇害。夫人韋氏。一女，嫁於李翱。

紳卿子岌，行第十二，官虢州司戶參軍，有政聲。夫人田氏，

子家一人，女二人，曰門、曰都。

　　二兄：韓會、韓介。

　　韓會，登進士第，善清言，以道德文章伏一世。居江淮間，以王佐自許，時號四夔。浙江觀察使薦於朝，累遷起居舍人。大曆十二年，坐元載黨貶官，十四年再貶韶州。卒於任，卒年四十二歲。

　　嫂鄭氏，慈惠果斷，女中翹楚。昌黎少孤，鞠育於嫂；嫂卒，為之服碁以報。

　　韓介，少卿子，為人孝友，為率府參軍。

　　姪與姪孫

　　韓介，生百川、老成（過繼於會）。

　　老成生湘、滂。韓湘，長慶三年登第，大理丞。韓滂（過繼於介），死在袁州，年十九。

　　妻與子

　　妻范陽盧氏，恩封高平郡君。

　　乳母李氏，號正真。昌黎生未周月，失怙恃，李氏保育之。卒於元和六年。

　　子韓昶，貞元十五年生於徐州符離，小名符。長慶四年，登進士第，為集賢殿校理、襄陽別駕檢校戶部郎中。大中九年卒，年五十七。

　　次子州仇，事蹟不可考。

　　愈生五女。

貳、韓愈事蹟與詩文編年

唐代宗大曆三年戊申（768）　一歲

【朝廷時事】

正月，帝幸章敬寺，度僧尼千人。

四月，徵李泌于衡山。

六月，幽州將朱希彩殺其節度使李懷仙，詔以希彩知留後。

八月，吐蕃寇靈武。

九月，鳳翔都將李晟屠吐蕃定秦堡。吐蕃遁還。

十二月，詔以馬璘為涇原節度使。

是年四月二十五日復置童子科。進士高拯等十九人，知貢舉，上都禮部侍郎薛邕。

【韓愈事跡】

大曆三年，韓愈生。一歲。生未二月，母卒，由乳母李氏撫養。

> 李漢《文集・序》：「先生生於大曆三年，戊申。」
>
> 〈乳母墓銘〉：「入韓氏，乳其兒愈。愈生未再周月，孤失怙恃。李憐不忍棄去，視保益謹，遂老韓氏。」

【詩文編年】

【時人事跡】

孟郊，十八歲。距生於玄宗天寶十載（751）。

張籍，三歲。距生於大歷元年（766）。

李白，前四年卒，年六十二歲。

杜甫，五十五歲。在夔州。

唐代宗大歷四年己酉（769）　　二歲

【朝廷時事】

正月，郭子儀入朝。

六月，郭子儀徙鎮邠州。

十月，杜鴻漸卒。鴻漸病甚，令僧削髮，遺令爲塔以葬。

是年進士科及第，有齊映、李益、冷朝陽等二十六人；博學鴻辭科，張叔良、崔淙二人，上都禮部侍郎薛邕、東都權知留守張延賞知貢舉。

【韓愈事跡】

大歷四年，昌黎二歲。

【詩文編年】

【時人事跡】

唐代宗大歷五年庚戌（770）　三歲

【朝廷時事】

三月，魚朝恩伏誅。

罷度支、轉運、常平、鹽鐵等使，委宰相領之。

詔以楊綰爲國子祭酒。徐浩爲吏部侍郎。

四月戊午，上御宣政殿親試。

七月，京畿饑，米斗千錢。

詔以李泌爲江西觀察判官。

是年進士李搏、李端、顧少連等二十六人，明經科陳潤一人，上都禮部侍郎薛邕、東都權知留守張延賞知貢舉。

【韓愈事跡】

大歷五年，昌黎三歲，父仲卿歿。韓會護喪歸葬河陽。此後養於伯兄會、由長嫂鄭氏、乳母李氏扶養成人。

〈祭鄭夫人文〉：「我生不辰，三歲而孤。」

〈乳母誌〉：「愈生未再周月，孤失怙恃。」

〈行狀〉：「生三歲，父歿，養於兄會舍。」

〈神道碑〉：「乳抱而孤，熊熊然角，嫂鄭氏異而恩鞠之。」

《新唐書・韓愈傳》：「愈生三歲而孤，隨伯兄會貶官嶺表。會卒，嫂鄭鞠之。」

【詩文編年】

【時人事跡】

杜甫卒,得年五十九。

唐代宗大歷六年辛亥（771）四歲

【朝廷時事】

二月,詔河南隴右山南副元帥李抱玉,當自練兵,專備隴坻。

三月,河北大旱,米斗千錢。

八月,詔以李栖筠爲御史大夫,詔以韓滉判度支。

是年進士及第,王溆、張惟檢、楊於陵等二十八人;諷諫主文科,鄭珣瑜、李益二人;瑨才異等科,陳潤一人;上都禮部侍郎張謂、東都權知留守張延賞知貢舉。

【韓愈事跡】

大歷六年,昌黎四歲,守父喪。

【詩文編年】

【時人事跡】

唐代宗大歷七年壬子（772）　五歲

【朝廷時事】

正月,回紇使者犯朱雀門。

　　七月，盧龍將吏殺其節度使朱希彩。朱泚權知爲留後，遣使言狀。

　　十月，詔以朱泚爲盧龍節度使。

　　是年進士及第，張式、暢當、胡珦等三十三人；諸科，歸登等四人；博學鴻辭科，楊於陵一人；上都禮部侍郎張謂知貢舉。

【韓愈事跡】

大歷七年，韓愈五歲，守父喪。

【詩文編年】

【時人事跡】

杜佑，卅八歲。

孟郊，二十二歲。

張籍，七歲。

權德輿，十四歲。

令狐楚，五歲。

李建，八歲。

白居易生。

劉禹錫生。

崔羣生。

李紳生。

呂溫生。

唐代宗大歷八年癸丑（773）　六歲

【朝廷時事】

正月，昭義節度使薛嵩卒。

十月，吐蕃寇涇州、邠州，郭子儀遣渾瑊拒卻之。

是年進士及第，陸贄等三十四人；諸科五人；上都禮部侍郎張謂、東都留守蔣渙知貢舉。

【韓愈事跡】

大歷八年，韓愈六歲。

【詩文編年】

【時人事跡】

孟郊，二十三歲。

柳宗元生。

劉禹錫，二歲。

呂溫，二歲。

白居易，二歲。

唐代宗大歷九年甲寅（774）　七歲

【朝廷時事】

二月，郭子儀入朝。

六月，密宗國師不空圓寂。贈司空，賜爵肅國公，諡大辯正
廣智三藏和尚。

京師旱，秋七月雨。

九月，盧龍節度使朱泚入朝。

是年進士及第，楊憑、閻濟美等三十二人；上都禮部侍郎張
謂、東都留守蔣渙知貢舉。

【韓愈事跡】

大歷九年，昌黎七歲，好學。自小刻苦自勵，日記數千百言。
讀書能記他生之所習。

〈與鳳翔邢尚書書〉：「愈七歲而讀書。」

〈感二鳥賦〉：「因竊自悲，……讀書著文，自七歲至今。」

〈行狀〉：「及長，讀書能記他生之所習。」

〈神道碑〉：「七歲屬文，意語天出。」

〈墓銘〉：「先生七歲好學，言出成文。」

《舊唐書・本傳》：「愈自以孤子，幼刻苦學儒，不俟獎勵。」

《新唐書・本傳》：「愈自知讀書，日記數千百言。」

今年伯兄韓會出仕，宦於長安。韓愈從之。自後受韓會教養，
受其影響極大。

〈祭鄭夫人文〉：「未齔一年，兄宦王官，提攜負任，去
洛居秦。念寒而衣，念饑而餐，疾疹水火，無災及身。」

《洪譜》：「未齔一年，七歲也。」

《洪譜》：「公詩云：舊籍在東都，茅屋枳棘籬。生兮耕
吾疆，死也埋吾陵。它詩言伊洛嵩潁者甚眾，蓋公屋盧墳
墓在東都河陽，今年始從其兄去洛居秦也。」

【詩文編年】

【時人事跡】

柳宗元，二歲。

李翺生。

呂恭生。

楊憑，進士及第。

唐代宗大歷十年乙卯（775）　八歲

【朝廷時事】

正月，魏博節度使田承嗣反。

四月，發諸道兵討之。

是年進士及第，崔恆、王建等二十七人；諸科一人；上都禮部侍郎常袞、東都留守蔣渙知貢舉。

【韓愈事跡】

大歷十年，昌黎八歲。在長安。伯兄韓會在朝為官。

【詩文編年】

【時人事跡】

是年？柳察躬卒於吳，柳鎮罷長安主簿，奔喪赴吳。

柳宗元，三歲。

唐代宗大曆十一年丙辰（776） 九歲

【朝廷時事】

二月，大赦。田承嗣上表請罪，入朝。

五月，汴宋軍亂。

七月，田承嗣復反，詔發諸道兵討平之。

十二月，涇原節度使馬璘卒。璘疾亟，以行軍司馬段秀實知
　　節度使，軍府晏然。

今年停東都試貢舉。

是年進士及第，楊凌、許孟容等十四人；上都禮部侍郎常袞
知貢舉。

【韓愈事蹟】

大曆十一年，昌黎九歲，在長安，伯兄韓會在朝為官。

【詩文編年】

【時人事蹟】

柳宗元，四歲。居京城西田廬中，太夫人教古賦十四首。

白居易，五、六歲便學為詩。弟白行簡生。

獨孤申叔生。

唐代宗大曆十二年丁巳（777）　十歲

【朝廷時事】

三月，詔復討田承嗣，既而釋之。

　誅元載，貶王縉爲括州刺史。

四月，詔以楊綰、常袞同平章事。

五月，起居舍人韓會坐元載貶官。

七月，司徒楊綰卒。

　詔以顏真卿爲刑部尙書。

九月，詔以段秀實爲涇原節度使。

　霖雨。度支奏河中有瑞鹽。

　詔以李納爲青州刺史。

是年進士及第，黎逢、鄭餘慶等十二人；上都禮部侍郎常袞知貢舉。

【韓愈事跡】

大曆十二年，昌黎十歲。伯兄韓會爲起居舍人。五月，坐元載黨貶官，昌黎從之南遷。

　　〈祭嫂文〉：「年方及紀，荐及凶屯。兄罹讒口，承命南遷。」

　　〈復志賦〉：「當歲行之未復兮，從伯氏以南遷。……至曲江而乃息兮，逾南紀之連山。」

　　《新唐書・本傳》：「隨伯兄會貶官嶺表。」

　　《舊唐書・本傳》：「夏五月，起居舍人韓會坐元載貶官。」

　　柳宗元〈先友記〉：「會善清言，有文章，名最高，以故多謗。」

【詩文編年】

【時人事跡】

　　柳鎮守喪服滿，禮部侍郎常袞，命爲太常博士；鎮以老弱在吳，求爲宣城令。

　　是年皇甫湜生。

唐代宗大歷十三年戊午（778）十一歲

【朝廷時事】

　　正月，回紇寇太原。

　　二月，代州都督張元晟擊破之。

　　十二月，郭子儀入朝。命判官杜黃裳主留務。

　　詔以路嗣恭爲兵部尙書。

　　是年進士及第，楊凝、衛次公等二十一人，諸科二人，禮部侍郎潘炎知貢舉。

【韓愈事跡】

　　大歷十三年，昌黎十一歲。在曲江。

【詩文編年】

【時人事跡】

唐代宗大曆十四年己未（779）　十二歲

【朝廷時事】

正月，以李泌爲澧州刺史。

二月，田承嗣卒；其兄子悅自稱留後。

三月，淮西將李希烈逐其節度使李忠臣；詔以希烈爲留後。

五月，代宗（李豫）崩。太子（李适）即位，是爲德宗。

閏五月，貶崔祐甫爲河南少尹。貶常袞爲潮州刺史。

　　詔以崔祐甫同平章事。詔罷四方貢獻，又罷梨園。

　　尊郭子儀爲尙父，加太尉兼中書令。

　　詔天下毌得奏祥瑞、縱馴象；出宮女。

　　詔以李希烈爲淮西節度使。詔以馬燧爲河東節度使。

　　詔以劉晏判度支。

　　詔六品以上淸望官，日令二人侍制。

七月，日食。

　　毀元載、馬璘、劉忠翼之第。

　　減常貢錦千匹、服玩數千事、罷榷酒。

八月，詔以楊炎、喬琳同平章事。

　　遣太常少卿韋倫使吐蕃。

十月，吐蕃南詔入寇，遣神策都將李晟等擊破之。

　　代宗葬元陵。

十二月，立宣王誦爲皇太子。

　　詔財賦皆歸左藏。

德宗親試。是年進士及第，王儲等二十人；博學鴻辭科，獨孤綬、獨孤良器二人；禮部侍郎潘炎知貢舉。

【韓愈事跡】

大歷十四年，昌黎十二歲，隨伯兄會南遷韶州。

〈祭鄭夫人文〉：「年方及紀，薦及凶屯；兄罹讒口，承命南遷。」

〈復志賦〉：「當歲行之未復兮，從伯氏以南遷；（略）至曲江而乃息兮，逾南紀之連山。」

《樊譜》「大歷十四年」：「年十二，隨伯兄起居舍人會遷嶺表。」

《洪譜》據《舊史》云：「豈以十二年貶，十三年始至韶邪？」

《方氏增考》：「以《唐史》及《通鑑》考之，韓會坐元載之貶，實大曆十二也。以公〈祭嫂文〉及〈復志賦〉考之，公隨會遷韶，年方及紀，實十四年也。賦言歲行未復，蓋公生於戊申，踰年方復庚申，其為十四年明甚，豈會固嘗以他事再貶耶？況諸黨元載以敗，無有度嶺者，楊炎道州司馬，韓洄邵州司戶，雖王縉始欲誅之，亦只降括州刺史，不應會獨貶韶也。樊譜只繫十四年，洪譜繫之十三年，謂踰歲方至韶，失於牽合也。」

謹案：韓會貶詔，今從《方考》，繫於十四年。

【詩文編年】

【時人事跡】

張籍，十四歲，在和州烏江見于嵩問張巡、許遠事。于嵩時年六十餘。

柳宗元父柳鎮，爲宣城令（？）。

李益，三十二歲。

孟郊，廿九歲。

張藉，十二歲。

李翱，六歲，讀書。

姚合，五歲。

元稹生。

賈島生。

唐德宗建中元年庚申（780）　十三歲

【朝廷時事】

正月，改元建中。用宰相楊炎議，始作兩稅法。

罷轉運租庸鹽鐵等使。貶劉晏爲忠州刺史。

二月，命黜陟使分巡天下。

詔以段秀實爲司農卿。

六月，築奉天城。

回紇頓莫賀殺登里可汗而自立，遣使冊命之。

殺忠州刺史劉晏。

八月，振武留後張光晟殺回紇使者九百餘人。

十一月，詔日引朝集二人，訪遠人疾苦。

德宗親試。是年進士及第，魏宏簡、杜兼等二十七人；賢良方正能直言極諫科，姜公輔等五人；文詞清麗科，奚陟，梁肅等六人；經學優深科，孫玭等三人；高蹈邱園科，張紳等三人；軍

謀越眾科，夏侯審等六人；孝弟力田聞於鄉間科，郭黃中等三人；禮部侍郎令狐垣知貢舉。

【韓愈事跡】

建中元年，昌黎十三歲，能文。

〈上鳳翔邢尚書書〉：「愈十三而能文。」

韓會卒，得年四十二歲。嫂鄭氏扶靈挈幼北歸，葬會於河陽。此後，由嫂鄭氏、乳母李氏鞠養。

〈祭鄭夫人文〉：「窮荒海隅，天閟百年；萬里故鄉；幼孤在前；相顧不歸，泣血號天；微嫂之力，化為夷蠻；水浮陸走，丹旐翩然；至誠感神，返葬中原。」

〈祭十二郎文〉：「中年兄歿南方，吾與汝俱幼，從嫂歸葬河陽。」

《新唐書・本傳》：「會卒，嫂鄭鞠之。」

【詩文編年】

【時人事跡】

杜佑，四十六歲。三月，為江淮水陸轉運使。

孟郊，三十歲，曾往河陽。

白居易，九歲，略識聲韻。

牛僧孺生。

唐德宗建中二年辛酉（781）　十四歲

【朝廷時事】

正月，成德節度使李寶臣卒，子惟岳自稱留後；田悅反。

　　詔以楊炎、盧杞同平章事。

　　五月，增商稅爲什一。以軍興故也。

　　田悅舉兵入寇邢、洺。至是田悅、李正己、李惟岳連兵拒命。

　　六月，尙父、太尉、中書令、汾陽王郭子儀卒。

　　七月，楊炎罷，詔以張鎰同平章事。

　　詔馬燧、李抱真、李晟討田悅。大破之。

　　李正己死，子李納自領軍務，與李惟岳救田悅。

　　八月，李希烈與梁崇義戰，大破之。崇義死，傳首京師。

　　十月，殺左僕射楊炎。

　　祫于太廟。

　　是年進士及第，崔元翰等十七人；明經科，董溪一人；諸科
二人；禮部侍郎于邵知貢舉。

【韓愈事跡】

建中二年，昌黎十四歲。歸葬後，嫂鄭氏以中原多故，避
地於江南。韓氏有別業在宣城。

　　〈祭鄭夫人文〉：「既克返葬，遭時艱難；百口偕行，避
　　地江濆。」

　　〈復志賦〉：「值中原之有事兮，將就食於江南。」

　　〈祭十二郎文〉：「既又與汝就食江南。」

　　〈歐陽生哀辭〉：「建中貞元間，余就食江南。」

　　〈示爽〉：「汝來江南近，里閭故依然。」《魏本》引孫
　　汝聽曰：「宣城在江之南，公有別業在宣城。」

　　《洪譜》「貞元元年」條：「建中二年，成德、魏博、山
　　南、平盧相繼作亂。三年，王武俊、李希烈反。四年，涇
　　原姚令言犯京師，德宗幸奉天，朱泚犯奉天。興元元年，

李懷光反，如梁州。公以中原多故，避地江左。」

【詩文編年】

【時人事跡】

孟郊，三十一歲，有上〈河陽李大夫〉詩。

白居易，十歲，解讀書。

沈亞之生（？）。

唐德宗建中三年壬戌　（782）十五歲

【朝廷時事】

正月，馬燧等大破田悅等於洹水，博、洺州降。

　　朱滔、張孝忠與李惟岳戰，大敗之，趙州降。成德兵馬使
　　王武俊殺李惟岳，傳首京師。

　　復榷天下酒，惟京師不榷。

二月，詔以張孝忠爲易定、滄州節度使，王武俊爲恒冀團練
　　使，康日知爲深趙團練使。

四月，朱滔、王武俊反，發兵救田悅。寇趙州。詔李懷光討之。

　　搜括長安富商錢，造成罷市。所得纔二百萬緡，人已竭矣。

　　召朱泚入朝。詔以張鎰兼鳳翔節度使。

十月，詔以曹王皋爲江西節度使。

十一月，朱滔、田悅、王武俊、李納，皆自稱王。

十二月，李希烈自稱天下都元帥。

是年進士及第二十七人；諸科一人；中書舍人趙贊知貢舉。

【韓愈事跡】

建中三年，昌黎十五歲，在宣城讀書。喜讀古學，《六經》及百家學，志復孔孟古道。

> 《新唐書・本傳》：「愈自知讀書，日記數千百言，比長，盡能通《六經》、百家學。」

> 《朱校》：「今按〈復志賦〉云：『值中原之有事兮，將就食於江之南。始專專於講習兮，非古訓為無所用其心。』則公之為學，正在就食江南時也。」

【詩文編年】

【時人事跡】

杜佑，四十八歲。為戶部侍郎判度支。宰相盧杞惡之，貶蘇州刺史；不行，改饒州。

孟郊，三十二歲，旅居河南。

柳鎮，轉為河南閿鄉令（？）。

柳宗元，十歲，幼好音樂，嘗自學十年。

白居易，十一歲，時兩河用兵。去滎陽，從父季庚徐州別駕任所，寄家符離。

唐德宗建中四年癸亥（783） 十六歲

【朝廷時事】

正月，李希烈陷汝州。東都震動，詔遣顏真卿宣慰之。

三月，曹王皋敗李希烈兵，斬其將，進拔蘄州。

四月，初行稅間架、除陌錢法。

八月，李希烈寇襄城，詔發涇原等道兵救之。

十月，涇原兵五千人增援襄城，過京師作亂，德宗奔奉天。

　　朱泚反，據長安稱帝，圍奉天。朱泚僭號

　　司農卿段秀實謀誅朱泚，不克，死之。

　　朱泚犯奉天，詔韓遊瑰、渾瑊拒之。

十一月，渾瑊擊破朱泚。李懷光敗泚兵于醴泉，奉天圍解。

　　李懷光至奉天。詔引軍還取長安。

十二月，貶盧杞、白志貞、趙贊為遠州司馬。

　　以陸贄為考功郎中。

　　李希烈陷汴、滑州。

是年進士及第，薛展、武元衡、韓弇、韋純等二十七人；諸科，馮伉等三人；拔萃科，李益等三人；禮部侍郎李紓知貢舉。

【韓愈事跡】

建中四年，昌黎十六歲，在宣城讀書，讀聖人書，志復孔孟古道。

　　〈答崔立之書〉：「僕始年十六七時，未知人事，讀聖人書，以為人之仕者皆為人耳，非有利乎己也。」

今年，韓愈從父兄韓弇登進士第。

【詩文編年】

【時人事跡】

柳鎮，為鄂沔都團練使李兼判官，子厚隨父居夏口（今湖北武昌），十一歲。是年冬，柳鎮自鄂至京師。

孟郊，三十三歲，仍滯河南。

白居易，十二歲，時兩河用兵，逃難於越中。

元稹，五歲。

唐德宗興元元年甲子（784） 十七歲

【朝廷時事】

正月，帝在奉天行宮受朝賀，畢，改建中五年爲興元元年，
　　大赦天下。李希烈、田悅、王武俊、李納皆去王號，詔復
　　其官爵。

　　遣使發吐蕃兵。

二月，李晟還軍東渭橋。

　　加李懷光太尉，賜鐵券。

　　李懷光反，德宗駕奔梁州。

　　加神策行營節度使李晟同平章事。

三月，魏博兵馬使田緒，殺其節度使田悅，權知軍府。

　　李懷光奔河中，皇帝車駕至梁州。

四月，加李晟諸道副元帥。

五月，韓滉遣使貢獻。吐蕃引兵歸國。

六月，李晟等收復長安，朱泚亡走，其將斬之以降。

　　詔以李晟爲司徒中書令，渾瑊爲侍中。

七月，德宗車駕還京師。徵李泌爲左散騎常侍。

八月，顏真卿爲李希烈所殺。

秋，關中蝗蟲，蔽野草木無遺。大饑。

是年進士及第，馮異等五人；禮部侍郎鮑防知貢舉。

【韓愈事跡】

興元元年，昌黎十七歲，在宣城讀書，志復孔孟古道。

【詩文編年】

【時人事跡】

杜佑，五十歲。三月，轉廣州刺史、嶺南節度使。

柳鎮，爲鄂岳沔都團練使判官，宗元隨父居夏口。與楊憑女定婚。宗元十二歲。

楊虞卿生。

楊嗣復生。

崔鶯鶯生。

歐陽詹，廿七歲。文名遠播。時宰相常袞觀察福建，歐陽文章爲常所知，得推薦。爲昌黎知。

唐德宗貞元元年乙丑（785）　十八歲

【朝廷時事】

正月，赦天下，改元貞元。

　以盧杞爲澧州別駕。

三月，馬燧敗李懷光兵于陶城。

四月，馬燧及渾瑊又破懷光兵于長春宮。

六月，詔以韋皋爲西川節度使。

　朱滔死，詔以劉怦爲幽州節度使。

七月，大旱。

八月，馬燧平河中。李懷光兵敗，自縊而死。

加馬燧兼侍中。

罷討淮西兵。

詔以張延賞爲左僕射。

十月，多至，上祀圜丘，赦天下。

十月，授賢良方正能直言極諫，韋執誼等一十八人，官有差。

是年進士及第，麴信陵、鄭全濟、羊士諤、錢徽、崔從等三十三人；賢良方正能直言極諫科，韋執誼、柳公綽、歸登、韋純、錢徽等一十八人；博通墳典達於教化科，熊執易等三人；識洞韜略堪任將帥科，許贄；禮部侍郎鮑防知貢舉。

【韓愈事跡】

貞元元年，韓愈十八歲，在宣城讀書，志復孔孟古道。

【詩文編年】

〈芍藥歌〉。

【時人事跡】

孟東野，三十五歲，往河西上饒。

張籍，二十歲，識王建於鵲山漳水（在邢州？）。

柳宗元，十三歲，南遊長沙。隨父至江西。

白居易父季庚，加檢校大理少卿，依前徐州別駕，仍知州事。白居易十四歲，避難越中。

唐德宗貞元二年丙寅（786）　十九歲

【朝廷時事】

正月，詔以劉滋、崔造、齊映同平章事。

四月，淮西將陳仙奇殺李希烈以降，詔以陳仙奇爲淮西節度使。

七月，陳仙奇爲其將吳少誠所殺，詔以少誠爲留後。

八月，吐蕃入寇，使渾瑊、駱元光屯咸陽。

九月，置十六衛上將軍。

京城戒嚴。

李晟遣兵擊吐蕃於汧城，敗之。

是年進士及第，張正甫、竇牟、李夷簡、張署等二十七人；諸科，一人；韜晦奇才科，朱放。禮部侍郎鮑防、國子祭酒包佶，知貢舉。

【韓愈事跡】

貞元二年，昌黎十九歲，隻身攜一束書，始至長安。

〈祭十二郎文〉：「吾年十九，始來京師。」

〈示兒〉：「始我來京師，止攜一束書。」

〈歐陽哀詞〉云：「貞元三年，余始至京師，舉進士。」

謹案，文讜云：「『三』一作『二』。」韓醇云：「當作『二年』。」

〈縣齋有懷〉：「濯纓起江湖。」

時竇牟舉進士，昌黎以童子拜見竇牟，牟待之如友，得其提攜。

〈唐故國子司業竇公墓誌銘〉：「愈少公十九歲，以童子得見，於今四十年。始以師視公，而終以兄事焉。公待我一以朋友，不以幼壯先後致異。公可謂篤厚文行君子矣。」

案：據誌文，竇司業卒於長慶二年，年七十四；韓年五十五歲，其初識時，相減即爲十九歲。

之後，昌黎拜訪名師，從其徒游。其中，以梁蕭、鄭餘慶等最得力，得其提攜。

《舊唐書‧本傳》：「大曆、貞元之間，文字多尚古學，

效揚雄、董仲舒之述作，而獨孤及、梁肅最稱淵奧，儒林推重。愈從其徒遊，銳意鑽仰，欲自振於一代。洎舉進士，投文於公卿間，故相鄭餘慶頗為之延譽，由是知名於時。」

【詩文編年】

〈出門〉（考辨）。

〈條山蒼〉（考辨）

【時人事跡】

白居易，十五歲，仍在宣城。始知有進士，苦節讀書。能屬文。

元稹，八歲。父寬卒。家貧，母鄭氏攜赴鳳翔，依舅族，夫人教書學。

侯喜，初舉進士約於本年。

張署，擢進士第。

竇牟，三十八歲，登進士第。

【詩文考辨】

〈出門〉（《韓集》卷二）

《魏本》引樊汝霖曰：「公年十九，舉進士京師。二十五登第春官。二十九始佐汴幕。此詩在京師未得志之所為，故其辭如此。」

方世舉注：「《易・同人》卦『出門同人』。又〈隨〉卦：『出門交有功。』按：公年十九，始來京師。此時語氣，係未第時作。」

王元啟曰：「此詩公貞元二年初入京師，未遇馬燧時作，故有『出門無所之』之語。」

〈歐陽生哀辭〉中的「貞元三年，余始至京師」，三年是二

年之誤，文讜云：「『三』一作『二』。」韓醇云：「當作『二年』。」

　　洪興祖《韓子年譜》貞元二年下云：「祭老成（〈祭十二郎文〉）云：『吾年十九，始來京師』，即此年也。」

　　方成珪云：「按公始至京師在貞元二年，舉進士則在三年。」

　　高步瀛云：「若作『二年』，則當有『年十九』三字，否則就舉進士之年言，正常作『三年』。」

　　〈短燈檠歌〉：「太學儒生東魯客，二十辭家來射策。」

　　謹按：此詩繫年有貞元二年、三年之別。關鍵在何時從宣城出發？何時到達長安？若據〈復志賦〉：「擇吉日余西征兮，亦既造乎京師？」和〈贈族姪〉詩：「我年十八九，壯志起胸中，作書獻雲闕，辭家逐秋蓬。」可見是十九歲那年的秋天出發的韓氏由宣城出發，中途曾回河陽舊居，然後沿黃河、經中條山、憩河中，抵長安，時間約在年底。〈短燈檠歌〉的東魯客，不知何人，不足爲據；至〈歐陽生哀辭〉中的「貞元三年，余始至京師」，三年是二年之誤，文讜云：「『三』一作『二』。」韓醇云：「當作『二年』。」洪興祖《韓子年譜》貞元二年下云：「祭老成（〈祭十二郎文〉）云：『吾年十九，始來京師』，即此年也。」方成珪云：「按公始至京師在貞元二年，舉進士則在三年。」

　　由上所引，抵京時間，以貞元二年底爲宜。

〈條山蒼〉（《韓集》卷二）

　　文讜云：「松柏以喻隱逸堅正之士，如當時陽城之徒。」

　　朱熹云：「歐本注云：『中條山，在黃河之曲，今蒲中也。』」

　　方世舉繫於長慶二年，以爲韓氏此時使鎮州，嘗假途出此。

　　王元啓云：「余讀〈連理木頌〉及〈外集‧題李生壁〉，知公未第時先曾兩至河東。此詩貞元二年初至河東，城尙未膺李泌之薦，正隱條山，公感事賦此。」又謂：「方謂長慶中作，則與前後奉使諸詩不類。」

　　謹案：此詩繫年有四說：1、貞元十七年，往還京師之作，方崧卿主之；2、貞元二年，贊美陽城，此說發端於文讜，王元啓主其說；3、長慶二年，係出使鎭州時，假途出此，有感而作，方世舉主之；4、疑年，如屈。

　　〈條山蒼〉詩云：「條山蒼，河水黃。浪波沄沄去，松柏在山岡。」條山蒼曾是陽城隱居地，昌黎借景興懷，寄託人格道德之永垂久遠，有其形象風神。

　　查陽城事蹟，據《舊唐書‧卷192‧隱逸》：貞元三年（787）六月，李泌拜相；四年（788）六月，徵陽城爲諫議大夫。貞元十一年（795）改國子司業，十四年（798）九月，貶道州刺史，順宗即位（805），詔徵之，城已卒。

　　繫年方面，則須費時討論。若以貞元二年而論，則陽城仍在隱居，人皆想望風采；若以貞元十七年而論，則陽城貶於道州，憫窮停供，民皆賴之，力抗朝廷判官，懍懍風骨；若以長慶二年（822）而論，則爲陽城逝後 18 年，仍有睹景懷人之思。

　　若連繫生平而論，貞元二年，昌黎初至長安，聞「遠近之人慕其風采，多從之學」的名聲，油然而趨風響慕，有可能；貞元十七年，則去徐居洛，往來京師，參從調選，聞其懍懍風骨，未嘗不可表其思慕，以表勵志；長慶二年，承命宣撫鎭州，往來其間，感慨於山岡松柏，歲寒而後凋，與自己盡忠於朝廷，如今完成使命，立下大功；於是，借景抒情以寄懷抱。

　　以昌黎詩風而論，早年做短詩，中年作大詩，晚年多律詩，此詩短短四句，類似題壁詩，則以貞元二年、貞元十七年為可能，今姑繫貞元二年。

唐德宗貞元三年丁卯（787）　二十歲

【朝廷時事】

正月，詔以張延賞同平章事。

　　雲南王異牟尋請內附。

三月，詔以李晟爲太尉。

五月，詔以渾瑊爲會盟使。渾瑊與吐蕃盟于平涼，吐蕃劫盟，韓弇遇害。中官俱文珍等皆陷於賊，尚結贊至原州，始放文珍還朝。

六月，詔以馬燧爲司徒兼侍中。

　　詔以李泌同平章事。

七月，募戍卒屯田京師。

九月，回紇求和親，許之。

　　吐蕃陷連雲堡。

是歲大稔，詔和糴粟麥。

是年進士及第，牛錫庶等三十三人；諸科，五人；禮部侍郎蕭昕知貢舉。

【韓愈事跡】

貞元三年，昌黎二十歲。立志爲書以傳古道。

　　〈神道碑〉：「長悅古學，業孔子、孟軻，而侈其文。秀

人偉生，多從之遊，俗遂化服，炳炳烈烈，為唐之章。」

〈墓銘〉：「及冠，恣為書以傳聖人之道。人始未信，既發不掩，聲震業光，眾方驚爆而萃排之。乘危將顛，不懈益張，卒大信於天下。」

居長安，苦於衣食不足，然後知從仕，不止為人，亦可為己。

〈答崔立之書〉：「僕始年十六七歲，未知人事。讀聖人之書，以為人之仕者皆為人耳，非有利於己也。及二十時，苦家貧，衣食不足，謀於所親，然後知仕之不惟為人耳。」

是年，詣州縣求解，十月，貢於京師。

〈答崔立之書〉：「及來京師，見有舉進士者，人多貴之，僕誠樂之。就求其術，或出禮部所試賦詩策等以相示，僕以為可不學而能，因詣州縣求舉。」

《新唐書・卷44・選舉志》：「唐制，取士之科，多因隋舊，然其大要有三。由學館者曰生徒，由州縣者曰鄉貢，皆升於有司而進退之。……每歲仲冬，州、縣、館、監舉其成者送之尚書省；而舉選不繇館、學者，謂之鄉貢，皆懷牒自列於州、縣。試已，長吏以鄉飲酒禮，會屬僚，設賓主，陳俎豆，備管弦，牲用少牢，歌《鹿鳴》之詩，因與者艾敘長少焉。既至省，皆疏名列到，結款通保及所居，始由戶部集閱，而關於考功員外郎試之。」

從父兄韓弇遇難。後經渾瑊之薦，拜謁馬燧。馬燧「軫其寒饑，賜食與衣。」復以故人子關係，入住馬燧府中，以其子馬彙、馬暢為其主人；馬暢對昌黎特別照顧。

〈殿中少監馬君墓誌〉：「始余初冠，應進士，貢於京師，窮不能自存，以故人幼弟拜北平王於馬前。王問而憐之，

因得見於安邑里第。王軫其寒饑，賜食與衣。召二子為之主，其季遇我特厚。」

羅聯添《韓愈研究》：「韓愈從父兄韓弇，初為朔方節度使渾瑊掌書記。興元元年，馬燧嘗與渾瑊共討李懷光，馬燧殆因渾瑊之薦，而識韓弇。韓愈以先世故交求見馬燧，而燧念其兄新歿王事，故賜以衣食，待之特厚。」

【詩文編年】

閏五月作〈烽火〉（考辨）。

是年作〈貓相乳〉、（考辨）。

【時人事跡】

杜佑，五十三歲。五月，徵為尚書右丞。

柳宗元從祖柳渾，為兵部侍郎同平章事。八月，罷。

白居易，十六歲，攜文至長安謁顧況。

元稹，九歲，居鳳翔，丁父憂，從姨兄學詩。

李翱，十五歲，有志於仁義。

李德裕生。

【詩文考辨】

〈烽火〉（《韓集》卷二）

《魏本》引唐庚云：「時吳少誠敗韓全義，兩都甚擾擾，公詩以此作。」

方崧卿云：「貞元中未遇日作。」

王元啟繫於貞元三年，云：「唐說非是。全義之敗，在貞元十六年五月，時公去徐居洛，未入京師，與詩『王城富樂』一語境象不符。考〈德宗本紀〉，貞元二年九月，吐蕃入寇。是多，

連陷鹽、夏二州。明年閏五月，盟于平涼。吐蕃劫盟，公兄侍御史弇爲判官，被害。六月，寇鹽、夏二州。八月，寇青石嶺。九月，寇連雲堡。十月，又連寇豐義、長武城。此詩貞元三年，因兄弇殉難，後連遭吐蕃入寇而作。時公年二十歲，正在京師。讀首二句，知所慨在邊塞，非爲中原。結語寄慨遙深，亦兼爲兄弇下淚。」

　　錢仲聯繫貞元三年。

　　張贊同王說，論曰：「因《兩唐書・德宗紀》對此事均有記載，然《舊唐書》所記五月受命，而劫盟則在閏五月。而《新唐書》所記劫盟之事，在閏五月。詩首聯『登高望烽火，誰謂塞塵飛？』點明所寫之烽火在邊塞，而非淮西。『王城富且樂，曷不事光輝。』上句實寫長安情景（按並非寫洛陽情景）：是年豐收，米斗錢百五十，粟斗錢八十。而下句則詰問：既然王城富樂，而邊塞爲何烽火頻仍，煙塵亂飛呢？詩後篇是否實寫寄慨念兄，當如是想。不然他所『熟念之君』便無著落，而結尾『我歌寧自戚，乃獨淚沾衣』兩句是不會平白無故產生的。」

　　屈繫於貞元十六年，云：「依詩情調，唐說爲優，今姑從之。東都洛陽爲東南漕運屯聚之所，『王城富樂』，何謂不符？」

　　謹按：此詩繫年，有貞元三年與貞元十六年之異；關鍵點有三：（一）、詩中所慨爲何？（1）貞元十六年五月，「昊少誠敗韓全義，兩都甚擾之。」所慨在淮西，唐庚、屈主此說。（2）貞元二年吐蕃入寇，明年閏五月，盟于平涼。吐蕃劫盟韓弇被害。此詩爲「兄弇殉難，吐蕃入寇而作」。所憾在邊塞。王、錢、張、黃主此說。（二）、「王城富樂」句之「王城」爲何處？（1）兩都，唐庚主之；（2）京師，王主之；（3）東都洛陽，屈主之。

（三）、「王城富樂」的「富樂」何謂？以情境而論，王以爲當時韓「去徐居洛，未入京師」，境象不符；屈則駁稱「洛陽爲東南漕運屯聚之所，『王城富樂』，何謂不符？」

據吳文治編著《中國文學大事年表》，貞元三年，「是年豐收，料錢百五十，粟斗錢八十」；貞元十六年，「是年，京師飢。」又據詩句「誰謂塞塵飛」的「塞」顯然是指邊塞而非淮西。以此而論，貞元三年之說，符合詩中所言「王城富且樂，曷不事光輝」的情調，加上其兄遇害，故作此詩「言所憂在君國，非爲一身私計」，貞元三年之說較勝。

〈貓相乳〉（《韓集》卷十四）

方崧卿云：「北平王，馬燧也。燧死於貞元十一年。公始冠，來京師，以故人稚弟求見於王，此文當貞元五、六年間作也。」

王元啓云：「按〈馬少監墓誌〉，公始冠，拜北平王於馬前，因得主其家。此文初至北平王家作。集中錄君少作，此爲最先。」

方成珪從王說，繫於「貞元二年」云：「始至京師時。」

屈繫於貞元五、六年間，據《殿中少監馬君墓誌》：「始余初冠，應進士，貢在京師，窮不自存，以故人稚弟，拜北平王於馬前。王問而憐之，因得見於安邑里第。」論云：「據『以故人稚弟拜北平王於馬前』考之，愈初見北平王馬燧應在其從兄韓弇殉難於吐蕃平涼劫盟之後。』韓弇殉難在貞元三年（七八七），則此文當作於貞元三年後。」

張繫之於貞元四年，云：「此文當是韓愈初入馬燧府而作，確有頌揚馬燧府家風之意，擬寫於是年。」

謹按：此文繫年，諸家有貞二、貞四、貞五、六說之不同。

據羅聯添《韓愈研究》云：「興元元年，馬燧嘗與渾瑊共討李懷光，馬燧殆因渾瑊之薦而識韓弇。韓愈以先世故交求見馬燧，而燧念其兄新歿王事，故賜以衣食，待之特厚。」韓氏貞元三年二十歲，與〈墓誌〉所謂「初冠」合時。自此至貞元十一年馬燧卒，八九年間，韓愈在京師均托衣食於馬燧，故此文既作於馬燧家，則由貞元三年至貞元十一年皆有可能。而今屆繫五、六年、張繫四年，觀〈貓相乳〉一文記敘馬燧府中家貓一死一存，存者乳死貓之子，「若其子然」。韓氏因此異事而「頌王之德感應召致」，又借客之口，頌王之功德如是。以馬燧之念及故交之後，而「賜之衣食，待之特厚」，與文中言「愈時獲幸於北平王」句合，則此文作于入北平王府之初，甚為合理。故訂於貞元三、四年為宜。

唐德宗貞元四年戊辰（788）　二十一歲

【朝廷時事】

正月，赦天下。詔兩稅等第，自今三年一定。

　　詔以劉昌為涇原節度使，李元諒為隴右節度使。

二月，敕特置三禮、開元禮科。

　　詔以諸道稅外錢帛，李泌悉輸之大盈庫。

五月，吐蕃寇涇、邠、寧慶、鄜州。

六月，徵陽城為諫議大夫。

十月，回紇來迎公主，仍請改稱回鶻，許之。

十一月，詔以張建封為徐泗濠節度使。

是年進士及第，包誼、崔立之、鄭羣等三十一人；諸科，二

十六人；賢良方正能直言極諫科，崔元翰、柳公綽等一十五人；清廉守節政術可稱堪任縣令科，李巽；孝弟力田聞於鄉閭科，張皓；禮部侍郎劉太真知貢舉。

【韓愈事跡】

貞元四年，昌黎二十一歲。初應進士試，不第。仍住馬府。曾因馬燧而識張建封。後有書薦薛公達於張建封。

> 《舊唐書・卷 140・張建封傳》：「建封素與馬燧友善，大歷十年，燧為河陽三城鎮遏使，辟為判官，奏授監察御史，賜緋魚袋。李靈曜反於梁、宋間，與田悅掎角，同為叛逆，燧與李忠臣同討平之，軍務多咨於建封。及燧為河東節度使，復奏建封為判官，特拜侍御史。建中初，燧薦之於朝，楊炎將用為度支郎中，盧杞惡之，出為岳州刺史。」
>
> 〈上張徐州薦薛公達書〉：「河東薛公達，年二十有六，抱驚人之偉才，發言挺志，夐絕天秀，服仁食義，融內光外，直剛簡質，與世不常。」
>
> 《洪譜》：「是年張建封為徐泗濠節度，公薦薛公達於建封，云『河東薛公達年二十有六。』按：〈公達墓誌〉云：『元和四年，年四十七，卒。』自元和己丑逆數之，至今年二十六歲。公時年二十一，始有文章，見集中。」

謹案：薛公達，字大順，貞元九年進士登第。時昌黎未第，薛公達亦未第，可見昌黎之好賢薦士，發於天性。

【詩文編年】

〈上張徐州荐薛公達書〉

【時人事跡】

杜佑，五十四歲，為陝虢觀察使。

柳鎭，爲殿中侍御史，總三司覆治訟獄，羣冤獲宥。

白居易，父季庚任滿，改除大理少卿、衢州別駕。白居易從父衢州任所。

元稹，十歲，居鳳翔，丁父憂，從姊夫讀經。

劉禹錫，七歲，自小多病，年長體弱。至是始習醫術，以求養衛。

崔立之，登進士第。

唐德宗貞元五年己巳（789）　二十二歲

【朝廷時事】

正月，定二月一日爲中和節，以代正月晦日，內外官司休假一日。（《國史補》）

二月，詔以董晉、竇參同平章事。

三月，中書侍郎、同平章事鄎侯、李泌卒。

十二月，杜佑檢校禮部尚書、兼揚州長史、淮南節度使。

是年進士及第，楊巨源、裴度、胡証、李方叔等三十六人；明經科，丁公著；禮部侍郎劉太真知貢舉。

【韓愈事跡】

貞元五年，昌黎二十二歲，再應進士試，不中。是年試題爲：〈曲江亭望慈恩寺杏園花發〉、〈南風之薰賦〉，今集不存。

仍寄住馬府中。

【詩文編年】

【時人事跡】

杜佑，十二月，檢校禮部尙書、兼揚州長史、淮南節度使。

柳鎮，爲宰相竇參所讒，貶夔州司馬。

柳子厚，十七歲，至京師求進士，未成。

白居易，十八歲，仍在河南。

元稹，十一歲，居鳳翔。服除。

李翺，廿四歲，登進士第。

唐德宗貞元六年庚午（790）　二十三歲

【朝廷時事】

春，詔出岐山無憂王寺佛指骨迎置禁中，又送諸寺以示眾，
　傾都瞻禮，施財鉅萬；二月，乙亥，遣中使復葬故處。

十月，回鶻忠貞可汗，爲其部下所殺。

　吐蕃攻陷安西。

是年進士及第，唐欽、李君房、鄭權等二十九人；明經科，
林著；諸科五人，丁公著；博學鴻辭科，崔立之；禮部侍郎張濛
知貢舉。

【韓愈事跡】

貞元六年，昌黎二十三歲。歸江南省親，拜見鄭氏、探視老
成。又往河陽，冬回京師，仍寄住馬府。

　〈祭十二郎文〉：「吾年十九，始來京師，其後四年，而
　歸視汝。」

　《洪譜》：「自七歲讀書至此，首尾十六年。……又云：

『獻策闕下，方勤行役。』時退之復來京師。」

謹案：疑今年老成結婚，昌黎回宣城道賀。老成育兩子，韓湘，貞元十年（795）生，韓滂，貞元十八年（802）生。則貞元六年，昌黎回宣城何事？故老成結婚，疑為今年。

途經河中，拜謁渾瑊，作〈河中府連理木頌〉，頌揚至德；

〈河中府連理木頌〉：「司空咸寧王尹蒲之七年。」

《洪譜》「貞元六年」條據本頌云：「渾瑊以興元元年為河中同絳陝虢行營副元帥、咸寧郡王，至今七年。」

羅聯添《韓愈研究》：「韓愈從父兄韓弇嘗為渾瑊掌書記，貞元三年隨渾瑊入盟吐蕃遇害。韓愈蓋以世交得識渾瑊，因有此作。」

次滑州，住於逆旅，上書節度使賈耽，獻文十五篇，求進；不報。

〈上賈滑州書〉：「愈儒服者，不敢用他術干進。惟古執贄之禮，竊整頓舊所著文一十五章以為贄，而喻所以然之意。於此曰豐山上有鐘焉，人所不可至。霜既降，則鏗然鳴；蓋氣之感，非自鳴也。愈年二十有三，讀書學文十五年，言行不敢戾於古人，愚固泯泯，不能自計。周流四方，無所適歸。伏惟閣下，昭融古之典義，含和發英；作唐德元，簡棄詭說，保任皇極，是宜小子刻心悚慕，又焉得不感而鳴哉。徒以獻策闕下，方勤行役，且有負薪之疾，不得稽首軒階，遂拜書家僕，待命于鄭之逆旅。伏以小子之文，可見於十五章之內；小子之志，可見於此書。與之進，敢不勉；與之退，敢不從。進退之際，實惟閣下裁之。」

今年，韓好好生。

【詩文編年】

〈河中府連理木頌〉

〈上賈滑州書〉

【時人事跡】

孟郊，四十歲，寓居蘇州。

賈島，十二歲，早歲爲浮圖，名無本。

柳宗元，十八歲，應進士試，未第。

李賀生。

崔立之，登博學鴻辭科。除秘書省校書郎。

唐德宗貞元七年辛未（791）　二十四歲

【朝廷時事】

二月，義武節度使張孝忠卒。七月，詔以其子昇雲爲留後。

八月，詔以陸贄爲兵部侍郎，解內職。

八月，吐蕃攻靈州，回鶻擊敗之。

九月，遣使來獻俘。

是年進士及第，尹樞、陸復禮、令狐楚、蕭俛、皇甫鎛、房次卿等三十人；諸科二十二人；禮部侍郎杜黃裳知貢舉。

【韓愈事跡】

貞元七年，二十四歲。三舉進士試，不第。仍住馬府。

科試不利，將別，有詩贈陳羽。

【詩文編年】

是年試〈珠還合浦賦〉、〈青雲干呂詩〉、今集不存。

秋作〈落葉送陳羽〉（考辨）。

【時人事跡】

孟郊，四十一歲，自蘇州至湖州取解，後往長安應進士試。

柳宗元，十九歲，舉進士未成，謁左補闕權德輿，投書獻文，請決進退。

白居易，二十歲，在徐州符離。與張徹、賈餗等共勉學。晝課賦，夜課書，間又課詩。以至口舌成瘡、手腳成胝，齒衰髮白。

劉禹錫，二十歲，至京師，舉秀才中試，結交時賢，名馳四方。

【詩文考辨】

〈落葉一首送陳羽〉（《韓集》卷二）

大方《舉正》云：「羽，公同年登第日作。」

文讜云：「按登科記：羽與公同登貞元八年（792）進士第。當是得第而歸，與公別也。」

小方《年譜》云：「羽與公同年進士，此當是八年前公與羽均未登第時所作。」錢仲聯因繫於貞元七年。

張繫於貞元七年，論云：「從詩裏所寫『誰云少年別，流淚各沾衣』看，首句落葉比喻二人同時落第，陳羽離長安暫回江東，韓寫這首詩相送。從詩裡『邂逅暫相依』、『悄悄深夜語』的語氣分析，二人定交有日，感情已深。詩亦當寫於貞元七年。」

黃則於「貞元七年」條下云：「是年，韓愈與陳羽俱在長安應進士舉，兩人既下第，將別，韓愈作〈落葉詩一首送陳羽〉。」

屈繫於貞元八年。

謹按：此詩有貞七、貞八之別。諸說各有根據，其分異點在於「登第日」與「登第前」。若自詩中「斷蓬、飄颻，流淚」等語

看來，不似是科場得意之情懷，應作於登第前為合理。今繫貞元七年。

唐德宗貞元八年壬申（792）　二十五歲

【朝廷時事】

四月，竇參得罪，貶為郴州別駕，再貶驩州司馬；未至，賜死。詔以趙憬、陸贄同平章事。

八月，河南、河北及江淮等四十餘州大水，溺死者二萬餘人。遣使宣撫諸道。

九月，減江淮運米，令京兆邊鎮和糴，從陸贄請也。

十二月，監軍竇文場，譖左神策大將軍柏良器坐妻族飲醉，會宿宮舍，左遷右領軍，自是宦官始專軍政。

是年進士及第，夏棱、陳羽、歐陽詹、李觀、馮宿、王涯、張季友、侯繼、韓愈、李絳、崔羣、庾承宣等二十三人；明經科，周匡業、林薦；諸科，八人；博學鴻辭科，陸復禮、李觀、裴度；兵部侍郎陸贄知貢舉。

【韓愈事跡】

貞元八年，昌黎二十五歲，春，登進士第。是歲，陸贄知貢舉，梁肅、王礎佐之。

〈行狀〉：「公年二十五，上進士第。」

〈上邢尚書書〉：「二十五而擢第於春宮。」

《新唐書‧歐陽詹傳》：「舉進士，與韓愈、李觀、李絳、崔羣、王涯、馮宿、庾承宣聯第，皆天下選，時號『龍虎

榜』。」

《唐科名記》云：「貞元八年，陸贄主司，試〈明水賦〉、
〈御溝新柳詩〉，其人賈稜、陳羽、歐陽詹、李博、李觀、
馮宿、王涯、張季友、齊孝若、劉遵古、許季同、侯繼、
穆贊、韓愈、李絳、溫商、庾承宣、員結、胡諒、崔羣、
邢册、裴光輔、萬瑒。」

《方考》：「案姚康《科第錄》，李博實本年末名，《科
名記》錄於第四，非也。又〈歐陽詹傳〉謂：『詹與韓愈、
李觀、李絳、崔羣、王涯、馮宿、庾承宣聯第，皆天下選，
時稱龍虎榜。』蓋是榜由此八人而重也。」

陽城應辟爲諫議大夫五年，無所作爲，作〈爭臣論〉諷之。
文中，展露了他日後爲官的心跡。

〈爭臣論〉：「諫議大夫陽城居位五年矣。……且吾聞之，
有官守者，不得其職則去；有言責者，不得其言則去；（略）
愈曰：『君子居其位，則死其官；未得位，則思修其辭以
明其道。』」

初識孟郊、李觀。

昌黎進士第後，聞有博學宏辭科，可得美職，因詣州府求舉。

〈答崔立之書〉：「有司者好惡出於其心，四舉而後有成，
亦未即得仕，聞吏部有以博學宏辭選者，人尤謂之才，且
得美仕，就求其術。或出所試文章，亦禮部之類，私怪其
故，然猶樂其名，因又詣州府求舉。」

昌黎結婚疑在今年，夫人盧氏，係處士盧於陵之妹。年約十
八歲。

謹案：〈四門博士周況妻韓氏墓誌銘〉：「開封從父弟愈，

於時為博士，乞分教東都生，以收其妻孥於開封界中，教畜之。而歸其長女于周氏況。」內文注：「元和元年，況中進士第。是歲，公以好好適況。」俗云：洞房花燭夜，金牓掛名時。大小登科，喜事成雙。由此，可見昌黎沿此俗尚。故此推斷，昌黎結婚當於是年。

妻父盧貽，剛直有德。妻母苗氏，係太師苗晉卿之女。

【詩文編年】

正月，是年進士科試題：〈明水賦〉、〈御溝新柳詩〉。〈明水賦〉
　入外集，詩不存。

二月，〈爭臣論〉（考辨）。

秋，作〈北極贈李觀〉。

作〈孟生詩〉（考辨）、〈長安交遊者贈孟郊〉（考辨）。

〈瘞硯銘〉（考辨）

【時人事跡】

柳鎮，復為侍御史。

孟郊，四十二歲，始以母命來集京師，應進士試，不第；有〈長安羈旅行〉詩，表怨悱之情。昌黎作〈長安交游者一首贈孟郊〉詩。東歸，謁張建封於徐州，昌黎作〈孟生詩〉贈別，孟有〈答韓愈李觀別因獻張徐州詩〉；又至蘇州；秋，復至長安應試。

柳子厚，二十歲，是多貢於京師。

元稹，十四歲，多，赴西京應試。

李觀，二十七歲，登進士第及博學宏辭科。

馮宿，廿六歲，登進士第。

王涯，登進士第。

歐陽詹，三十五歲，登進士第。及第後，自藍田、襄陽、武

昌，下長江，返閩。

【詩文考辨】

〈爭臣論〉(《韓集》卷十四)

洪興祖繫於貞元八年，其《韓子年譜》貞元八年云：「〈諫臣論〉曰：『諫議大夫陽城居位五年矣。』城以貞元四年夏起家為諫議大夫，至今五年。」

方崧卿繫於貞元九年，云：「陽城為諫議大夫，考〈柳子厚遺愛碣〉(《柳河東集》卷九)，貞元四年也。此論當作於九年，時年二十六。」

《魏本》引韓醇曰：「及裴延齡誣逐陸贄等，城乃守延英閣上疏，極論延齡罪，慷慨引誼申直贄等，帝欲相延齡，城顯語曰：『延齡為相，吾當取白麻壞之爭於庭』，帝不相延齡，城之力也。公作此論時，城居位五年。後三年而能排擊延齡，或謂城蓋有待，抑公有以激之歟。」

歐陽修認為作於貞元九年，其〈上范司諫書〉云：「當退之作論時，城為諫議已五年。又二年始庭論陸贄及沮裴延齡作相。」

王元啟據歐書定為貞元九年作，云：「此論《洪譜》以為貞元八年作。按城以貞元四年六月被徵，十一年四月改官司業。歐公〈上范司諫書〉云：(略)。據此，則此論當作於貞元九年。洪謂八年，則論延齡事當云『後三年』，與歐語不合，恐由誤解篇中『居位五年』，乃并初徵時計之，故為此說，其實非是，今據歐書定為九年作。」

方成珪繫於貞元八年，云：「按陽城以貞元四年李泌之薦，六月乙酉被徵。此論云『居位五年』，則貞元八年也。延英閣上

書係十一年四月事，後此論正三年。王宋賢（元啓）據歐公〈上范司諫書〉云：『（略）』，因定爲九年作。不知此時歐公誤記，或傳錄之誤耳？公正譏城『在位久而不言』，而城以四年六月徵拜，不應舍此一年不計也，則此論當從《洪譜》定爲八年作無疑。公是年登進士第，年二十五。」

屈繫於貞元九年，論云：「陽城以貞元四年六月徵拜，至九年五月爲五年，歐陽修、方崧卿以九年作似爲合理。」

張認爲〈爭臣論〉當寫於貞元八年。其據《舊唐書・德宗紀下》：「貞元四年六月乙酉，征夏縣處士先除著作郎陽城爲諫議大夫。」認爲由貞元四年六月到貞元八年夏，正好爲「五年」。

黃繫於貞元八年，其於「貞元八年」條下云：「陽城爲諫官五年，而無所諫，韓愈作〈爭臣論〉譏切之」。

謹按：此篇有貞元八年，貞元九年之爭。前者《洪譜》王元啓、方成珪主之，張、黃從之；後者方崧卿、歐陽修主之，屈從之。若以陽城貞元四年六月徵拜，五年應是貞元八年。據吳文治著《中國文學史大事年表》唐貞元四年（788）戊辰條下云：「六月，征夏縣處士先除著作郎陽城爲諫議大史。城以褐衣詣闕，帝賜之章服而後召。」唐貞元八年（792）壬申條下云：「四月，陸贄爲中書侍郎，同中書門下平章事。」「是年，韓愈等人同登進士第。」「韓愈作詩〈北極一首贈李觀〉，作文〈爭臣論〉。」

至於陽城廷論陸贄罷相及詛裴延齡相事在貞元十一年四月，事見《通鑑》卷235，唐紀五十一，德宗貞元十一年條。

以「貞元八年」至「貞元十一年」應爲「後三年」，而非「後二年」，由於歐陽修誤記，使王元啓誤爲九年，方成珪已論之。

今繫貞元八年。

〈孟生詩〉（《韓集》卷五）

方成珪繫此詩於貞元十一年。

王元啓繫於貞元九年春夏，云：「《郊集》有〈答韓愈李觀別因獻張徐州〉詩，觀與公以詩薦郊於張建封，當在貞元九年春夏之交，故曰『期子在秋砧』。明年，觀死，公亦東歸，無緣與郊共聚京師，交口向徐州延譽也。」

華忱之《孟郊年譜》繫於貞元八年，云：「貞元八年壬申（792）四十二歲，下第後東歸。有〈答韓愈李觀別因獻張徐州詩〉（中略）又有〈上張徐州詩〉，（中略）。」

錢繫於貞元九年，論曰：「公識李觀在貞元八年，至十年而觀卒，夏敬觀《孟東野年譜》繫此詩於貞元四年，時韓李尚未聚首京師，東野答詩，何得以二人連稱？」又曰：「小方〈詩文年譜〉繫此詩於貞元十一年，時觀已卒，繫年亦誤也。茲從王說。」

屈認為是八年、九年作，論云：「案韓愈與李觀同登貞元八年進士第，二人相交在此年前後，十年李觀卒，孟郊答詩稱『韓愈李觀』，則此詩當八年、九年作，今姑從王說。」

張認為寫於貞元八年春夏，云：「諸說雖繫年不一，然云二詩作於同時。而〈長安交游者一首〉在〈孟生詩〉之前，皆為孟郊落第東歸前，韓愈因孟郊所作的看法似尚一致。」又云：「將孟郊行迹與其詩和韓愈〈孟生詩〉對比，可知韓愈是以詩勸荐孟郊投奔徐州張建封。（略）故他的兩首詩（按：即〈長安交游者〉與本詩），當寫於貞元八年春夏孟郊去徐東歸之前。」

黃於「貞元八年」條下云：「孟郊下第東歸，將謁張建封於徐州。韓愈有〈孟生詩〉一首贈別。」

謹按：此詩繫年有四說：（一）、貞元四年，《夏譜》主之。（二）、貞元八年，華忱之主之，張、黃從之；（三）、貞元九年，王、錢主之，屈從之。（四）、貞元十一年，小方主之。

關於第一說，時「韓李尙未聚首京師」，關於第四說，「時觀已卒」，錢著《集釋》已駁其非，故「貞元四年」及「貞元十一年」二說可以排除。

此詩應與前詩〈長安交游者〉合觀。貞元八年，韓愈、李觀在長安應士試，彼此相識即於此時，韓、李登第，孟郊落榜。孟郊下第後，將謁張建封於徐州，韓以此詩贈別。孟亦有〈酬詩〉，《華譜》已言之。至於貞元九年，據《韓愈研究》：「孟郊復至長安應進士試，再下第，出長安至朔方，再游楚湘，後至汝州依刺史陸長源。自是至貞元十一年，韓孟無詩酬和，彼此皇皇奔波，無機緣得以相聚交游。」而韓愈此時「應博學宏辭，既上名，又爲中書宰相所黜。」心情抑鬱，未必有心情寫詩與孟郊送別，若以貞元八年、九年之間而論，以貞元八年說爲長。

〈長安交游者一首贈孟郊〉（《韓集》卷一）

樊汝霖云，指此詩爲「公未得志之所爲也。」

小方繫此詩於貞元十一年，云：「此乃公未筮仕，東野未第時所作。」

華忱之《孟郊年譜》云：「貞元七年秋，孟郊至湖州取解，既歌鹿鳴，遂往長安應進士試。八年，初下第。是年，韓愈、李觀同進士登第試。……有〈長安羈旅行〉詩，……諸篇多羈抑不平之氣。」

錢繫於貞元九年，云：「郊於本年往徐州，十一年未必在京。

此詩當作於本年〈孟生詩〉之前。」

張繫於貞元八年。

黃於「貞元八年」條下云：「（韓）與孟郊之相識，殆始於貞元八年。有〈長安交游者一首贈孟郊〉。」

謹按：此詩繫年有三說：（一）貞元八年，《華譜》主之；黃、張從之。（二）、貞元九年，錢主之；（三）、貞元十一年，小方主之。三說之中，《華譜》有據，餘二說說詞不定，空泛難從。今繫貞元八年。

再案：〔宋〕范晞文《對牀詩話》卷四云：「東野〈長安道〉詩云：『胡風激秦樹，賤子風中泣。家家朱門開，得見不可入。長安十二衢，投樹鳥亦急。高閣何人家，笙簧正喧吸。』氣促而詞苦，亦可憐也。退之有贈孟之詩〈長安交游者〉云，……亦廣其意使之安其貧也。」（《歷代詩話續編》）范晞文點出韓愈〈長安交游者一首贈孟郊〉係推廣東野〈長安道〉詩意而作，幫助很大；今據之繫貞元八年。

〈瘞硯銘〉（《韓集》卷三十六）

樊汝霖云：「李元賓硯，公為之文，公與元賓皆貞元八年進士也。」

屈繫於貞元八年，云：「李觀於貞元八年登進士第，貞元九年第博學宏辭科。此文僅謂第進士，而不言舉博學宏辭事，則貞元八年作也。」

張繫於十年，引〈銘〉序云：「四年悲歡窮泰，凡試於春官，二年登上第，是貞元八年。毀而瘞之，以盡仁之義。在李觀卒前，故繫於十年。」

　　謹按：此文繫年有貞元八年、貞元十年之異。韓愈〈李元賓墓誌銘〉云：「李觀字元賓，其先隴西人也，始來自江之東，年二十四舉進士，三年登上第，又舉博學宏辭，得太子校書，一年，年二十九客死於京師。」據《登科記》及岑仲勉氏考證，李觀以貞元五年登進士第；貞元八年，李觀與韓同年進士，同年又「舉博學宏辭」。九年，授「太子校書」，貞元十年病死於京師。〈瘞硯銘〉序云：「隴西李觀元賓始從進士，貢在京師，或貽之硯。既四年，悲歡窮泰，未嘗廢其用。凡與之試藝春官，實二年登上第。行於褒谷，役者劉胤誤墜之地，毀焉。乃匣歸埋於京師里中。」據此文所記之背景，似爲李觀貞元八年進士登第及舉宏辭後事，則繫貞元八年說長。

　　又案：據《唐登科記考》，李觀同年舉宏辭登第，屈言「其貞元九年第博學宏辭科」，失考。

唐德宗貞元九年癸酉（793）　　二十六歲

【朝廷時事】

正月，初稅茶，自是歲收錢四十萬緡。

三月，貶竇參爲驩州司馬，尋賜死。

五月，詔以趙憬爲門下侍郎，與賈耽盧邁同平章事。董晉罷。
　雲南王異牟尋遣使上表。

七月，詔宰相迭相秉筆，以處政事。

八月，太尉、中書令、平西王李晟卒。

十一月，上祀圜丘，赦天下。

十二月，宣武軍亂，逐其節度使劉士寧。

是年進士及第，苑論、柳宗元、劉禹錫、武儒衡、薛公達、衛中行等三十二人；明經科，元稹；諸科，八人；博學鴻辭科，張復元、李絳；戶部侍郎顧少連知貢舉。

【韓愈事跡】

貞元九年，昌黎二十六歲，試博學宏詞，不第。

〈上考功宏辭崔虞部書〉：「執事既上名之後，三人之中二人者，則固所傳聞矣，畢竟得之而又升焉；其一人者，則莫之聞矣，實與華違，行與時乖，畢竟退之。」

〈答崔立之〉：「一既得之，而又黜於中書。」

三月，有書上崔虞部，請求援引。

〈上考功宏辭崔虞部書〉：「執事援之於幽窮之中，推之於高顯之上。今所病者，在於窮約，無僦屋賃僕之資，無縕袍糲食之給，驅馬出門，不知所之，斯道未喪，天命不欺，豈遂殆哉？豈遂困哉？竊惟執事之於愈也，無師友之交、無久故之事、無顏色言語之情，卒然振而發之者，必有以見知兒爾，故盡暴其所志，不敢不獻。」

六月，曾遊鳳翔，致書於鳳翔邢君牙，論得士之道在「精鑒博採」，求援引，不報。居十日，游岐山，有詩。

《朱校》：「今按：八年以後，此年以前，又嘗遊鳳翔，以書抵邢君牙，不得意去。有〈岐山詩〉。洪程皆定為此年六月。誤矣。」

謹案：〈上鳳翔邢尚書書〉，《程記》、《洪譜》俱繫貞元八年，今繫貞元九年。

十一月，梁肅卒。

【詩文編年】

正月，應博學宏詞，試〈太清宮觀紫極舞賦〉、〈顏子不貳過論〉。賦，今集不存。

三月，〈上考公崔虞部書〉。

六月，〈與鳳翔邢尚書書〉（考辨）

六月，作〈歧山下二首〉、〈青青水中蒲〉

【時人事跡】

柳宗元，二十一歲。二月，進士登第。五月，父卒于長安，年五十七；九月，葬于萬年縣栖鳳原。

孟郊，四十三歲，遊於長安，題名雁塔。應進士第。再下第。先自長安至于朔方；又自朔方遠徂湖楚，謁盧虔于復州。自楚遊湘、自湘泝洞庭。至汝州，依陸長源。

李翱，二十歲，七月，至長安就府試。九月，執文章謁右補闕梁肅，受推許。

劉禹錫，二十二歲，進士登第。隨父東歸洛陽覲省，權德輿有序送之。

元稹，十五歲，明經及第。入居靖安坊宅。

白居易，二十二歲，其父季庚轉任襄州別駕；隨父到襄州。

【詩文考辨】

〈與鳳翔刑尚書書〉（《韓集》卷十八）

方崧卿云：「刑君牙時知鳳翔，貞元十一年（795）也。」

程俱《韓文公歷官記》載：「（貞元十一年）五月去京師，（略）潼關，遊鳳翔，以書抵刑君牙，不得意去。」

朱熹繫於貞元八年至十年，云：「《洪氏年譜》云：『公以

貞元八年壬申（792）二十五歲中第，十一年乙亥二十八歲上宰相
書，求官不得而歸，出潼關，作〈二鳥賦〉。」又據程致道（俱）
說，既出潼關，因遊鳳翔，上刑君牙書。今按：程說大誤。蓋〈賦
序〉言：『五月過潼關。』而此〈書〉言六月至鳳翔，潼關在長
安之東，鳳翔在長安之西，相距六百餘里，豈有五月方東出潼關，
而六月遽能復西至鳳翔之理？此書決非此年所作，必是八年之
後，十年以前曾到鳳翔，而有此〈書〉及〈岐山下〉等詩也。」

　　屈繫於貞元十年，說：「朱子之說甚有理。今姑繫于貞元十
年。」

　　張繫於貞元九年，說：「〈與鳳翔刑尚書書〉，是年又舉博
學宏辭科試落第，無聊之極，夏游宦鳳翔，而望入幕，書當寫于
此時。」

　　黃於「貞元九年」條下云：「是年（或八年）六月，韓愈自
長安西遊鳳翔求仕，有〈與鳳翔刑尚書書〉，〈岐山下〉二首詩
及〈青青水中蒲〉詩。」又論稱：「〈上刑書〉，朱子以為非貞
元十一年所作，誠是。然貞元十年，韓愈嘗歸河陽省墓，其時，
當在二、三月間，六月似不大可能復自河陽至鳳翔。此書有『二
十五而擢第於春官』語，當是貞元八年六月或九年六月所作。」

　　謹按：此文繫年有貞八、貞九、貞十三說。三家皆認同朱熹
之說，此篇之作，「必在八年之後，十年以前」，但三家各有所
主，一主貞元八、九年（如黃），一主貞元九年（如張），一主
貞元十年（如屈）。若以貞元十年論，韓氏二三月間歸河陽省墓
（張說是四五月間東歸省墓），則六月不大可能再到鳳翔，則此
書作八、九年而非十年。今繫貞元九年。

唐德宗貞元十年甲戌（794）　二十七歲

【朝廷時事】

春，雨，至閏四月，間止不過一二日。（《新唐書・五行志》）

正月，雲南（南詔）擊吐蕃大破之，遣使來獻捷。

六月，昭義節度使李抱真卒。

十二月，陸贄罷爲太子賓客。

十二月二十日辰時，謝自然白日昇天，士女數千人咸共瞻仰。須臾，五色雲遮互一川，天樂異香散漫。刺史李堅奏聞，詔褒美之。

是年進士及第，陳諷、李逢吉、李虛中、王播、席夔等二十八人；諸科，二十六人；賢良方正能直言極諫科，裴坰、王播、裴度、崔羣、皇甫鎛、王仲舒等十五人；博通墳典達於教化科，朱穎；詳明政術可以理人科，張平叔、李景亮；博學鴻辭科，陳諷、王太真、庾承宣；戶部侍郎顧少連知貢舉。

【韓愈事跡】

貞元十年，二十七歲。再試博學宏詞，不獲選。昌黎生活窮困，自言過去八九年來，居於京城，靠人周濟度日。

〈與李翱書〉：「居京城八九年，無所取資，日求於人以度日。」注：「謂應進士時。」

案：昌黎到京應進士，時爲貞元二年，至今年，計八年；應博學鴻辭在貞元九年至十一年，計三年。

正月，曾致書於友人，自喻爲「怪物」，以求援引。

　　二月，齊皞下第，謙謙然如有不足，不非毀其上，昌黎深受啟發，以序送之。

　　〈送齊皞下第序〉：「若高陽齊生者，其啟予者乎？齊生之兄，為時名相。出藩于南。朝之碩臣皆其舊交。齊生舉進士，有司用是連枉齊生，齊生不以云，乃曰：我之未至也。有司其枉我哉！我將利其器而俟其時耳。抱負其業，東歸於家，吾觀於人，有不得志，則非其上者眾矣，亦莫計其身之短長也。齊生者既至矣，而曰我未也，不以閔於有司，其不亦鮮乎哉！」

　　二月後，歸河陽省墳墓，適嫂鄭氏卒於宣城，姪老成護葬歸葬河陽，與韓相遇。

　　〈祭十二郎文〉：「吾年十九，始來京師。其後四年，而歸視汝；又四年，吾往河陽省墳墓，遇汝從嫂喪來葬。」

　　即於逆旅，備時饈之奠，祭告鄭氏。有祭文詳述撫育之恩，並自述其躁進求仕的心理。昌黎為之服喪期年。

　　〈祭鄭夫人文〉：「我生不辰，三歲而孤；蒙幼未知，鞠我者兄；在死而生，實惟嫂恩。……視余猶子，誨化諄諄；爰來京師，年在成人；屢貢于王，名迺有聞。念茲頓頑，非訓曷因。感傷懷歸，隕涕薰心；苟容躁進，不顧其躬；祿仕而還，以為家榮；奔走乞假，東西北南；孰云其來，乃見靈車；有志弗及，長負殷勤；昔在潮州之行，受命於元兄；曰汝幼養於嫂，喪服必以朞；今其敢忘，天實臨之。」

　　《蔣譜》：「五月，去京師，如東都，至河陽省墳墓，值嫂氏鄭卒，期服以報。」

　　夏回京師。李觀卒於京師，年廿九。既斂之三日。友人博陵

崔弘禮葬之於東門外七里，韓愈誌其墓。

　　韓愈在京師，甚無事。與獨孤申叔彈碁，獲勝而得其畫。

　　老成之子湘生。

　　【詩文編年】

　　正月，〈應科目時與人書〉（考辨）。

　　正月，省試詩賦題：〈省試學生代齋郎議〉（考辨）、〈朱
　　　絲繩賦〉，〈多日可愛詩〉。賦與詩，今集不存。

　　二月，作〈送齊皞下第序〉。

　　三月，作〈祭鄭夫人文〉（考辨）

　　閏四月，作〈重雲李觀疾贈之〉。

　　九月，撰〈贈張童子序〉。

　　十一月十二日作，〈謝自然詩〉。

　　十二月，作〈李元賓墓銘〉。

　　【時人事跡】

　　李觀，廿九歲，死於京師

　　柳宗元，廿一歲，居家守喪。

　　白居易，廿三歲，在襄陽。五月廿八日，父季庚卒於襄陽官
舍，年六十六歲。權窆於襄陽縣東津鄉南原。冬，自襄陽過江陵，
歸徐州。

　　劉禹錫，廿三歲，應吏部博學鴻辭科。

　　王仲舒，三十三歲，登第賢良方正能直言極諫科，拜左拾遺。

　　【詩文考辨】

〈應科目時與人書〉（《韓集》卷十八）

　　《魏本》引嚴有翼云：「即貞元九年宏詞試也。」。

洪興祖〈韓子年譜〉亦繫於貞元九年。

屈繫於貞元十年，指此文：「祝本、魏本皆作〈應科目時與韋舍人書〉。」論云：「案韓愈貞元九年、十年、十一年三試宏詞不第，此書似再試所爲，姑繫於十年。韋舍人，不詳。」引沈欽韓云：「貞元九年中書舍人高郢，十年權德輿，獨處西掖者八年。無韋舍人也。」意即坐實「貞元八年」說不實，而繫於貞元十年。

張繫於貞元九年，云：「題目魏本等作〈應科目時與韋舍人書〉。首句『愈再拜』作『應博學宏辭前進士韓愈謹再拜上書舍人閣下』。知此書寫于貞元八年中進士後。以題目或作『韋舍人』，疑韋舍人佐考。」

謹按：此文爲韓氏應博學宏辭前，致書於所謂「有力者」，致其惜才擢拔之意。寫作時間有：貞元九年、貞元十年二說。前者，嚴、洪、張主之；後者，屈主之。以此文所言之「閣下其亦憐察之」，伏望「韋舍人」哀憐，則似爲再試後之作。今繫貞元十年。

〈學生代齋郎議〉（《韓集》卷十四）

祝本、魏本，《校注》題下皆注：「貞元十年（794）應博學宏辭。」

《文苑英華》卷 765 載此文，題下註云：「貞元十一年。」

方崧卿云：「今本此下有『貞元十年應博學宏辭』九字，三本皆無之。考《登科記》，當在貞元十一年。」

洪興祖《韓子年譜》「十年甲戌」條下云：「〈省試學生代齋郎議〉注其下云：『貞元十年應博學宏辭』。」

　　方崧卿《增考》云：「按〈學生代齋郎議〉，本題實作〈罷齋郎以學生享議〉。然亦來歲之試也。《科第錄》：『十一年試〈朱絲繩賦〉、〈冬日可愛詩〉，議乃此也。或注『十年』，而洪從之，非也。蓋公并來歲，凡三試宏辭故也。」

　　徐松《登科記考》卷十三，「貞元十年」「博學宏辭」條云：「洪興祖《韓子年譜》引《科第錄》：『十一年，試〈朱絲繩賦〉、〈冬日可愛詩〉、〈學生代齋郎議〉。』按：《韓文考異》：『〈學生代齋郎議〉，諸本作貞元十年應博學宏辭』，是。洪氏譜誤。」

　　沈欽韓《補注》云：「貞元十二年，朝廷欲以太學生令于郊廟攝事，將去齋郎以從省便。太常博士裴堪議曰：『罷齋郎則失重祭之義，用學生則撓敬業之道。』」

　　屈繫於貞元十一年，云：「按方氏舉《科第錄》、《登科記》乃為確據；又閣本、杭本、蜀本皆無題下注十字，則十字乃後出注文，未可據依。徐、王二氏尊信朱熹《考異》，以《考異》判方氏為誤，則本末倒置矣。今從方氏繫於貞元十一年。」

　　張繫於貞元十年，云：「此〈議〉作年，諸說不一，有十年、十一年，或謂十二年之說者。……唐制進士考試于二月進行，三月乃罷，大致無差。博學宏辭試，當在進士科放榜之後。」他據韓愈下（按即十一）年所寫〈上宰相書〉，指「韓愈說他貞元十一年正月廿七日已經吏部三次試，當是貞元十年已參加第加第三次吏部選試，貞元十一年，他根本就未參加吏部博學宏辭科的選試。」

　　黃於「貞元十年」條下云：「再應吏部博學宏辭試，未成。是年以〈朱絲繩賦〉、〈冬日可愛詩〉（今不傳）、〈學生代齋郎議〉三者為試題。」

謹按：此文繫年，有貞元十年，貞元十一年之異。前者，洪興祖、張、黃主之。後者，方崧卿、屈主之。據〔清〕徐松《登科記考》「貞元十年」「博學宏辭」科條，則〈學生代齋郎議〉應系貞元十年。至方崧卿《增考》引《科第錄》是十一年，應爲誤記。今繫貞元十年。

〈祭鄭夫人文〉（《韓集》卷二十三）

韓愈〈祭十二郎文〉云：「吾年十九，始來京師。其後四年，而歸視汝。又四年，吾往河陽省墳墓，遇汝從嫂喪來葬。又二年，吾佐董丞相于汴州。」

樊汝霖注：「年十九」云：「貞元二年。」

大小方此文皆繫貞元十年。

據《校注》文題下注，《舊注》云：「夫人韓會之妻，而公之嫂也。公少孤而育於其嫂，文言其撫育之恩至矣。公既爲之服碁而祭之以文，此貞元十一年赴河陽時作。」

內文「維年月日」，據《五百家注昌黎文集》卷 23，孫汝聽注曰：「貞元十一年。」另據《東雅堂昌黎集注》卷 23，晁本作「貞元九年，歲次癸九月朔日酉。」

屈據韓愈〈董公行狀〉、李翱〈韓公行狀〉及〈舊唐書・德宗紀〉，董晉帥汴州，辟韓愈爲觀察推官，乃貞元十二年七月事。貞元十二年，上推二年，貞元十年也。貞元六年，下推四年，亦貞元十年。」

張繫於貞元十年，據〈祭鄭夫人文〉云：「苟容躁進，不顧其躬；祿仕而還，以爲家榮。奔走乞假，東西北南；孰云此來，乃睹靈車。」他遇嫂喪歸葬的時間，其〈祭十二郎文〉裡講得很

清楚。云：「吾年十九，始來京師。其後，四年，而歸視汝。又四年，吾往河陽省墳墓，遇汝從嫂喪來葬。」韓愈十九歲進京時為貞元二年，後四年為貞元六年，又四年則恰為貞元十年。」

黃於「貞元十一年」條下云：「五、六月間至河陽故里，既為嫂服朞而祭之以文。」又於「貞元十年」條下云：「二、三月，歸河陽省墓，嫂鄭氏卒於宣城，姪老成（即十二郎）護喪歸葬河陽，與韓愈相晤。」顯然地，黃是將護喪歸葬與服朞服分兩年來解釋。

謹按：此文繫年，有貞元十年與貞元十一年之異。由上述可知，嫂鄭氏貞元十年卒於宣城，其姪老成護喪歸葬河陽，而韓氏是年再應吏部博學宏辭試，未成，歸河陽省墓，「孰云此來，乃睹靈車」。於是，即在「逆旅備時羞之奠，再拜頓首，敢昭告于六嫂滎陽鄭氏夫人之靈」，乃有此祭文之作。以此而論，則祭文作於貞元十年，而非貞元十一年，非常明顯。至於祭文所提：「昔在韶州之行，受命於元兄，曰：兒爾幼養於嫂，桑服必以朞。今其敢忘，天實臨之。」係回憶先兄遺命，以表不忘之意。意謂從今日開始，服朞一年，以報深恩。

唐德宗貞元十一年乙亥（795）　二十八歲

【朝廷時事】

四月，貶陸贄為忠州別駕。

七月，右諫議大夫陽城為國子司業。

八月，司徒、侍中、北平王、馬燧卒。

十月，橫海軍亂，逐其節度使程懷直。

是年進士及第，崔元亮、韓泰、周君巢、齊皞等二十七人；諸科，八人；隱居邱園不求聞達科，蔡廣成、劉明宗；禮部侍郎呂渭知貢舉。

【韓愈事跡】

貞元十一年，昌黎二十八歲。三試博學宏詞，不入選。仍住馬府。崔立之修書來勉，昌黎答之，盡抒不平之氣。

> 〈答崔立之〉云：「四舉而後有成，亦未即得仕。聞吏部有以博學宏詞選者，因又詣州府求舉。凡二試於吏部，一既得之，而又黜於中書。既已為之，則欲有所成就，因復求舉，亦無幸焉。」

正月廿七日上書於時相求仕。

> 〈上宰相書〉云：「今有人生二十八年矣，四舉於禮部乃一得，三選於吏部卒無成。」

二月十六日、三月十六日，又上書，凡三上書於時相，不報。時相為盧邁、賈耽、趙憬。

> 〈答崔立之書〉：「七年而學聖人之道，積二十一年。」
>
> 《洪譜》：「自七歲至今，二十二年矣。後九日復上書，後二十九日三上書，不報，乃東歸。」
>
> 《唐登科記·凡例》：「登科記有『上書拜官』、『上書及第』。考《封氏聞見錄》云：『常舉外有進獻文章，並上著述之輩，或付本司，或付中書考試，亦同制舉。』《雲麓漫鈔》亦云：『上書者，中書試同進士及第。』《權載之集》有：元和元年，吏部試上書人策問三道，是與制舉對策無異。惟自武德至顯慶，記不乏書；至開元四年以後，

全闕。」

　　謹案：大抵，昌黎欲循此「上書拜官」、「上書及第」方式入仕；可惜，開元四年後，已無此例；時相無識，不睬。

　　既落第，乃振奮精神，效法古之大賢君子，學習禮樂名數，陰陽土地星辰方藥之書。四月，貨馬賃船，準備東歸。

　　〈答侯繼書〉：「僕少好學問，自五經之外、百氏之書，未有聞而不求，得而不觀者，然其所志，惟在其意義所歸；至於禮樂之名數，陰陽土地星辰方藥之書，未嘗一得其門戶，雖今之仕進者，不要此道，然古之人未有不通此而能為大賢君子者。僕雖庸愚，每讀書，輒用自愧，今幸不為時所用，既不得而怨天尤人者，此吾今之志也。懼足下以吾退歸，因謂我不復能自彊不息，故因書奉曉，冀足下知吾之退未始不為進，而眾人之進，未始不為退也。既貨馬，即求船東下，二事皆不過後月十日。」

　　〈馬厭穀〉：「馬厭穀兮，士不厭糠粊。士被文繡兮，士無短褐。彼其得志兮不我虞，一朝失志兮其何如？已焉哉，嗟嗟乎鄙夫。」

　　謹案：《魏本引韓醇曰》：「此詩及〈出門〉，皆未得志之辭。其三上光範書時作乎？」

　　五月，資囊用罄，東歸，去京師。出潼關，息於河陰。羨白烏之榮光，哀自己之不遇，作〈感二鳥賦〉。

　　〈感二鳥賦〉：「貞元十一年，五月戊辰，愈東歸。癸酉自潼關出息於河之陰，時始去京師，有不遇時之歎。見行有籠白烏、白鸜鵒而西者，號於道：曰某土之守某官，使使者進於天子，東西行者皆避路，莫敢正目焉。因竊自悲，

幸生天下無事時承先人之遺業，不識干戈未耜攻守耕穫之勤，讀書著文自七歲至今，凡二十二年。其行已不敢有愧於道，其閒居思念前古當今之故，亦僅志其一二大者焉。選舉於有司，與百十人偕進退，曾不得名薦書，齒下士于朝，以仰望天子之光明。今是鳥也，惟以羽毛之異，非有道德智謀，承顧問贊教化者，乃反得蒙採擢薦進，光耀如此。故為賦以自悼，且明夫遭時者，雖小善必達，不遭時者，累善無所容焉。」

《舊唐書‧德宗紀下》：「貞元十一年六月，河陽獻白烏。」

五、六月，歸河陽省鄭氏墓祈稞；自去年至今，為嫂服朞一年禮畢。

八月，馬燧卒，年七十。昌黎東遊，在逆旅，聞訊以哭。

〈殿中少監馬君墓誌〉：「後四五年，吾成進士。去而東游，哭北平王於客舍。」

九月，自河陽往東都，過偃師，田橫墓，感田橫高義，能得人，有文祭田橫。

〈祭田橫文〉：「貞元十一年九月，愈如東京，道出田橫墓下，感橫高義，能得士，因取酒以祭，為文而弔之。」

韓愈，去年獲畫。今年出京師，至河陽，出畫與二三客論商。座有趙侍御，言此畫為其所有，因命工人存其大都；記其人物之形狀與數，以畫回贈趙君，有〈畫記〉載其事。

【詩文編年】

今年，博學宏詞題：〈立春日曉望三素雲詩〉、賦逸名。今集不存。

正月，〈答崔立之書〉。

正月、二月、三月〈上宰相三書〉。

四月，作〈答侯繼書〉、〈馬厭穀〉。

五月，作〈感二鳥賦〉。

九月，作〈祭田橫墓文〉。

十月，作〈畫記〉。

是年，作〈雜詩〉、〈苦寒歌〉。

【時人事跡】

孟郊，四十五歲。秋，三來長安應進士試。

柳宗元，服除，嘗遊岐周、邠、鄜等地。又過真定（屬鎮州，今河北正定縣），北上馬嶺，訪問老吏退卒，獲段秀實逸事。

元稹，仍寓居長安。

劉禹錫，廿四歲，登博學弘辭科，授太子校書官。

白居易，廿四歲，在徐州符離守喪。

歐陽詹，三十八歲，自閩中抵京。

崔立之，時任京畿尉。

盧全生。（？）。

唐德宗貞元十二年丙子(796)　二十九歲

【朝廷時事】

正月，詔以渾瑊、王武俊兼中書令；嚴震、田緒、劉濟、韋皋並同平章事，諸節鎮悉加檢校官。

三月，詔以李齊運爲禮部尚書。

四月，魏博節度使田緒卒。

六月，詔以宦官竇文場、霍仙鳴爲護軍中尉，監北軍。

詔以嚴綬爲刑部員外郎。

七月，宣武軍亂，詔以東都留守董晉爲汴州刺史、宣武軍節
度使。

八月，詔以陸長源爲宣武行軍司馬。

九月，詔以李景略爲豐州都防禦使。

裴廷齡卒。

十一月，詔以韋渠牟爲諫議大夫。

是年進士及第，李程、孟郊、張仲方等三十人；諸科，四人；
博學鴻辭科，李程、柳宗元、席夔等六人；禮部侍郎呂膺知貢舉。

【韓愈事跡】

貞元十二年，昌黎二十九歲。七月，應董晉辟爲試祕書省校
書郎、汴州觀察推官。

三月，董晉以兵部尙書出爲東都留守。七月，以東都留守爲
汴州刺史、宣武軍節度使。

> 〈董晉行狀〉：「十二月七日，拜檢校尚書左僕射、同中
> 書門下平章事、汴州刺史、宣武軍節度使。公既受命，遂
> 行，劉宗經、韋弘景、韓愈實從。」

> 〈行狀〉：「汴州亂，詔以舊相東都留守董晉為平章事、
> 宣武軍節度使，以平汴州。晉辟公以行，遂入汴州，得試
> 秘書省校書郎，為觀察推官。」

> 《新唐書・本傳》：「會董晉為宣武節度使，表署觀察推
> 官。」

> 《舊唐書・本傳》：「宰相董晉出鎮大梁，辟為巡官。」

謹案：昌黎從辟之官，《舊唐書》作巡官，實誤。應從〈行

狀〉。

孟郊有〈從軍詩〉送韓愈。

李翱，自徐幕至汴州，從昌黎學文。是時，昌黎古文，早已騰聲海內。

【詩文編年】

（汴幕）

秋冬，作〈監軍新竹亭記〉。

【時人事跡】

張籍，三十一歲，在和州家居。

李翱，二十二歲，以所著文章獻右司郎中楊於陵，累獲稱譽。七月，自徐州至汴。

柳子厚，二十四歲，登博學宏辭科。娶弘農楊憑女。

劉禹錫，二十五歲，爲太子校書官。

孟郊，四十六歲，進士登第。有〈送韓愈從軍詩〉。自長安東歸，道出和州小住，與張籍同遊桃花塢上。秋，孟郊離和州，張籍有詩送之。

白居易，二十五歲，在徐州符離守喪。

陸傪，四十九歲，罷浙江從事，隱於越。

楊凝，應董晉節度判官之辟。

唐德宗貞元十三年丁丑（797）　三十歲

【朝廷時事】

二月，築方渠、合道、木波三城。此三城皆吐蕃要路。

詔以姚南仲爲義成節度使。

七月，起復張茂宗爲左衞軍，尙公主。

十二月，詔以宦者爲宮市使。

是年進士及第，鄭巨卿、獨孤申叔等二十人；諸科，六人；禮部侍郎呂䎜知貢舉。

【韓愈事跡】

貞元十三年，昌黎三十歲。在汴州幕府。七月，有疾退休于居，作〈復志賦〉。

春，汴州監軍俱文珍赴京，董晉餞送之，命其屬吏作詩，昌黎有序：

〈復志賦〉：「非夫子之洵美兮，吾何為乎浚之都；小人之懷惠兮，猶知獻其至愚；固余異於牛馬兮，寧止乎飲水而求芻。伏門下而默默兮，竟歲年以康娛。……昔余之約吾心兮，誰無施而有獲。貪佞之洿濁兮，曰吾其既勞而後食；懲此志之不修兮，愛此言之不可忘。……恐誓言之不固兮，斯自訟以成章；往者不可復兮，冀來今之可望。」

七月，退居，作〈復志賦〉，「思復其志」，自言欲去未可。

《魏本》引《補注》：「晁無咎嘗取此賦於變騷而繫之曰：『蓋愈自傷出，既壯而弗獲，思復其志，以晉知己，欲去未可云。』

《程記》「貞元十二」條：「明年七月，退休于居，作〈復志賦〉。」

《洪譜》：「不知公自入汴後，服官治政，閒覽經史，暇則與友言志，悠悠於汴，逮今竟一歲矣。」

孟東野，自南方至汴州依陸長源，晤昌黎，推薦張籍。

張籍北遊，十月一日至汴州，從昌黎學文，安置於于城西。

李翱，四舉進士不第，後至汴州從韓學文。薦孟郊於張建封，言及張籍。

韓老成，從宣城來汴州相會。從父兄韓弇遺孀韋氏攜女來投，一時韓家人口驟增至三十口。

【詩文編年】

（汴幕）

春，作〈送汴州監軍俱文珍序〉。

夏秋間，作〈奏汴州得嘉禾嘉瓜狀〉。

七月，作〈復志賦〉。

【時人事跡】

孟郊，四十七歲。至汴州，依宣武行軍司馬陸長源。

張籍，三十二歲，十月一日至汴州，從昌黎學文，昌黎館於城西。

李翱，秋，赴長安應舉。不第。四舉既不第，作〈感知己賦〉。後至汴州從韓愈學文。

白居易，父喪服滿後，仍居符離。

賈島，十九歲，初離鄉里。

獨孤申叔，舉進士。

歐陽詹，四十歲，出長安遊蜀中，後返京。

唐德宗貞元十四年戊寅（798）　三十一歲

【朝廷時事】

七月，詔以鄭餘慶爲平章事。

八月，初置左右神策統軍。

九月，詔以于頔爲山南東道節度使。

九月，彰義軍（淮西）節度使吳少誠遣兵掠泰州壽山。

　　貶國子司業陽城爲道州刺史。翌日，太學生季儻、何蕃等
　　百六十人詣闕乞留。

是年進士及第，李隨、李翺、張仲素、呂溫、獨孤郁、王起
等二十人；明經，韋溫；諸科，九人；尚書左丞顧少連知貢舉。

【韓愈事跡】

貞元十四年，昌黎三十一歲，在汴州。前年辟用，今年辟命
始下，爲昌黎歷官之始。

　　〈神道碑〉：「貞元十四年，用進士從軍宰相董晉平汴州
　　之亂。」

　　〈墓銘〉：「先生三十一而仕。」

　　《洪譜》：「二狀載公入汴在十二年丙子與史合，而誌碑
　　所記皆後二年，殊不可曉。豈今年辟公以行，至十四年始
　　有成命邪？亦不應如是之緩也。……然自公卒之年逆數
　　之，亦當以十四年，三十一歲，為歷官之始。故公入汴雖
　　在十二年，然水門記十四年正月作。石本猶但稱，攝節度
　　掌書記前進士韓愈，是辟命猶未下也。計必是年辟命乃下。

故碑誌之言如此。不當以命下之緩為疑也。」

《朱校》：「今按：『公入汴之年。洪方得之。碑誌所計
年數。若以命下之日言之，亦未為失。但云十四年，從董
晉平汴州，則誤矣。又送俱文珍序，亦在十三年。安得言
十四年乃入汴乎？要當以公之自言及二狀二史通鑑為正。
持正狂躁，其考之或有未審。不足據也。舊史之作巡官，
則程記已辨非矣。』」

正月，董晉在汴州營造東西水門，三月合成，昌黎應命記之。

〈汴州東西水門記〉：「貞元十四年正月戊子，隴西公命
作東西水門。越三月辛巳朔，水門成。三日癸未，大合樂，
設水嬉。會監軍軍司馬寶佐僚屬將校，熊羆之士，肅四方
之賓客以落之，士女纚會，闐郭溢郛，既卒事，其從事昌
黎韓愈，請紀成績。」

愈在府中，識開封令李服之（陽冰子）得《科斗孝經》、《漢
衛宏官書》兩部合卷，昌黎寶蓄之而不暇學。

當時，張籍與李翱兩人隨韓學習古文。

〈與馮宿論文書〉：「近李翱從僕學文，頗有所得；然其
人家貧多事，未能卒其業。有張籍者，年長於翱，而亦學
於僕，其文與翱相上下，一二年業之，庶幾乎至也。」

秋，張籍在汴州舉進士，退之為考官，籍中等。旋即赴京應
考。張籍離汴，有〈上韓昌黎書〉二篇勸諫，昌黎有書復之。

韓老成去年至汴居住，一年後，回宣城。

〈祭十二郎文〉：「吾佐董丞相于汴州，汝來省吾，止一
歲，請歸取其孥。」

【詩文編年】

（汴幕）

三月，作〈汴州東西水門記〉。

春，〈遠遊聯句〉。

秋，作〈送權秀才序〉（考辨）。

秋，撰〈進士策問十三首〉。謹案，此非一歲所作。

十月，作〈與楊燕奇碑文〉、〈病中贈張十八〉。

作〈答張籍書〉、〈重答張籍書〉。

冬，作〈天星送楊凝郎中賀正〉。

是年，作〈與馮宿論文書〉。

【時人事跡】

馮宿，三十歲，應辟徐州節度使張建封書記。

張籍，三十三歲，今年十一月，在汴州舉進士，獲首薦，旋赴京師應考。

孟郊，四十八歲，仍客汴州。冬，作計南歸。曾邀張籍至汴州，與之話別。

李翱，二十五歲，進士及第。有書與徐州張建封，薦孟郊、張籍、李景儉。

柳宗元，二十六歲，授集賢殿正字。

白居易兄幼文，約於本年春赴饒州浮梁縣主簿。

白居易，夏，自符離赴浮梁，移家洛陽。秋，至宣城，應拔解，貢於京師。

劉禹錫，二十七歲，父緒卒於揚州。

元稹，二十一歲，遊歷蒲州，在普救寺認識崔氏遺孀。

【詩文考辨】

〈送權秀才序〉（《韓集》卷二十一）

方崧卿云：「貞元十二（796）年，三月間汴州作。」

樊汝霖云：「公時佐汴州，權自汴舉進士京師，送以此序。」

文讜云：「貞元十二年權自汴舉進士京師，公以此序送之。」

屈繫於十三年，據〈序〉云：「相國隴西公，既平汴州，天子命御史大夫吳縣南爲軍司馬，門下之士權生實從之來。」論稱：「韓愈從董晉至汴，在貞元十二年七月，陸長源爲宣武行軍司馬，在是年八月（見〈董公行狀〉）。唐鄉貢士于每年十一月送尚書省，次年正月應禮部試。又韓愈于貞元十五年（799）二月去汴，則此〈序〉之作，十二、十三、十四年皆有可能。今姑繫於十三年。」

張於「貞元十四年」「韓愈事跡」條下云：「十一月主汴州貢士舉考，試進士策問，〈反舌無聲詩〉，張籍中選，得首薦；權秀才中選。」因指〈送權秀才序〉稱：「此爲權秀才選中後，進京應試時韓愈的送行之作。權生乃陸長源門下之士，十二年八月隨陸來汴。」

黃於「貞元十四年」「送權秀才于京師」條，論稱：「權生在汴州舉進士。韓愈今年秋爲考官，張籍登第，可能權生亦與籍同登第而赴長安時，送之以序。」

謹按：此文繫年有貞元十二年、貞元十三年、貞元十四年之異。觀察點爲：韓氏何時任汴州貢士之主考？以韓愈從辟汴州而論，時間爲貞元十二年七月至十五年二月，中間只有貞元十三、十四年兩種可能。所任之將仕郎、試秘書省校書郎、汴宋亳穎等州觀察推官，正式任職在十四年春。此前，貞元十二年七月至貞

元十三年年底，韓氏是在試用，未經皇命任用，而任命之文，則在貞元十四年春。以此而論，只剩十四年一種可能。今繫貞元十四年秋。

〈進士策問十三首〉（《韓集》卷十四）

屈據韓愈〈此日足可惜一首贈張籍〉及張籍〈祭退之〉詩指出：「張籍貞元十五（799）以鄉貢進士登第。唐鄉貢進士於每年十月送京師，次年正月應禮部試，二月放榜，則張籍貞元十四（798）貢舉於汴州，韓愈為府試官。此文當即韓愈是年在汴州董晉幕府領進士府試時所撰之試題也。」

張云：「（貞元十四年）十一月主汴州貢士舉考，試進士策問，〈反舌無聲詩〉，張籍中選，得首荐。」又云：「韓愈有〈進士策問〉十三首，非一歲所作，編者集之耳。其中前六個題目，是此次考試所出。」並據馬其昶《韓昌黎文集校注》卷二〈進士策問〉第六首之〔補注〕云：「案汴州舉進士，公為考官，〈贈張籍〉詩云：『馳辭對我策』是也，後世取士，非由庠序，逕自州縣貢舉，知之無素，故請各誦所懷，此當即汴州策問。」

謹按：此〈策問十三首〉大方無繫年，小方列「無年考」。《舊注》謂是：「非一歲所作，編者集之耳。」馬其昶在第六首用〔補注〕揭出是在「汴州策問」。究竟十三首是當時策問，抑或前六首是？屈主前者，張主後者。筆者以為，先要考察韓氏一生中做過幾次考官？有無替人代作情事？若是皆無的話，則應是十三首皆汴州考官時作。查永貞元年十月，昌黎為江陵府法曹參軍，曾為考官。陳彤既拔解，昌黎有序送之。則《舊注》云，非一歲所作，可從。

唐德宗貞元十五年己卯（799）　三十二歲

【朝廷時事】

二月三日，宣武軍節度使董晉卒。十一日，軍亂，殺留後陸長
　　源。監軍俱文珍密召宋州刺史劉逸準使總後務，朝廷從之。

三月，詔以韓弘爲宣武節度使。詔削奪吳少誠官爵，令諸道
　　進兵討之。

夏，旱，京師饑。

秋，鄭、滑大水。

十二月，中書令咸寧王渾瑊卒。

是年進士及第，封孟紳、張籍、王炎、李景儉等十七人；諸
科，四人；博學宏詞科，獨孤申叔、呂溫；中書舍人高郢知貢舉。

【韓愈事跡】

貞元十五年，昌黎三十二歲，在汴州推官任，時間到本年二
月三日止。徐州推官則始於本年秋，至翌年五月。

正月，孟郊自汴南歸，昌黎贈以〈醉留東野〉、〈知音者誠
希〉詩；又與孟郊、李翺共作〈遠游〉聯句。未幾，李翺去汴，
南游吳越。時裴蕭爲越州刺史、浙東觀察使。

二月三日，宣武節度使董晉卒，昌黎有祭文。並從喪歸葬洛
陽。行之四日，汴州軍亂。

　　〈董晉行狀〉：「十五年二月三日，丞相薨。公之將薨，
　　命其子三日殮。既殮而行，於行之四日，汴州亂。」

　　《新唐書·本傳》：「晉卒，愈從喪出，不四日，汴軍亂，

乃去。」

〈汴州詩〉云：「汴州城門朝不開，天狗墮地聲如雷；健
兒爭誘殺留後，連屋累棟燒成灰；母從子走者為誰，大夫
夫人留後兒。」

《通鑑・卷 235》貞元十五年：「二月，丁丑，宣武節度
使董晉薨。乙酉，以其行軍司馬陸長源為節度使。長源性
刻急。恃才傲物。判官孟叔度，輕佻淫縱，好慢侮將士，
軍中皆惡之。董晉薨，長源知留後，揚言曰：『將士弛慢
日久，當以法齊之耳！』眾皆懼。或勸之發財以勞軍，長
源曰：『我豈效河北賊，以錢買健兒求節鉞邪！』故事，
主師薨，給軍士布以制服，長源命給其直。叔度高鹽直，
下布直，人不過得鹽三二斤。軍中怨怒，長源亦不為之備。
是日，軍士作亂，殺長源、叔度，臠食之，立盡。監軍俱
文珍以宋州刺史劉逸准久為宣武大將，得眾心，密書召之。
逸准引兵徑入汴州，亂眾乃定。」

《洪譜》：「時陸長源為御史大夫，知留後事。長源欲峻
法，繩驕兵，為晉所持，不克行。晉卒，軍亂，殺長源、
孟叔度、丘穎。公從晉喪以出而汴州亂；公義當從喪，又
知汴必亂，故去之爾。」

愈家在圍中，尋得脫，下汴東，趨彭城。愈從喪至洛，還孟
津，別李元，渡泡水，出陳許間，以二月暮抵徐州，與妻子相會，
有不知所歸之嘆。

〈此日足可惜〉：「夜聞汴州亂，繞壁行傍徨；我時留妻
子，倉卒不及將；俄有東來說，我家免罹殃；乘船下汴水，
東去趨彭城；從喪朝至洛，旋走不及停；假道經盟津，出

入行潤岡；甲午憩時門，臨泉窺鬪龍；行行二月暮，乃及徐南疆；僕射南陽公，宅我睢水陽。」

《程記》：「汴軍亂，愈家在圍中，尋得脫，下汴東，趨彭城；愈從喪至洛，還盟津，度汜水，出陳許間，抵徐州。」

〈答李翱書〉：「愈家本窮空，重遇攻劫，衣服無所得，養生之具無所有。」

徐州節度使張建封與昌黎是舊交，憫其窮苦，使居於符離睢水上。

〈與東野書〉：「春，脫汴州之亂，幸不死，無所於歸，遂來於此。主人與余有故，哀其窮，居余符離睢上。」

〈徐泗豪節度掌書記廳石記〉：「南陽公自御史大夫、豪壽廬州觀察使授節，移鎮徐州，歷十一年。」

〈崔評事墓誌〉：「南陽公文章稱天下。」

《新唐書‧卷 158‧張建封傳》：「建封……能辨論，慷慨尚氣，以功名為己任。……性樂士，……有文章傳于時。」

羅聯添《韓愈研究》：「建封既與馬燧相善，而貞元三年以後八九年間，韓愈在長安嘗得北平王馬燧的支助，韓愈殆在此數年因馬燧之薦而識建封。」

張籍登第後東歸，往徐州謁昌黎，盤桓一月辭去，昌黎作〈此日足可惜〉一首贈之。

張徹來徐州，與韓比屋而居。

及秋，張建封奏為徐州節度推官，試太常寺協律郎。

〈與東野書〉：「及秋，將辭去，因被留以職事。」

〈行狀〉：「武寧張建封奏為節度推官，得試太常寺協律郎。」

《舊唐書‧本傳》：「府除，徐州張建封又請為其賓佐。」

《新唐書‧本傳》：「乃去。依武寧節度使張建封，建封
辟府推官。」

《程記》：「抵徐州。節度使張建封居之于符離睢上。及
秋將辭去，建封奏為節度推官，試協律郎。」

受張幕牒之明日，使院中，有小吏持院中故事節目十餘事來
示，其中有「自九月至明年二月終，皆晨入夜歸，非有疾病事故
輒不許出。」昌黎上書建封，言「非己之能，請寅入盡而辰退，
申而入酉終而退，亦不費事。」不納，有詩歎從仕之難。

〈上張僕射書〉：「九月一日，愈再拜，受牒之明日，在
使院中，有小吏持院中故事節目十餘事來示愈，其中不可
者，有自九月至明年二月之終，皆晨入夜歸，非有疾病事
故，輒不許出。當時以初受命，不敢言，古人有言曰：『人
各有能有不能』，若此者非愈之所能也。愈抑而行之，必
發狂疾，上無以承事於公，忘其將所以報德者，下無以自
立，喪其所以為心，夫如是則安得而不言。凡執事之擇於
愈者，非為其能晨入夜歸也，必將有以取之，苟有以取之，
雖不晨入而夜歸，其所取者猶在也，下之事上，不一其事，
上之使下，不一其事，量力而任之，度才而處之，其所不
能，不彊使為，是故為下者，不獲罪於上，為上者不得怨
於下矣。」

〈答李翱書〉：「其所以止而不去者，以其心誠有愛於僕也。」

〈從仕〉：「居閑食不足，從仕力難任。兩者皆害性，一
生恆苦心。黃昏歸私室，惆悵起歎音。棄置人間世，古來
非獨今。」

〈齪齪〉：「齪齪當世士，所憂在飢寒；但見賤者悲，不

閒貴者歎；大賢事業異，遠抱非俗觀；報國心皎潔，念時
涕汍瀾。」

建封好擊毬，昌黎累書諫，又爲詩〈汴泗交流〉以諷。營田巡
官陳從政得白兔於符離，昌黎以所謂「盜逆臣符」之象，請表聞。

《程記》「貞元十二年」條《方考》云：「按：柳子厚〈代
京兆府賀徐州刺史張愔所進白兔表〉。愔，建封子也。建
封卒，愔自稱知軍事，朝廷從之。蓋建封未及以表聞，而
愔獻之也。建封死於明年五月，此事當次於朝正既還之後
方可。」

謹案：方崧卿以爲「蓋建封未及以表聞，而愔獻之也。」可從。
是年冬，張建封使愈朝正於京師，張徹同行。

〈答張徹〉：「從賦始分手，朝京忽同舻。」

國子監四門助教歐陽詹，欲率其徒伏闕下，舉愈爲博士，不果。

〈歐陽生哀辭〉云：「十五年冬，余以徐州從事，朝正于
京師。詹爲國子助教，將率其從伏闕下舉余爲博士，會監
有獄，不果上。」

《程記》：「至冬，建封使愈朝正于京師。」

昌黎感憤作〈駑驥〉詩，詹有答詩。二人情誼甚篤，是韓的
知己。

〈駑驥贈歐陽詹〉：「駑駘誠齷齪，市者何其稠；力小苦
易制，價微良易酬；渴飲一斗水，飢食一束芻；嘶鳴當大
路，志氣若有餘；騏驥生絕域，自矜無匹儔；牽驅入市門，
行者不爲留；借問價顧何，黃金比嵩邱；飢食玉山禾，渴
飲醴泉流；借問誰能御，曠世不可求；⋯⋯駑駘謂騏驥，
餓死余爾羞；有能必見用，有德必見收；孰云時與命，通

　　塞皆自由；騏驥不敢言，低徊但垂頭；人皆劣麒驥，共以
　　駑駘優；喟余獨興歎，才命不同謀；寄詩同心子，為我商
　　聲謳。」

　　歐陽詹〈答韓十八駑驥吟〉：「故人舒其憤，作爾駑驥篇；
　　駑取易售陳，驥以難知言；……傷哉昌黎韓，焉得不迍邅。」

其子，韓昶生，以生於徐州符離，小名符。

　　韓昶〈自為墓誌銘〉：「昌黎韓昶，字有之。傳在國史。
　　生徐之符離，小名符。」（《全唐文》卷 741）

【詩文編年】

（汴幕時）

正月，〈答孟郊〉、〈遠游聯句〉（考辨）、〈醉留東野〉
　　（考辨）、〈知音者誠希〉（考辨）。

二月六日，〈祭董相公文〉。

二月，作〈汴州亂〉二首。

二月，〈贈河陽李大夫〉

二月初，作〈崔評事墓銘〉。

（符離睢上時）

三月，作〈贈張徐州莫辭酒〉、〈徐泗豪節度掌書記廳石記〉。

四月，作〈此日足可惜詩贈張籍〉、〈贈族姪〉。

五月十八日，撰〈贈太傅董公行狀〉、〈新竹〉（考辨）、
　　〈晚菊〉（考辨）。

（徐幕時）

七月，作〈齪齪〉、〈從仕〉。

七月，作〈汴泗交流贈張僕射〉、〈忽忽〉、〈鳴雁〉、〈雉
　　帶箭〉。

九月，作〈上張僕射書〉、〈上張僕射第二書〉、〈賀徐州
　　張僕射白兔狀〉（考辨）

十月，朝正京師途中，作〈暮行河堤上〉。

冬，抵京後作〈駑驥〉。

徐幕，作〈愛直贈李君房別〉、〈贈別序〉、〈嗟哉董生行〉。

冬，作〈太學生何蕃傳〉、〈子產不毀鄉校頌〉（考辨）。

【時人事跡】

孟郊，四十九歲。春，離汴州，往蘇州，遊會稽。孟郊有〈汴
州別韓愈詩〉，昌黎有答詩。

張籍，三十四歲。登進士第。往徐謁昌黎。住一月後離去。
昌黎贈以〈此日足可惜〉。去徐後，嘗遊江南湖、杭等地，有〈雪
谿西亭晚望〉、〈舟行寄李湖州〉、〈宿天竺寺寄盧隱寺僧〉、
〈贈道士〉等詩。

李翺，二十六歲，在汴州。後遊吳越，晤陸傪。八月，李翺
北歸，至泗州（安徽泗縣），開元寺僧澄觀以修寺作大鐘既成，
書乞李翺作〈鐘銘〉刻石。

柳宗元，二十七歲，在集賢殿書院為正字。在長安時，與當
時文士交游甚廣。且以少年才高，一時傾慕者尤眾；而宗元意氣
甚盛。八月，柳宗元夫人楊氏卒。九月，葬於萬年縣棲鳳原。

楊凝，去年朝正京師，春，還汴州復命。會汴州軍亂，還走
京師，居家三年。

劉禹錫，二十八歲，在揚州居喪。

白居易，二十八歲。自宣城鄉貢入京。

元稹，二十一歲，初仕於河中府。

獨孤申叔，以博學鴻辭為秘書省校書郎。

歐陽詹，三十二歲，登第。授國子監助教。

【詩文考辨】

〈遠游聯句〉（《韓集》卷八）

方崧卿《舉正》繫於元和三年，云：「此詩送東野之江南也。元和三年東都作。」

《魏本》引樊汝霖曰：「公有〈送東野序〉云『東野之役於江南。』此所謂遠游者，亦其時歟？」

《舊注》：「元和三年作。」

陳景雲據《舊注》云：「謂遠游即東野役於江南時，其說似是而非。舊役於江南，乃赴溧陽尉任，役謂吏役也。」

王元啓認爲貞元中作，據《舊注》：「元和三年作」之說，力辯之爲非，曰：「按：（元和）三年春，郊爲水陸運從事，時鄭餘慶正尹河南，不應無故罷免，乃令作此浪游。四年正月，李翶弔郊於洛東，時郊初丁母艱，未必遽有此遠役，此詩恐貞元中作。」

夏敬觀《孟東野先生年譜》認爲作於汴州時，云：「貞元十二年丙子，陸長源爲宣武行軍司馬，佐董晉。宣武軍即汴州也。韓愈爲汴州觀察推官。先生有〈送韓愈從軍〉詩、〈新卜清羅幽居奉獻陸大夫詩〉、〈汴州留別韓愈〉詩、〈夷門雪贈主人〉詩。陸長源答詩自註云：『郊客於汴將歸，賦〈夷門雪〉贈別，長源答此。』則先生在十二、三、四年，曾至汴州。與韓愈、李翶〈遠游聯句〉詩，疑在汴作。」

華忱之《孟郊年譜》繫於貞元十五年早春，云：「孟郊南歸之計決於貞十四年冬，十五年春方離汴適蘇。〈遠游聯句〉韓愈

云：『離思春冰泮』，又云：『即路獻新歲』，則此詩當為貞元十五年早春所作。」

　　錢繫於貞元十四年春，云：「翱於貞元十二年始來汴州，與公相識，有翱祭公文可證。後一、二年當尚在汴。此詩作于初春，東野〈汴州別韓愈〉詩，有『春英婆娑』之句，〈夷門雪〉詩有「春風動江柳」之句，可知與〈遠游〉皆同時作。據公〈重答張籍書〉，言孟君將有所適。〈答張書〉，方成珪《箋正》考定為貞元十三年秋作，則〈遠游〉詩篇，作於十四年春初無疑矣。」

　　張認作于十四年春初，他引錢仲聯《集釋》，稱曰：「錢說近是。」他又從孟郊、韓愈詩句，辯稱：「此詩寫作時間是春中。孟郊、韓愈、李翱春中同在汴州，而孟郊又有楚地遠游之舉的只有這一個仲春。說元和三年不對，說春初者也不確。」還引孟郊〈夷門雪贈主人〉詩句：『夷門貧士空咏雪，夷門豪士皆飲酒。酒聲歡閑入雪銷，雪聲激切悲枯朽。悲歡不同歸去來，萬里春風動江柳。』（陸）長源〈答東野夷門雪〉詩云：『東鄰少年樂未央，南客思歸腸欲絕。千里長河冰復水，雪鴻冥冥楚山雪。』（《孟東野詩集》卷二）孟郊思歸之情，早春唱和時間，與〈遠游聯句〉也合。」因此張說〈遠游聯句〉「不當寫於元和年間。」

　　謹按：此詩繫年有三說：一、元和三年，大方主之；二、貞元十四年，錢、張主之；三、貞元十五年，華、黃主之。元和三年說非是，王元啟、張清華已予駁論；至貞元十四、十五年之說，又竟為夏敬觀《孟譜》與華忱之《孟譜》之異。前者表示「疑在汴作」；後者則指涉明白。

　　查羅聯添《唐代詩文六家年譜‧李翱年譜》「吳越之游」條下云：「貞元十五年（799）早春，李翱在汴州。孟郊自汴南歸，

韓愈、李翱共作〈遠游聯句〉。」今從華、羅說，繫於貞元十五年春。

〈醉留東野〉（《韓集》卷五）

《魏本》引樊汝霖繫於元和六年，曰：「元和六年，公爲河南令作。」

《魏本》引唐庚繫於元和六年，曰：「東野前一年，方罷河南水陸轉運從事。」

王元啓繫於元和元年九月，曰：「公〈薦士詩〉作於元和元年九月，時東野已去溧陽尉，在京參調無成，故有『久無成』及『決焉去』等句，此云『不得官』、『不迴頭』，是未受水陸從事之辟，正當告歸之時。疑〈薦士〉詩即繼是而作，皆元年九月事也。」

王鳴盛《蛾術編》認作於未作溧陽尉前，曰：「東野以貞元十一年爲溧陽尉，去尉二年，鄭餘慶尹河南，奏爲水陸轉運從事。此云不得官，當是未作尉以前。而年譜乃編于元和六年，其時東野已得從事。或云：已罷，故云不得官，恐非。」

迮鶴壽繫於元和五年，曰：「據《登科記》，東野及第在貞元十二年，然則貞元十一年尚未爲溧陽尉也。東野爲鄭餘慶留府賓佐，在元和二、三年間，去及第時已十一、二年，若是貞元十一年即爲溧陽尉，當非去尉二年即爲水陸轉運從事。此詩云：『東野不得官』，舊注以爲「前一年罷水陸轉運從事」，容或有之。但本傳云：『卒年六十四。』若依《登科記》計之，在元和五年。則此詩不得編于六年。」

夏敬觀《孟東野先生年譜》繫於元和七、八年，曰：「詩云：

『東野不得官，白首誇龍鍾。』先生元和六年尚居母憂，寧有醉留而又歎其不得官之理。當是元和七、八年所作也。」

錢繫於貞元十四年春，辯云：「公詩明云『東野不得官』，是必作於東野未爲溧陽尉及水陸轉運從事之前。樊注元和六年，夏譜元和七、八年之說，皆非也。王元啓知其非元和六年作，而以爲作於元和元年九月，則仍在爲溧陽尉後，無解于「不得官」一語。王鳴盛以爲當作於未爲溧陽尉以前，是矣。而誤以東野在貞元十一年爲溧陽尉，致來迮鶴壽之駁。（中略）。然則十四年春，東野離汴南行，賦詩別公，及爲〈遠遊聯句〉之時，因尚未爲溧陽尉也。此詩當亦作於同時，末段亦含有惜別之意。」

屈之見解與錢相同。

張推崇錢說爲勝，並申述己見：「按韓愈〈貞曜先生墓誌〉記年考之，孟郊選爲溧陽尉在貞元十七年。元和六年，孟郊在東都留守鄭餘慶手下任水陸運從事，皆算有官職，不當說『不得官』。此語當指孟郊中進士至選爲縣尉之間這段時間。這段時間二人相處多在汴州，『東野不迴頭』與韓愈別離，只有十四年春在汴州這個時間，故詩繫於此年爲宜。」

黃繫之於「貞元十五年」，曰：「早春，孟郊去汴南歸，韓愈、李翺祖餞之，韓有〈醉留東野〉一詩。」

謹按：此詩繫年有七說，貞元十一年前，王鳴盛主之；貞元十四年，錢主之，屈、張從之；貞元十五年，黃主之；元和元年九月，王元啓主之；元和五年，迮鶴壽主之；元和六年，樊汝霖、唐庚主之；元和七、八年，夏敬觀主之。

如錢之說，此詩與上首〈遠游聯句〉係作於同時，則繫年應依羅著〈李翺年譜〉，繫於貞元十五年春爲是。說引已見前詩，

不贅引。

〈知音者誠希〉（《韓集・遺詩》）

此詩大方無繫年，小方列「無年考」，方世舉認此詩爲東野而作，云：「按公〈與馮宿論文書〉云：『僕爲文久，每自意中以爲好，則人必以爲惡矣，不知古文直何用於今世也？然以竢知者知耳。』文章一道，作者固難，識者正復不易，故深有感於古詩之語。然爾時從公游者，如李翱、張籍、皇甫湜輩，蓋未嘗輕相許可。此詩大抵爲東野而作。」

錢繫於貞元十四年〈醉留東野〉後，論云：「方說近是，無可繫年，姑附於此。」

張繫於貞元十四年，曰：「韓愈在長安十年，交友不少，最著者爲李觀，雖志同道合，卻于貞元十年早死；崔群與韓愈過從一生至厚，然與文章古道，又非志同。李翱、張籍、皇甫湜輩雖入韓門，然定交未久，知之非深。孟郊雖爲摯友，然又離去。韓愈之感由此而發。〈與孟東野書〉云：「（略。）」書是兩年後在徐州寫的，述無知音之苦。（中略）可見韓愈把孟郊引爲知音同道。」

屈置於「疑年詩」，引《文讞》云：「觀詩意蓋有送行之意，時張籍，孟郊數會數別，集多有相別詩，不得而詳其名氏矣。」

謹按：方世舉只是說「大抵爲東野而作」，錢據其說而姑繫於貞元十四年〈醉留東野〉後，張說更爲直接。以〈醉留東野〉詩言，韓以李杜爲喻，以雲龍爲喻，則見傾倒之甚，本詩詩題之「知音者誠希」，即此心跡之表白，故繫於〈醉〉詩之後，可從。

〈新竹〉（《韓集》卷四）

韓醇認作於陽山時，曰：「此詩同下〈晚菊〉詩，意皆在陽山作。此詩落句云：『何人可攜玩』，〈晚菊〉云：『此時無可語』，皆窮山不自聊之意。」（《魏本》引）

王儔作於陽山時，云：「〈新竹〉、〈晚菊〉，並陽山所作，故末句皆有幽獨之意。」

方崧卿云：「貞元二十年（804）陽山作。」

王元啟認為徐州時作，云：「公在陽山，從游士頗不乏。惟在徐時，所親無一人在者。所謂『何人可攜翫』，及下篇『此時無與語』，殆皆在徐獨游時作。」

方成珪《詩文年譜》繫於元和五年，曰：「公〈東都遇春〉詩，元和三年春作也（按：此句缺引，今補）。有『少年氣真狂』，及『爾來曾幾時，白髮忽滿鏡』之句，與〈晚菊〉前四語意象相類，五年作（按：此三字缺引，今補）。〈感春〉詩云：『坐狂朝論無由陪』，即〈晚菊〉詩所謂棄置也。其云『孤吟莫和正』，正就〈新竹〉詩『何人可攜翫』及〈晚菊〉『此時無與語』之意。蓋公在東都歲月較久，故不能無鬱鬱居此之感也。但未定其何年所作，姑附於此以俟別考（按：此句缺引，今補）。」

錢繫於元和五年，論云：「公在徐幕，年僅三十二，與〈晚菊〉詩首四句意象不類，方說為近，姑從〈東都遇春〉、〈感春〉詩繫本年。」

張繫於元和五年。論云：「韓愈在徐州之時，年三十二歲，正氣真壯之當年，與〈晚菊〉詩前四句意象不類；在陽山，地雖偏僻，然慕韓愈之名來相投與游者有人，不當有『何人可攜翫』，

『此時無與語』之情；卻與〈東都遇春〉『在庭百執事，奉職各只敬。我獨胡為哉？坐與億兆慶。信如籠中鳥，仰給活性命。』〈感春〉五首之一『坐狂朝論無由陪』，之二『孤吟屢闋莫與和』所寫情緒相牟。當繫是年為是。寫於是年夏秋。」張意謂既非寫於徐州之時，亦非寫於陽山之時，故繫於元和五年。

　　屈繫於貞元二十年，論云：「方崧卿、韓醇、王儔傳本編次訂陽山作，近是。」

　　謹按：此詩繫年有三說：（一）貞元十五年，徐州時，王元啟主之；（二）貞元二十年，陽山時，韓醇、方崧卿、王儔、屈守元主之；（三）元和五年，分司洛陽兼任祠部時，方成珪、錢、張主之。

　　〈新竹〉詩係詠物詩。關鍵在末句「何人可攜翫？」及〈晚菊〉詩「此時無與語」，成為各家繫年之觀察點。

　　韓愈在陽山時，有區冊、區弘、竇存亮、劉師命等自遠方來師韓愈，故無「何人可攜翫」「此時無與說」的情況，張已論之，故「貞元二十年」說可排除。至於，「元和五年」說，查羅著《韓愈研究》「韓愈據六典，將東都寺觀管理權從宦官手中收歸祠部，並誅殺不良僧尼道士，因此損及宦官之權益，宦者因以惡官詈辭，訟於東都留守鄭餘慶。其年多，韓氏為河南縣令，因取禁假冒軍人，為軍吏所訟，有啟上鄭餘慶決去留，但不為鄭所喜。」此際的韓愈夾在宦者，軍吏和鄭餘慶之中，憑其直道行事，心中的感受，借詠竹自況；故可能寫於此時。但有一質疑處，便是〈晚菊〉詩末句「棄置奈悲何」的「棄置」，按「棄置」之意涵為無官職或外貶荒地，不能發揮才能之意，此際韓氏收回東都寺觀管理權、禁假冒軍人，不得說是「棄置」，故仍有保留。至於「貞元十五」

年之說，董晉卒後，韓從董晉喪車至洛陽，渡河後而返，借道盟津、次汜水、渡黃河、出陳許，至二月底到達徐州南睢水岸邊的符離。秋入張建封幕。入幕前與張徹為鄰，二人同遊，共論詩文。故於入幕前，亦可排除。「入幕後」，晨入夜歸，賓主未甚相得，府中執事十六小時，有鬱鬱不樂之情，言「棄置」亦無不可。韓愈作於同時之〈從仕〉詩所云：「棄置人間世，古來非獨今」，即為旁證。時韓氏三十二歲，時當中年，歷經坎坷，對竹寓志，對菊咨嗟，有可能作於是年徐幕中。三說中，以貞元十五年說為長。

〈晚菊〉（《韓集》卷四）

謹按：此詩之寫作時間與上首〈新竹〉同，各家之見解與繫年亦與〈新竹〉一樣。詳見上首。此詩之繫年，諸家多與上首〈新竹〉詩合觀。若以此而論，則此詩以繫貞元十五年為長，詳細論述見前詩及按語中，不再贅述。

〈子產不毀鄉校頌〉（《韓集》卷十三）

方成珪繫此文於元和二年。

屈繫於貞元十五年，曰：「貞元十五年冬，國子司業陽城貶道州刺史。太學生何蕃、王魯卿、李讜等二百人詣闕乞留，經數日，吏遮止之，疏不得上。時太學闕祭酒，又貶司業陽城，是毀之也。此文當為其事而發，其時韓愈為徐州節度使張建封朝正京師。參見〈太學生何蕃傳〉及〈歐陽生哀辭〉。」

張繫於貞元十九年，曰：「按此文寫作緣起與時間，一說是諷刺李實，寫於貞元末年；一說諷刺皇甫鎛，寫於憲宗元和末年。憲宗元和十四年正月韓愈貶潮州刺史，十月移袁州，十五年閏正

月八日到袁州，九月辛酉（二十二日）授國子祭酒，十月後才回到長安。殊不當回京後即寫此文以諷當政。故前說為優。貞元末李實當政而韓愈未去陽山者，只有是年（按：即十九年）。疑此文為譏李實等權臣閉塞言路而發，當寫於是年。」

謹按：此文繫年有貞元十五年、貞元十九年、元和二年三說。

貶陽城，太學詣闕乞留事，見《通鑑》卷235，唐紀五十一，德宗貞元十四年九月。屈謂：貞元十五年冬貶道州刺史，誤記。貞元十五年冬，韓愈為徐州節度使張建封朝正京師，時歐陽詹「為國子監四門助教，將率其徒伏闕下」，舉韓愈為博士，「會監有獄，不果上」（按：「會監有獄」即指薛約事，陽城以「黨罪人，出為道州刺史」。以上可參《韓集》卷14、22，〈太學生何蕃傳〉及〈歐陽生哀辭〉。）當時，「太學闕祭酒」，而司業陽城又「出貶道州」，學校行政近於癱瘓，此即文題「毀之」之意。今繫貞元十五年冬。

〈賀徐州張僕射白兔狀〉（《韓集》卷十五）

方崧卿云：「貞元十五年（799）作。」

樊汝霖云：「公貞元十五年秋佐張建封於徐，〈書〉是時作。」

屈繫於貞元十五年，論曰：「愈以貞元十五年二月末至徐，居符離睢上，至秋方辟為從事。文云：『得之符離』，又不稱從事而稱『小子』，當作於未受辟時，似題『書』字為當。」

黃於「貞元十五年」條下云：「及秋，徐州節度使張建封辟為節度推官」又云：「韓愈在徐州又作〈賀徐州張僕射射白兔書〉。」

張繫於貞元十六年，云：「書有記日，而未明年月，韓愈自十五年秋七月至十六年五月在徐州建封幕，〈書〉寫于這段時間，

然據營田巡官陳從說在軍田中所見，一般當在多天，〈書〉當寫于上年末或今年初。」

　　謹按：此狀有貞元十五年、貞元十六年兩說。若以秋圍射獵言，射白兔，一般當在秋多天，則此〈書〉寫於貞元十五年多爲是。

唐德宗貞元十六年庚辰（800）　三十三歲

【朝廷時事】

二月，詔以韓全義爲蔡州四面行營招討使。

五月，韓全義與淮西兵戰于潨南，大潰。

　　徐、泗、濠節度使張建封卒，亂軍立建封子愔爲留後。

六月，加淮南節度使杜佑同章事，兼徐、泗、濠節度使，征討之。前鋒濟淮而敗，佑不敢進。不得已，除愔爲團練使，後名其軍曰武寧，以愔爲節度使。

七月，吳少誠襲韓全義於五樓，全義大敗，走保陳州。

九月，貶鄭餘慶爲郴州司馬。

十月，吳少誠引兵歸蔡州，上表待罪，德宗詔復其官爵。

是年進士及第，陳權、鄭俞、吳丹、白居易、戴叔倫、崔玄亮、杜元穎等十九人；諸科，八人；中書舍人高郢知貢舉。

【韓愈事跡】

貞元十六年，昌黎三十三歲。在徐幕。五月後，去徐歸洛。

春，朝正回徐，有〈歸彭城〉詩抒懷。

　　〈歸彭城〉：「天下兵又動，太平竟何時；訏謨者誰子，

無乃失所宜；前年關中旱，閭井多死飢；去歲東郡水，生民為流屍；上天不虛應，禍福各有隨；我欲進短策，無由至彤墀；刳肝以為紙，瀝血以書辭；上言陳堯舜，下言引龍夔；言詞多感激，文字少葳蕤。」

《洪譜》「貞元十六年」：「〈歸彭城〉詩，朝正回徐作也，云『天下兵又動』，謂十五年秋令諸道兵討吳少誠；『前年關中旱』，謂十四年冬，京師饑；「去年東郡水」，謂十五年秋鄭滑大水。〈齪齪〉詩云：『河堤決東郡，老弱隨驚湍。』即此也。鄭滑水見於《舊史》，《新史》紀、志皆不書。」

徐幕中，昌黎案牘勞形，自言眼疾甚劇。

〈與東野書〉：「默默在此，行一年矣。到今年秋，聊復辭去。……愈眼疾比劇，甚無聊，不復一一。」

李翱至徐州，有書致韓愈勸其入京求仕，不宜久居幕下，韓愈有書答之，言有病而求息於此：

〈答李翱書〉：「非不願為子之所云者，力不足、勢不便故也。僕於此豈以為大相知乎？累累隨行、役役逐隊、飢而食、飽而嬉者也。其所以止而不去者，以其心誠有愛於僕也，然所愛於我者少，不知我者猶多。吾豈樂於此乎哉？將亦有所病而求息於此也。」

四月，李翱娶韓愈從父兄弇之女，時年十五。

〈與東野書〉：「習之娶吾亡兄之女，期在後月。」

案：即為四月。

五月，昌黎與張建封不合，去徐。作〈海水〉詩。

《洪譜》：「公黜於徐，蓋以骾言無所忌，雖建封之知己，

亦不能容也。」

李翱隨愈北歸，五月十四日次睢陽（在河南商丘南），與王涯、侯喜等從遊清冷池、微子廟等古蹟。因與李平相遇，感今追昔，作〈題李生壁〉。

〈題李生壁〉：「余黜於徐州，將西居於洛陽。汎舟於清冷池，泊於文雅臺下，西望商州，東望修竹園，入微子廟，求鄒陽、枚叔、司馬相如之故文，久立於廟陛間，悲那頌之不作，於是者已久。」

《洪譜》：「是年五月十三日庚戌，建封卒；十五日壬子，徐軍亂。公以十四日題李生壁，則建封未死時已去徐矣。」

《方考》；「按：本紀云五月壬子建封卒。」

昌黎去徐，居洛陽，自言「復脫禍患」。

《洪譜》：「公在洛中，與〈衛中行大受書〉曰：『足下喜吾復脫禍亂，不當安安而居，徐徐而來也。』白樂天〈哀二良文〉云：『隴西薨，浹辰而師亂；南陽薨，翌日而難作。』初公從晉喪至偃師，而汴軍始亂，及建封卒，徐軍亂，而公已去徐，故云『復脫禍亂』也。」

李翱攜眷返汴州故里。有〈與陸傪書〉薦昌黎。

李翱〈與陸傪書〉：「既又思我友韓愈，非茲世之文，古之文也。其辭與其意適，則孟軻既歿，亦不過有見於斯者。當其下筆時，如他人疾書寫之，誦其文不過是也，其詞乃能如此，嘗書其一章，曰〈獲麟解〉，其他可以類知也。」（《李文公集》卷七）

冬，昌黎往京師，參加調選，無成。

《洪譜》：「公是冬如京師，〈縣齋有懷〉詩所謂『求官

　　去東洛，犯雪過西華』，乃此時也。」

【詩文編年】

（徐幕時）

春，自京歸徐日，作〈歸彭城〉。

春，作〈幽懷〉、〈古風〉（考辨）。

三月，作〈與孟東野書〉、〈答李翶書〉（考辨）。

五月，作〈海水〉。

是時，作〈獲麟解〉（考辨）。

（去徐居洛時）

五月十四日，作〈題李生壁〉、〈閔己賦〉

六月，作〈與衛中行書〉

九月，居洛作〈送僧澄觀〉。

冬，將赴京時，作〈河之水二首寄子姪老成〉。

是年，作〈祭穆員外文〉。

【時人事跡】

陸傪，五十三歲。徵拜祠部員外郎。

孟郊，五十歲，至洛陽參加詮選，選為溧陽尉，迎侍其母于溧上。

張籍，三十五歲，在和州居喪。家甚貧。

柳宗元，二十八歲，在集賢殿為正字。三月十三日，仲姊裴墐夫人卒，年三十。八月，安厝于長安縣神禾原，有墓誌。

白居易，二十九歲，進士及第後，歸洛陽。暮春南遊，至浮梁。九月，至符離。外祖母陳氏卒。十一月，權窆於符離之南偏。

獨孤申叔，在秘書省校書郎任。

劉禹錫，二十九歲，在淮南節度使杜佑幕，掌書記。九月，

改揚州掌書記。

　　元稹，二十二歲，仕於河中府，與崔鶯鶯戀愛；赴長安應試。

　　歐陽詹，三十四歲。

　　侯喜，初識昌黎。同遊。

【詩文考辨】

〈與李翱書〉（《韓集》卷十六）

　　樊汝霖云：「此書貞元十五年（799）徐州作。」

　　韓醇云：「公貞元十五年以董晉死於汴後，依張建封於徐，未知所去就意。翱之以書勉之，俾之入京城，故公此書言其窮空，家累無托，及前日客京城之狀以答之。」

　　屈繫於貞元十五年。

　　張認作於徐州符離，據本書云：「『僕之家本窮空，重遇攻劫，衣服無所得，養生之具無所有，家累僅三十口，携此將安所歸托乎？舍之入京，不可也；挈之而行，不可也。足下將安以為我謀？』正說他於汴州亂之後在徐州符離的困窘實況。可證實於是年。」

　　黃於「貞元十六年三月」條：「李翱至徐州，有書致韓愈勸其入京求進，不宜居幕下，韓愈有書與之。」

　　謹按：此文繫年有貞元十五年、貞元十六年兩說。

　　查羅聯添《唐代詩文六家年譜・李翱年譜》，李翱是韓門弟子。貞元十二年（796）七月，韓受辟為汴州觀察推官，李翱自徐州至汴，始與昌黎定交。貞元十三年（797），李翱四度至長安舉進士，為有司罷黜後，即至汴州從昌黎學文。貞元十四年，進士及第。貞元十五年（799）在汴州，早春，韓愈、孟郊、李翱有〈遠

游聯句〉之作。八月李翱北歸。同年秋，昌黎爲徐州節度推官。貞元十六年（800）李翱至徐州，有書致昌黎，勸其入京求仕，不宜居幕下。昌黎以此書復之。四月娶韓愈從父兄弇之女。

據此書，語云：「僕於此豈以爲大相知乎？」《舊注》云：「此謂張建封幕府，謂在南陽公幕中也。」可知是在徐幕作。又云：「累累隨行，役役逐隊，飢而食，飽而嬉者也。」可知作於〈上張建封書論晨入夜歸〉之後，至翌年五月爲張所黜之前。又韓書有「離違久，乍還侍左右，當日懽喜」句，知李翱與韓愈有一段長時間不見，這大概指去年秋至今年春的時間，以此推之，作於貞元十六年春，是有可能。但韓愈又云：「其所以止而不去者，以其心誠有愛於僕也。」再按：貞元十五年冬，韓愈奉建封命朝京師賀新正。翌年春歸徐州，作〈歸彭城〉詩，清人查晚晴，以爲此詩結語連上數句，「蓋因不滿於建封而發」，則此時之感情有變，故應作於〈歸彭城〉以至朝正之前矣。此書可能作貞元十五年底，李翱有書致勸，曾預言將至徐會面，考之韓氏書中所表現的久別懽喜的心情，此說較合理。今繫貞元十六年春。

〈古風〉（《韓集》卷二）

樊汝霖曰：「自安史亂後，方鎮相望於內地，大者連州十餘，小者不下三四，兵驕則逐帥，帥強則叛上，不廷不貢，往往如是。故托〈古風〉以寓意。」（《魏本》引）

韓醇曰：「觀詩意當在德宗之世，與〈烽火〉相爲表裏云。」（《魏本》引）

方崧卿云：「貞元年中未遇日作。」

陳景雲云：「貞元之季，人主方瀆貨，外吏多掊克以事進奉，

有稅外方圓之目。科率日多，民多重困。公詩殆以是年作。」

胡渭：「詩云：『幸時不用兵』，此必貞元十四年以前作也。十五年則吳少誠反，而大發諸道兵以討之。」（《顧嗣立注》引）

王元啓云：「此詩爲各方鎮賦役煩苛而作，非爲不廷不貢發也。與〈烽火〉詩義指各殊，樊、韓二注，混而含之，非是。胡渭曰：『此必貞元十四年以前作。』愚謂十四年以前，公在汴幕，主賓甚相得，不應作此哀怨激楚之音。考〈德宗本紀〉，自貞元二年，李希烈伏誅後，雖吐蕃時有蠢動，不過邊疆之患。中土諸節鎮，無有稱兵構亂者，公所謂『幸時不用兵』也，此詩十年以前，客居京城，未入汴幕時作。」

錢據王說，繫於貞元十年。

張繫於貞元十年，論云：「此詩先指出『幸時不用兵』的國中形勢，『無日』二句急轉而含諷意；後重在寫方鎮各據一方，百姓賦役之重。貞元十二年秋，韓愈入汴幕乃因軍亂，十五年初又亂，不當無事，詩大抵寫於汴亂入幕之前，王說較勝，故繫於是年。」

屈繫於貞元十六年，云：「依詩情調，當爲貞元十六年居洛時所作。」

謹按：方崧卿《舉正》指此詩爲：「貞元中未遇日作」，〈年表〉無繫；方成珪《詩文年譜》引胡胐明：「此必十四年以前作也。」綜合而言，此詩繫年有四說：（一）、貞元中未遇日作，大方主之。（二）、貞元十年前，王、錢、張主之；（三）、貞元十四年前，胡渭、小方主之；（四）、貞元十六年，屈主之。而（一）、（二）兩說意涵近似，可以涵括一類。以下論述即以「貞元十年前」概括之。

　　以詩旨而言，有三說：（一）、諷方鎮「不廷不貢」，樊主之；（二）、貞元之季，人主瀆貨，外吏進奉，民困於稅，陳主之；（三）、爲方鎮賦役煩苛而作，王主之。

　　今觀察詩意，有「幸時不用兵」句，有「彼州之賦，去汝不顧；此州之役，去我奚適」句，有「一邑之水，可走而違；天下湯湯，曷其而歸」句，似是作於兵亂既平，暫不用兵，已有賦役，加上水災之時。於是，筆者據《新・舊唐書》〈德宗紀〉對貞元十年前、十四年前、十六年三段時間考察：

　　以「貞元十年前」言，兵亂方面，是年南詔蠻及吐蕃攻打，有元誼與王虔休之戰；水災方面，此前，有揚州（貞元三年）、灞水（貞元四年）、淮水（貞元八年）之溢；賦稅方面，前年正月復稅茶。

　　以「貞元十四年」言，兵亂方面，有長武城軍亂、歸化保軍亂、粟鍠之亂；水災方面，其三年前（即十一年），朗、蜀二州江溢；賦稅方面，仍「稅茶」。

　　以「貞元十六年」言，兵亂方面，去年有宣武軍亂，彰義軍節度使吳少誠反；當年則有韓全義與吳少誠之戰等。水災方面，去年，鄭滑大水；賦稅方面，照舊。

　　故以詩中情調言，似以貞元十六年爲勝。

　　再以韓氏當時處境言之。

　　「貞元十年前」，由貞元三年至十二年，此時期韓氏寄食於馬燧家中。詩中所言之「暫不用兵」、「賦稅不顧」、「天下湯湯」等決非作客寄食馬家之韓氏所知，想是馬燧府中人所傳，韓氏悉知後，雖覺作客寄食甚爲無奈，但可免「賦稅」之苦，可免水患之苦，有「甘食好衣」，乃有「無念百年，聊樂一日」之語。

　　以「貞元十四年前」言，時韓氏在汴州幕中，但此時間，如王元啓所言「主賓相得，不應作此哀怨激楚之音」，以兵亂言，亦止是零星之亂；水災亦只是三年之前，故可排除。

　　以「貞元十六年」言，從兵亂言，則「吳少誠之亂」由去年三月至今年十月平，朝廷曾發十五路兵討之。另去年董晉卒後，軍亂，殺陸長源等，但朝廷不用兵。韓氏有〈汴州亂二首〉詩諷時。以水災言，去年七月，鄭滑大水。「河堤決東郡，老弱隨驚湍。」（見〈齪齪〉詩）。此際，韓氏事跡分三：（一）入徐幕前；（二）入徐幕時；（三）去徐居洛時。再細論如次：

　　「入徐幕前」，據韓氏〈此日足可惜〉詩所言：「僕射南陽公，宅我睢水陽。篋中有餘衣，盎中有餘糧。閉門讀書史，清風窗戶涼。」貞元十五年二月，韓氏剛避過汴州之亂，得張建封照拂，棲息於睢水之陽，不應有「無曰既蹙矣，乃尚可以生」的話，故可排除。

　　「入徐幕後」，晨入夜歸，有鬱鬱之情。貞元十六年韓氏曾朝正於京師，歸來後作〈歸彭城〉詩：「天下兵又動，太平竟何時？訏謨者誰子？無乃失所宜。前年關中旱，閭井多死飢。去歲東郡水，生民爲流屍。……乘間輒騎馬，茫茫詣空陂，遇酒即酩酊，君知我爲誰？」可見「一肚皮不合時宜」。

　　韓愈入徐幕後，雖然可免賦役，但面對去年「鄭滑大水」，韓氏興起「天下湯湯」之歎，他哀歎「去歲東郡水，生民爲流屍」、「我欲進短策，無由至彤墀」。由於不爲張所喜，內心苦悶，曾經騎馬茫茫，飲酒酩酊，只求暫屈棲身；此即〈齪齪〉詩所言「但見賤者悲」；又即〈從仕〉詩所言之：「居閒食不足，從仕力難任。兩事皆害性，一生常苦心」，韓氏徘徊於進退之間，因此作

　　成此詩於是而有「好衣甘食」、「無念百年，聊樂一日」的話。

　　至於「去徐歸洛」後，生計較前困難；其年十月，吳少誠亂平，故韓氏有「幸時不用兵」、「乃尙可以生」的話，但仍有賦役的問題，可以排除。

　　經上分析，則貞元十年與十六年皆有可能；貞元十四年則可排除。惟如王元啓所言：「考〈德宗本紀〉，自貞元二年，李希烈伏誅後，雖吐蕃時有蠢動，不過邊疆之患。中土諸節鎮，無有稱兵構亂者」，據此，他認爲「幸時不用兵」是作於貞元十年前。筆者考之《唐書‧德宗紀》，王元啓之言，大致無訛。

　　又按「幸時不用兵」，似是戰亂後暫平的喜悅，若是貞元十年前，則與此情調不合，故以貞元十六年說爲長；而貞元十六年中又以作於徐幕爲最長。

〈獲麟解〉（《韓集》卷十二）

　　方崧卿認非元和間作，云：「李本題云：元和八年（812）麟見東川。疑公因此而作。然李翱嘗書此文以贈陸傪，傪死於貞元十八年（802），則此文非元和間作也。」

　　朱熹繫於貞元十七年，云：「此文有激而托意之詞，非必爲元和獲麟而作也。」王元啓繫於貞元十七年，云：「此公不遇時作。李翱嘗書此文以贈陸傪，當在貞元十七年參調無成之歲。」

　　張繫於貞元十八年二月前，云：「李翱此段文字見〈與陸傪書〉（《全唐文》卷635），李翱〈陸歙州迻〉云：『吾郡陸傪，字公佐，生於卅五十有七年矣。（中略）由侍御史入爲祠部員外郎二年，出刺歙州，卒于道，貞元十八年四月二十八日也。』（同上，卷638）李翱〈與傪書〉當不晚於陸出刺歙州的二月，〈獲

麟解〉既已見於翺之書，寫作的時間當早於此。此文有激而托意之詞，不必爲元和七年獲麟之作，當寫於他是多入長安，授四門博士之前。」

黃繫於貞元十七年前，云：「當作於貞元十七年以前，故系於此年。」

謹按：此文繫年，諸家都認爲非指元和八年麟見東川事，又認爲作於貞元十八年前，所差者爲貞元十六、十七年、十八年之別。由於李翺〈與陸傪書〉中提到此文，其作年勢必在其前。究竟〈與陸傪書〉爲何時所作，成爲關鍵。

試觀李翺〈與陸傪書〉：「……既又思我友韓愈，非茲世之文，古之文也；非茲世之人，古之人也。其詞與其意適，則孟子既沒，亦不見有過於斯者。當其下筆時，如他人疾書寫之，誦其文不過是也。其詞乃能如此。嘗書其一章曰：獲麟解。其他以類知也。」（《李文公集》卷七）則李翺之觀點實贊舉韓愈其文其人爲「古之文」、「古之人」。查觀韓李定交在貞元十二年，「學文」則始於貞元十三汴州時。之後，在汴州時間分別是貞元十五年早春，未幾南游吳越，八月北歸。另外，貞元十六年春至五月，李這段期間，韓愈皆有可能寫此文，作爲「學古文之示範」。惟此三段時間中，貞元十三年，韓在汴州董晉幕下，生活亦可；貞元十五年早春，董晉卒，韓從喪至洛，時間上匆促，不可能；貞元十六春，韓長安歸徐，而李至徐，四月娶韓弇女，其中有二三月逗留，而韓此時與張建封意不合，五六月被黜，隨韓歸洛；冬，韓至長安，而李携眷返汴州開封故里。此時陸傪徵拜祠部員外郎，李翺因修書以薦。是以十七年春，韓在長安得識陸傪。由此言之，此書可斷作於貞十七之前，即貞元十六年間，情境亦合。今繫貞

元十六年。

唐德宗貞元十七年辛巳（801）　三十四歲

【朝廷時事】

五月朔，日食。

　成德節度使王武俊卒，詔以其子士真代之。

九月，韋皋大破吐蕃於雅州。

十月，詔以韋皋為司徒南康王。

十月，杜佑《通典》二百卷編成，進奉朝廷。

　賈耽上《海內華夷圖》。

是年進士及第，班肅等十八人；諸科，八人；中書舍人高郢知貢舉。

【韓愈事跡】

貞元十七年，韓昌黎三十四歲。在京參從調選。秋冬始得四門博士。

在京調期間，經李翶中介，昌黎受知於陸傪。於是，經常向陸傪請益，凡一年之久。

　〈與祠部陸員外書〉：「執事好賢樂善，孜孜以薦進良士、明白是非為己任，方今天下一人而已。愈之獲幸於左右，其足跡接於門牆之間，陞乎堂而望乎室者，亦將一年于今矣。」

三月，東還。有詩贈孟東野、房蜀客，自言生活清寒。有序送李愿歸盤谷。

　〈將歸贈孟東野房蜀客〉：「俟忽十六年，終朝苦寒饑。」

《洪譜》：「公自貞元二年至京師，今來從調選，前後十六年。」

夏秋居洛，五月，侯喜至，七月二十二日釣於溫水。有詩贈侯喜；住宿洛北惠林寺一宵，有〈題名〉、〈山石〉。

七月，侯喜將至汝州取解，昌黎修書薦於汝州刺史盧虔。

〈與汝州盧郎中薦侯喜狀〉：「去年愈從調選，本欲攜持同行，及春末自京還，怪其久絕消息。五月初至此，自言為閣下所知。」

《洪譜》「貞元十七年」：「公薦侯喜於盧、陸，當在今年或明年也。」

《方考》：「按公薦侯喜於盧汝州，實在今歲之秋。盧汝州，盧虔也。喜嘗為盧作〈復黃陂記〉，見歐公《集古錄》。公今年三月自京還，夏秋居于洛，喜五月至洛，七月二十二日與公釣魚溫水，洛北惠林寺有題名尚存。其薦喜於盧，蓋是秋也。」

《方考》：「於陸傪，恐在來歲之首。唐制，取士雖柄文專於禮侍，其參佐差擇，亦敕下乃定。公上陸書：『執事之與司貢士相知誠深矣。』考其時似已拜命矣。」

冬，得授為四門博士。有關昌黎得官始於貞元十七年，抑貞元十八年，《方考》、陳景雲主前者，《洪譜》主後者。謹案：今從《方考》。

〈縣齋有懷〉：「兩府變炎涼，三年就休假；求官去東洛，犯雪經西華；塵埃紫陌春，風雨靈臺夜。」

《樊譜》：「貞元十八年壬午，為四門博士，見〈施先生墓誌〉。」

《洪譜》：「公歷佐汴、徐二府，以十六年休居于洛，往來京師者三年於今矣。『求官去東洛』，言自洛來京師也。」

《洪譜》：「《摭言》云：『崔羣佐宣州幕。』愈與羣論交書云：『僕自少至今，從事於往還朋友間一十七年。』自貞元二年至今十七年。又云：『僕無以自全活者，從一官於此，轉困窮甚。』謂為四門博士，即〈答張徹〉云『省選逮投足』也。」

《方考》：「按公除四門博士當在去歲之秋或冬首也。洪、樊二譜皆以為今年，誤也。洪以公〈縣齋有懷〉詩『兩府變荒涼，三年就休假』，謂自十六年至十八年，故以除官在今年，又以〈答張徹〉詩『省選逮投足』，亦在今年。按『三年就休假』，蓋統十五年而言也。公是年二月去汴，及秋方從張建封之辟，是亦可以休假言也。公十八年首春即以一書薦十士於陸傪，二月陸出刺歙，公送行有序，考其辭意，蓋皆已仕于朝也。況公明年〈上陳京書〉云『去年春，嘗得一進謁，其後如東京取妻子。』是公在春末已謁告挈家矣，豈可尚以休假言也。『省選逮投足』，亦十六年冬求官去東洛之日也，不應公再到京而後參選也。」

陳景雲《韓集點勘》：「以公博士之除，在十七年。證洪、樊二譜之說，最為詳悉。按公十七年〈與楊敬之書〉，有『僕守一官，且不足修理』語，是必在已授博士後，蓋可證公為博士非十八年也。」

　　九月丁卯（八日），李翱合葬其祖父李楚金與夫人崔氏於汴州開封縣某里，昌黎紀其先世、著其德行、以識其葬，作墓誌。並譽其孫李翱：「有道而甚文」。

秋冬，作〈送李愿歸盤谷序〉，可見昌黎文章已爲時重。

　　歐陽修《集古錄跋尾》卷八〈唐韓愈盤谷詩序〉條：「其後書云：『昌黎韓愈，知名士也。』當時退之官尚未顯，其倒未爲當世所宗仰，故但云知名士也。然當時送愿者不爲少，而獨刻此序，蓋其文章已重於時也。」

【詩文編年】

（參從調選時）

三月，作〈將歸贈孟東野、房蜀客〉。

五月，作〈與汝州盧郎中論薦侯喜狀〉。

夏，作〈送竇從事序〉。

六月，作〈答李翊書〉、〈重答李翊書〉。

（四門博士時）

七月二十二日，〈贈侯喜〉、〈洛北惠林寺題名〉、〈山石〉。

九月，作〈李司法墓誌銘〉。

秋冬，作〈答楊子書〉（考辨）、〈送李愿歸盤谷序〉。

是年，作〈答尉遲生書〉、〈圬者王承福傳〉、〈歐陽生哀辭〉、〈題哀辭後〉（考辨）、〈行難〉（考辨）。

【時人事跡】

陸傪，五十四歲。在祠部員外郎任。

竇牟，五十三歲。五月，工部侍郎趙植爲嶺南節度使，辟竇牟爲從事，昌黎有序送之。

孟郊，五十一歲。以不治官事，以溧陽假尉，代其職，分其半俸。

柳宗元，廿九歲。在長安爲集賢殿正字。秋，調藍田尉，意甚不愜。女和娘生。

劉禹錫，三十歲。仍爲淮南節度使掌書記。

白居易，三十歲。春，在符離。七月，在宣城。秋，歸洛陽。

李翺，廿八歲。皇祖李楚金卒。

歐陽詹，四十四歲。因太原妓之卒，悲慟不食而死，昌黎作哀辭。

元稹，二十三歲，不第。留長安。與崔鶯鶯通訊。楊巨源爲賦〈崔娘詩〉。賦〈會真詩〉三十韻，述與崔鶯鶯故事。

楊敬之，本年投書於韓，昌黎答書。此後常至韓門承教。

韋夏卿，爲京兆尹。

【詩文考辨】

〈歐陽生哀辭〉、〈題哀辭後〉（《韓集》卷二十二）

屈繫於貞元十六年至十七年冬，云：「文中述及貞元十五年冬，歐陽詹擬舉韓愈爲國子博士，則此文爲其後所作。貞元十七年冬，韓愈始爲四門博士，此文既未及此事，當作於此前。」

黃於「貞元十七年」條下云：「是年（？），歐陽詹因太原妓之卒，悲慟不食而死。韓愈作〈歐陽生哀辭〉及〈題哀辭後〉。」

張繫於貞元十七、八年間，說：「歐陽詹……貞元八年進士及第，十四年登博士宏辭科，授國子監四門助教。十五年春，向時宰鄭餘慶上書，（略）因未獲答復，心中鬱悶，于是年夏游太原。（略）所以，詹這次游太原後而狎太原妓，只能在貞元十六年五月至八九月。（略）他在太原歷時三個多月，離開太原回長安已經是秋光天寒了。他回太原後因事未馬上去接太原妓，并且還參加了十七年的朝正。不料太原妓卻鍾情抑鬱而卒。當歐陽詹差人去接時，回報的卻是一縷言情的頭髮。詹也因此而死。對於

他的死，孟簡說他授髮後，涉旬而死；也有說他不久即死的。由此觀之，他從太原回長安後時間不長就死去了。所以，定歐陽詹卒年在貞元十七、八年間，大體可信。如此說合理，那末，韓愈的〈歐陽生哀辭〉，〈題哀辭後〉，當寫於是時，故繫於此。」

謹按：羅聯添《韓愈研究》，有一章節考究歐陽詹。考訂「詹之卒，殆不出貞元十七年」，則此文當作於是年。至〈題哀辭後〉，據《校注》引何焯之言：「此專爲孟簡誤信穆玄道之語，有爲太原妓慟怨而歿之謗。又以其事不足辨，故但自明其不苟譽，則毀者之非實可見矣。」則亦作於是年，故一併繫入貞元十七年。

〈答楊子書〉（《韓集》卷十五）

方崧卿繫於貞元十七年，云：「按此書是答楊敬之，凌之子也。貞元十七年（801）作。」

王元啓繫於元和六年，云：「《舊注》十七年之說，他無考據，蓋由臆說。時公年止三十有四，何遽自稱爲『老者』？書云：『比於東都，略見顏色』，蓋指爲都官郎分司東都之日，『到城已來』，則由河南令遷職方郎，復入都城時也。是爲元和六年，公年四十有四，將近始衰，故可言老。」

方成珪認同王說，云：「此書之作，王惺齋謂元和六年爲職方郎時，其說良是。《洪譜》元和六年公有〈醉留東野詩〉，次年有〈和崔舍人詠月二十韻〉書中所謂『平昌孟東野』、『崔大敦詩』，正相往還。」

屈據王、方說二繫於元和六年。

張繫於貞元十七年，據韓愈此書云：「若僕者，守一官且不足以修理，況如是重任邪？」認爲此一官當指所任四門博士，因

繫於貞元十七年。

　　黃於「貞元十七年」條下云：「秋或冬，除四門博士。得楊敬之之書，有〈答楊子書〉。」引《舊注》云：「此書答楊敬之，凌之子也。……此書貞元十七年作。」又據《韓愈研究》云：「此書貞元十七年秋冬，韓愈入京爲四門博士以後作。據首所云：『比於東都，略見顏色。……』知韓愈以貞元十六、七年在洛陽初晤敬之。」

　　謹按：此文繫年有二說：一、貞元十七年，《舊注》主之；二、元和六年，王元啓主之。王元啓認爲「公年止三十有四，何遽自稱『老者』」於是認爲是於元和六年，韓氏任「河南令遷職方郎」之時，由「三十四」歲一延延至「四十四」歲。試觀〈祭十二郎文〉：「吾自今年來，蒼蒼者或化而爲白，動搖者或脫而落矣，毛血日益衰，志氣日益微。」時爲貞元十九年，則韓氏在此二年前自稱爲「老者」，未嘗不可。

　　再按：《韓愈研究》「楊敬之」條下，亦謂：「此書貞元十七年秋冬韓愈入京爲四門博士作。」故繫貞元十七年爲是。

〈行難〉(《韓集》卷十一)

　　屈繫於貞元十七年，云：「文中言明陸傪爲祠部員外郎時作。權德輿〈歙州刺史陸君墓誌銘〉云：『(貞元)十六年，徵拜祠部員外郎。』韓愈〈送陸歙州詩序〉云：『貞元十八年二月十八日，祠部員外郎陸君出刺歙州。』則陸傪任祠部員外郎，在貞元十六年至十八年二月之間。貞元十八年春韓愈曾薦士於陸傪，稱『愈之獲幸於左右，其足跡接於門牆之間，陞乎堂而望乎室者，亦將一年于今矣。』(〈與祠部陸員外書〉)，則此文當作於貞元十七年間。」

　　張籍於貞元十八年，云：「以公〈與祠部陸員外書〉、〈送陸歙州詩序〉考之，此文當寫於此時。」

　　謹按：此文繫年兩說，屈說長，從之。今繫貞元十七年。

唐德宗貞元十八年壬午（802）　三十五歲

【朝廷時事】

　　正月，韋皋既破吐蕃，以所擒蕃相論莽熱來獻。

　　七月，詔百官毋得正牙奏事。如有陳奏，詣延英門請對。

　　十月，詔以刑部尚書王鍔爲淮南節度副使兼行軍司馬。

　　十一月，詔以同州刺史劉公濟爲鄜坊節度使。

　　是年進士及第，徐晦、尉遲汾、沈杞、侯雲長、李翊等二十三人；明經科，牛堪；諸科，八人；博學鴻辭科，王涯；中書舍人權德輿知貢舉。

【韓愈事跡】

　　貞元十八年，昌黎三十五歲。仍在四門博士任。

　　是年，權德輿知貢舉，陸傪佐之。正月，有書與陸傪，推薦侯喜等十人。其中，尉遲汾、沈杞、侯雲長、李翊是年及第。餘六人亦陸續登第。侯喜以十九年；劉述古二十三年；李紳元和元年，張後餘、張弘以二年皆相繼登科，是後，舉子多奔韓門稱弟子。

　　《摭言》：「貞元十八年，權德輿主文，陸傪員外通牓帖，韓文公薦十人，上四人，曰侯喜、侯雲長、劉述古、韋紓，其次六人，沈杞、張弘、尉遲汾，李紳，張俊餘，李翊。而權公三牓共放六人，弘、紳、俊餘不出，五年之外皆捷

矣。」

二月十八日，祠部員外郎出刺歙州，昌黎有序送之。四月，卒於道。

三月上巳日，朝廷詔公卿有司，牽厥官屬飲酒以樂，時太學司業武少儀總太學儒官三十六人，列燕於堂，作歌詩以美之，昌黎有序。

為博士日，春夏之間，曾請告，歸洛陽，絜妻子。途次華陰時，嘗登華山絕峰。

> 《方考》「貞元十八年」：「況公明年〈上陳京書〉云：『去年春，嘗得一進謁，其後如東京取妻子。』是公在春末已謁告挈家矣。」

> 《顧譜》：「為博士日，嘗謁告歸洛，因遊華山，即〈答張徹〉詩所謂：『洛邑得休告，華山絕窮徑』者也。」

崔羣，赴任為宣州判官，昌黎有書致候。

七月廿五日，馬彙卒，年四十五。案馬燧有二子，彙與暢，昌黎既與馬燧通家，今葬有日，從少府請綴其大者為行狀，上於朝廷。

十月十一日，太學博士施士丐卒，其同僚郭伉買石誌墓；昌黎為之作辭。譽其「明毛鄭詩，通春秋左氏傳，善講說。」並記其從學於太學，與柳宗元曾同聽施講說毛詩的經過。

孟郊，去年降為代溧陽假尉，意甚不愜。是年因事赴京，將歸，昌黎送序以開之。

韓滂生於是年，為韓愈之姪孫，老成之子，過繼於其祖介。

【詩文編年】

（四門博士時）

春，作〈與祠部陸員外書〉。

春，作〈師說〉。

二月十八日，作〈送陸歙州詩序〉。

三月，作〈上巳日燕太學聽彈琴詩序〉。

四月，作〈獨孤申叔哀辭〉。

夏，作〈古意〉。（考辨）

七月三日，作〈與于襄陽書〉。

七月二十五日，作〈唐故贈絳州刺史馬府君行狀〉。

十月十一日，作〈施先生墓銘〉。

是年作〈夜歌〉、〈答李秀才書〉、〈答陳生書〉（考辨）、〈與崔羣書〉、〈送孟東野序〉（考辨）、〈答胡生書〉

【時人事跡】

陸傪，五十五歲。二月詔以祠部員外郎授歙州刺史。陸傪赴任，途次洛陽卒。

馬彙，七月二十五日卒。

張籍，初居戎幕，草章記，有寄韓愈詩，當在本年或稍後。

柳宗元，三十歲。在藍田尉任。伯姊適崔簡者卒。

李翱，廿九歲。為滑州觀察判官。陸傪既卒，李翱為作傳，曰〈陸歙州述〉。八月，妻母韋氏卒。是年，李翱作〈復性書〉三篇。

白居易，冬，試書判拔萃科。

浮屠文暢將登五臺，遊河朔，兵部侍郎顧少連等以詩贈行，柳子厚作序。

獨孤申叔，二十七歲，卒。七月葬，昌黎作墓碣。

楊憑，九月，出鎮潭州。

李翱，八月，妻母韋氏卒於開封縣新里鄉之漁村。年三十二歲。

元稹，二十四歲。冬，應吏部試。

劉禹錫，三十一歲。正月，調補京兆府渭南縣主簿。

王涯，登博學宏辭科。授藍田尉。

【詩文考辨】

〈古意〉（《韓集》卷三）

《舉正》：「貞元十八年夏登華山作。」

方世舉繫於元和十三年，注云：「此爲憲宗信仙采藥而作。《新唐書》：『元和十三年，詔天下方士。李道古因皇甫鎛薦山人柳泌，言天台多靈草，上信之，以泌權知台州刺史。十四年，泌至天台，采藥歲餘，無所得而懼，舉家逃入山中。』此詩託言太華，以比天台，託言蓮藕，以比靈草。（下略）」

王元啓繫於貞元十九年，曰：「舊注引沈顏〈登華旨〉，謂《國史補》言公好奇登華爲不察韓公假事諷時微旨。余謂悔狂咋指，明載公詩，此事何須深諱，但詩題〈古意〉，並非紀游之什。詳詩結句，蓋欲人君膏澤下流之意，疑是貞元十九年爲天旱人饑而作。」

錢繫於貞元十九年，論曰：「方注嫌鑿，王說得之。」

黃繫於「貞元十九年」，認爲「王說得之」。

屈繫於貞元十八年。

張說：「古人習慣詩題『古意』者，必有所託，王說不無道理；然必拉到十九年旱饑，則不必。詩由見景起興，希望自然或人君澤及眾庶，不一定是下雨。」

謹按：此詩繫年，有三說：貞元十八年、貞元十九年、元和十三年。各有道理。但再細加分析，此詩首句「太華峰頭玉井蓮」，已明見爲登華山日作，故方崧卿之說正確，亦不必拉到十九年旱

饑。今繫「貞元十八年」。

〈答陳生書〉（陳師錫）（《韓集》卷十六）

　　方崧卿繫於貞元十八、九年，云：「師錫。名以《蜀本》校。《文錄》亦作「陳師錫」。監本以『師錫』爲『陳商』，（以『圖南』爲『師錫』），誤也。貞元十（原注文無『十』字，今據上下文意補之）八（802）、九年公爲博士日作。陳蓋學文於公者。此書云：『誠將學於太學，愈猶守是說而竢見焉。』公時爲博士故也。」又說：「陳師錫，事迹不詳。」

　　方成珪《詩文年譜》繫於貞元十八年，云：「以篇末『學於太學』句，定爲是年作。」

　　張繫於元和三年，云：「陳生，名商，字聖述。元和九年進士。從書中所寫投書寄詩，求速化之術（中略），韓愈時正爲博士，當在是年。」

　　謹按：據《五百家注昌黎文集》卷16題注引韓醇曰：「陳生或云名商，或云名師錫。以書求速化之術於公，公以待己以信，事親以誠，而告之，此與子張學干祿，孔子告之以言寡尤、行寡悔之說，無異君子之言，自眾人視之，雖若迂闊而理實如此。」張誤陳商爲陳師錫。而陳商另有其人，韓有〈答陳商書〉，在《韓集》卷18。今繫貞元十八年。

　　又按：方崧卿繫此書於「貞元八、九年公爲博士日作。」原文無「十」字，應爲補上。

〈送孟東野序〉（《韓集》卷十九）

　　《呂譜》繫於貞元十九年，云：「此序送孟東野尉溧陽也。」

　　方崧卿繫於貞元十七年，云：「考《孟集》有〈乙酉歲獨止待替人〉詩，唐居官以四考爲任，孟赴溧陽，當在貞元之辛巳，蓋十七年也。」

　　華忱之《孟郊年譜》：十七年孟郊爲代溧陽假尉，……而韓愈貞元十九年作〈祭十二郎文〉中『東野之使者』云云，知東野使使者往長安報老成之死。文中有『去年東野往』句，可知當在十八年東野嘗至京師而歸江南，故有此序以送之。且寄書遺老成。」

　　屈據方崧卿繫於貞元十七年。

　　張繫於貞元十八年，云：「孟郊授溧陽縣尉，韓愈送行，寫序爲之鳴不平。」并繫之於貞元十八年，論云：「據韓愈〈貞曜先生墓志〉：『從進士試，既得，即去。間四年，又命來選，爲溧陽尉。』孟郊貞元十二年第進士，間四年，則爲十七年。〈祭十二郎文〉：『去年孟東野往』云云，此文於貞元十九年，則孟郊是十八年赴溧陽任的。韓愈〈與陳給事書〉寫於貞元十九年貶陽山前，上云：『送孟郊序一首，生紙寫，不加裝飾，皆有揩字注字處。』〈序〉爲送孟赴任而寫，知其作於十八年。華忱之《孟郊年譜》云：『貞元十九年癸未，韓愈有〈送孟東野序〉。』《呂譜》云：『貞元十九年癸未，是年拜監察御史，坐言事，貶連州陽山令。時有〈送浮圖文暢〉、〈孟東野序〉。』而〈送孟東野序〉注云：『此序呂汲公以爲是年作。』即華之所據。《華譜》在繫孟郊〈溧陽秋霽詩〉時，則說：此詩『疑即爲貞元十七、八年間任溧陽尉時罰俸後所作。』這就產生了矛盾。既然孟十七、

八年已在溧陽，而送序又爲韓愈用『東野之役於江南也，有若不釋然者，故吾道其命於天以解之。』當繫十八年爲宜。」

黃繫於十八年，據〈祭十二郎文〉：「去年孟東野往，吾書與汝。」注云：「蓋貞元十八年有〈送東野序〉。」

謹按：此文繫年有三說，貞元十七年、貞元十八年、貞元十九年。試討論如下：

東野「不釋然」的時間：他之任官溧陽縣尉，據《呂譜》、《華譜》皆爲貞元十六年選授，十七年調代溧陽假尉，至二十年辭職，奉母歸湖州。若以〈序〉所云：「東野之役於江南也，有若不釋然者」而論，則應爲貞元十七年調代溧陽假尉之後至二十年辭職這段時間。

據《呂譜》、《華譜》及寫於貞元十九年貶陽山前之〈與陳給事書〉，則爲貞元十九年所作。

屈繫貞元十七年是據《呂譜》，並言：「此序送孟東野尉溧陽」。即指此係初任官溧陽尉時之作，雖然溧陽尉是小官，東野可能感到大才小用，總比無官做來得好，以人情論，應是心情愉悅的。與「不釋然」三字無法符合。故可排除。

張據《華譜》繫孟郊〈溧陽秋霽詩〉疑爲「貞元十七、八年任溧陽尉時罰俸後所作」而認爲韓氏之「不釋然」在此，故繫十八年。

黃則據作于貞元十九年之〈祭十二郎文〉中「去年東野往」句而認爲「十八年東野嘗至京師而歸江南，故有此序以送之。」

以諸說言之，黃據〈祭十二郎文〉「去年東野往」而繫於貞元十八年，其說較長。

唐德宗貞元十九年癸未（803）　三十六歲

【朝廷時事】

正月，不雨，至於秋七月。詔令至山川祈雨。

二月，鴻臚卿王權請遷獻、懿二祖於德明、興聖廟，每禘祫，
　　正太祖東向之位；從之。

三月，詔以杜佑檢校司空、同平章事。詔以司農卿李實兼京
　　兆尹。

六月，自春以來，久不雨，憫旅人京邑，資用屢空，敕停禮
　　部舉人試。

閏十月，韓愈、劉禹錫、韓泰等，因御史中丞李汶引薦拜監
　　察御史。

十二月，詔以高郢、鄭珣瑜同平章事。

　　監察御史韓愈上疏，坐貶陽山令。

日本僧空海入唐。

　　是年進士及第，曹景伯、侯喜、李礎、賈餗等二十人；諸科，
六人；博學鴻辭科，呂炅、王起；拔萃科，白居易、呂復禮、元
稹、崔元翰等六人；禮部侍郎權德輿知貢舉。

【韓愈事跡】

　　貞元十九年，昌黎三十六歲。春，仍在四門博士任；閏十月，
拜監察御史，十二月一日，被黜為陽山令。

　　二月十六日，敕旨令百僚議禘祫，限五日內聞奏，昌黎上〈禘
祫議〉。謹案：有關議禘祫集議，近二十年，愈曾獻議：「當禘

祫時，獻祖宜居東向之位，景皇帝宜從昭穆之列。」卒從陳京之議。

〈禘祫議〉：「今月十六日，將仕郎、守國子監四門博士臣韓愈獻議。」

《新唐書・卷200・陳京傳》：「初，玄宗、肅宗既附室，遷獻、懿二祖於西夾室，引太祖位東向。禮儀使於休烈議：『略』，禘祫不及二祖，凡十八年。建中初，代宗喪畢，當大祫。京以太常博士上言：『略』。詔百官普議。禮儀使、太子少師顏真卿曰：『略』，時議者舉然。於是還獻、懿主祫於廟，如真卿議。貞元七年，太常卿裴郁上言：『略』，於是太子左庶子李嶸等上言：『略』。吏部郎中柳冕等十二人議曰：『略』。工部郎中張薦等請自獻而降，悉入昭穆，虛東向位。司勳員外郎裴樞曰：『略』。是時，京以考功員外郎又言：『略』。京兆少尹韋武曰：『略』。國子四門博士韓愈質眾議，自申其說曰：『略』。冕又上《禘祫議證》十四篇，帝詔尚書省會百官、國子儒官，明定可否。左司郎中陸淳奏：『略』。十九年，將禘祭，京復奏禘祭大合祖宗，必尊太祖位，正昭穆。請詔百官議。尚書左僕射姚南仲等請奉獻、懿主祔德明、興聖廟。鴻臚卿王權、申衍之曰：『略』。是時，言祔興聖廟什七八，天子尚猶豫未刪定。至是，群臣稍顯言二祖本追崇，非有受命開國之鴻構；又權根援《詩》《禮》明白。帝泮然，於是定遷二祖於興聖廟，凡禘祫一享。詔增廣興聖二室。會祀日薄，廟未成，張繒為室，內神主廟垣間，奉興聖、德明主居之。廟成而祔。自是景皇帝遂東向。京自博士獻議，彌二十年乃決，諸儒無後言。帝賜京緋衣、銀魚。昭陵寢

占山上，宦侍憚輒汲乏，請更其所，宰相未能抗。京曰：
『此太宗之志，其儉足以為後世法，不可改。』議者多附
宦人，帝曰：『京議善。』卒不徙。帝器京，謂有宰相才，
欲用之。」

《洪譜》：「按史云：『十九年三月丁卯，以今年孟夏禘
饗，前議太祖、懿、獻之位未決，至此禘祭，方正太祖東
向之位，已下列序昭穆，其獻祖祔于德明、興聖之廟，每
禘祫年就本室饗之。』則議禘祫在今春也。」

《方考》：「〈禘祫議〉當在十七年，已辨於《歷官記》
矣。況初議之日，陳京以考功員外郎與公同議，及年，陳
已再遷給事中矣，益信公除博士之果在十七年也。洪只以
禘在今年，而不考始議非今年也。詳見前。」

《程記》「貞元十八年」條《方考》云：「公議禘祫，《新
史・禮樂志》及〈陳京傳〉並見，但傳文稍詳。然〈京傳〉
載，知集議實在貞元十七年，公議與韋武、陸淳等議並列
于後，至十九年遂定從王紹等議。故今公議狀首載云：『今
月十六日勅旨，宜令百僚議，限五日內聞奏。』則是首議
之日有此旨也。是公除博士蓋在十七年也。洪、樊二譜以
為初除在十八年，誤矣。詳見洪譜。」

四月四日，妻母苗氏，太師苗晉卿之女，盧府君苗氏卒，七
月祔於法曹君墓，季女婿韓愈誌其墓。

四月，官滿，罷四門博士。昌黎曾上書京兆尹李實，獻文十
五篇。又上書陳京給事，獻〈復志賦〉等乙卷及〈送孟東野序〉，
求士。

〈上李尚書書〉：「月日，將仕郎前守四門博士韓愈謹拜

奉書尚書大尹閣下，愈來京師於今十五年，所見公卿大臣
不可勝數，……，未見有赤心事業，憂國如家如閣下者。
今年已來，不雨者百有餘日，種不入土，野無青草，而盜
賊不敢起，穀價不敢貴，……，老姦宿贓，銷縮摧沮，云
亡魄喪，影滅跡絕，非閣下條理鎮服，布宣天下威德，其
何能及此。愈也少從事於文學，見有忠於君孝於親者，雖
在千百年之前，猶敬而慕之，況親逢閣下，得不候於左右
以求効其懇懇，謹獻所為文兩卷凡十五篇，非敢以為文也，
以為謁見之資也，進退惟命，愈恐懼再拜。」

〈與陳給事書〉：「愈再拜，愈之獲見於閣下有年矣，始
者亦嘗辱一言之譽貧賤也，衣食於奔走，不得朝夕繼
見；……愈也道不加修，而文日益有名。夫道不加修，則
賢者不與，文日益有名，則同進者忌，始之以日隔之疏，
加以以不專之望，以不與者之心，而慧忌者之，由是閣下
之庭無愈之跡矣。……輒自疏其所以，並獻近所為〈復志
賦〉已下十首為一卷，卷有標軸，〈送孟郊序〉一首生紙
寫，不加裝飾，皆有楷字注字，急於自解而謝，不能俟更
寫，閣下取其意而略其禮可也，愈恐懼再拜。」

七月，復為四門博士。

七月十二日，以關輔饑，敕罷吏部選及禮部貢舉。昌黎上狀
「論停舉選」提起異議，不報。

〈論今年權停舉選狀〉：「今若暫停舉選，或恐所害實深，
一則遠近驚惶，二則人士失業。……今緣旱而停舉選，是
使人失職而召災也。臣又聞君者陽也，臣者陰也，獨陽為
旱，獨陰為水，今者，陛下聖明在上，雖堯舜無以加之，

而羣臣之賢不及於古，又不能盡心於國，與陛下同心，助
陛下為理，有君無臣，是以久旱，以臣之愚，以為宜求純
信之士、骨鯁之臣，憂國如家，忘身奉上者，超其爵位，
置在左右，如殷高宗之用傅說，周文王之舉太公，……清
閒之餘，時賜召問，必能輔宣王化，銷殄旱災。臣雖非朝
官，月受俸錢，歲受祿粟，苟有所知，不敢不言，謹詣光
順門奉狀以聞，伏聽聖旨。」

《方考》「貞元十八年」：「唐制，博士皆二年滿，施士
匄由四門助教至為太學博士，秩滿當去，諸生輒留。公今
年〈與崔羣書〉亦曰：『官滿便終老嵩下。』以滿日計之，
當自十七年始也。又公〈論停選舉狀〉曰：『臣雖非朝官，
月受俸錢。』停選舉在十九年七月，是公是月猶在職也。
而公〈與李實書〉曰：『今年以來，不雨者百餘日，盜賊
不敢起。』考之史，十九年自正月至七月不雨，是公官滿
上書，當在是年秋冬之交也。」

秋冬，韓老成卒。年約三十。十二郎老成，韓愈兄韓弇之子。
昌黎聞喪之七日，祭之並收養其乳母及遺孤湘、滂。

〈祭十二郎文〉：「月日，季父愈聞汝喪之七日，乃能銜
哀致誠，使建中具時羞之奠，告汝十二郎之靈。」

閏十月，因御史中丞李汶之薦，自四門博士拜監察御史。

〈進學解〉：「暫為御史，遂竄南夷。」

陳景雲《韓集點勘卷一》：「謂御史之擢也，唐制：三院
御史有缺，悉由御史大夫及中丞薦授。貞元之季，御史臺
久不除大夫，皆中丞專其事。公之入臺時，李汶為中丞，
蓋由汶薦也。時同官中，名最著者，如柳宗元、劉禹錫、

李程、張署等，俱汶所薦。故宗元〈祭汶文〉云：『慎擇
察吏，必薪之楚。』斯篤論矣，時公先貶官於外，故不預
祭耳。」（〈岳陽樓〉詩「擢拜識天仗」句下注）

是年，京師旱，民饑，詔蠲租之半，有司徵求反急，十二月，
昌黎與張署、李方叔上狀論天旱人饑，言：「京師者四方之腹心，
國家之根本，伏乞特敕京兆府應今年歲錢及草粟等並停徵。」為
幸臣李實所讒，貶陽山令。張署貶郴州臨武令、李方叔亦貶。

〈御史臺上論天旱人饑狀〉：「右臣伏以今年已來京畿諸
縣，夏逢亢旱，秋又早霜，田種所收，十不存一，陛下恩
踰慈母，仁過春陽，租賦之間，例皆蠲免，所徵至少，所
放至多，……至聞有棄子逐妻，以求口食，拆屋伐樹以納
稅錢，寒餒道塗，斃踣溝壑，有者皆已輸納，無者徒被追
徵。臣愚以為，此皆羣臣之所未言，陛下之所未知者也。……
京師者，四方之腹心、國家之根本，其百姓實宜倍加憂恤。
今瑞雪頻降，來年必豐，急之則得少而人傷，緩之則事存
而利遠。伏乞特勒京兆府，應今年稅錢及草粟等，在百姓
腹內徵未得者，並且停徵，容至來年蠶麥，庶得少有存
立。……謹錄奏聞，謹奏。」

《舊唐書‧德宗紀下》：「貞元十九年，自正月至是（五
月）未雨；秋七月，甲戌（廿六）始雨。」

《舊唐書‧李實傳》：「二十年，春夏旱，關中大歉，實
為政猛暴，方務聚斂進奉，以固恩顧，百姓所訴，一不介意。」

《順宗實錄》云：「是時春夏旱，京畿乏食，實一不以介意，
方務眾斂徵求，以給進奉。……勇於殺害，人吏不聊生。」

〈江陵途中寄三學士詩〉：「拜疏移閣門，為忠寧自謀；

天子惻然感，司空歎綢繆；謂言即施設，乃反遷炎洲。」

〈行狀〉：「選監察御史，為幸臣所惡，出守連州陽山令。」

〈神道碑〉：「十九年，關中旱饑，人死相枕藉，吏刻取息。先生列言天下根本，民急如是，請寬民徭而免田租之弊。專政者惡之，行為連州陽山令。」

《新唐書・本傳》：「遷監察御史，上疏極論宮市，德宗怒，貶陽山令。」

《洪譜》：「是時有詔以旱饑蠲租之半；有司徵愈急。公與張署李方叔上疏言：關中天下根本，民急如是，請寬民徭而免田租。天子惻然，卒為幸臣所讒，貶連州陽山令。幸臣，李實也。」

《舊唐書・本傳》：「轉監察御史。德宗晚年，政出多門，宰相不專機務。宮市之弊，諫官論之不聽。愈嘗上章數千言極論之，不聽，怒貶為連州山陽令。」

《洪譜》「貞元十九年」《方考》：「按公陽山之貶，〈寄贈三學士詩〉敘述甚詳，而皇甫持正作公〈神道碑〉，亦云『因疏關中旱饑，專政者惡之』，則其非為論宮市明矣。今公集有〈御史臺論天旱人饑狀〉，與詩正合。」

謹案：《舊唐書》、《新唐書》乃云上書論宮市，與此不合。當以〈神道碑〉為正。

有關觸怒當朝，貶謫陽山，洪興祖認是坐論諫宮市與狀論天旱人饑兩事，方崧卿則以為被王叔文所排。

《洪譜》：「史云：『公上章數千言，論宮市，德宗怒，貶陽山令。』疏今不傳。〈寄三翰林詩〉云：『拜疏移閤門，為忠寧自謀；天子惻然感，司空歎綢繆；謂言即施設，

乃反遷炎洲。』公之被紲，坐論此兩事也。」

《方考》：「按公陽山之貶，〈寄三學士詩〉敘甚詳。而皇甫持正作〈神道碑〉，亦云：『因疏關中旱饑，專政者惡之』，則其非為論宮市明矣。今公集有〈御史臺論天旱人饑狀〉，與詩正合。況皇甫持正從公遊者，不應公嘗疏宮市數千言，而不及之也。然公〈寄三學士詩〉云尚云：『或自疑上疏，上疏豈其由。』則是又未必皆上疏之罪也。又曰：『同宮盡才俊，偏善柳與劉；或慮語言泄，傳之落冤讎。』又〈岳陽樓詩〉云：『前年出官由，此禍最無妄；姦猜畏彈射，斥逐恣欺誑。』是蓋為王叔文、韋執誼等所排矣。德宗晚年，韋王之黨已成，韋執誼以恩幸，時時召見問外事。……又〈憶昨行〉云：『伾文未揃崖州熾，雖得赦宥常愁猜。』是其為叔文等所排，豈不明甚？特無所歸咎，駕其罪於上疏耳。洪謂公之被紲，坐論宮市旱饑，兩事兼而言之。而又不考韋王始末，故為申及之。」

羅聯添《韓愈研究》：「案韓愈發言真率，無所畏避。當叔文黨形成之時，於同官劉柳或有所評議。劉柳時附叔文，其洩語於叔文，殆為事實。韓愈〈祭張署文〉云：『彼婉變者，實憚吾曹；側肩帖耳，有舌如刀；我落陽山……君飄臨武。』『婉變者實憚吾曹』，即〈岳陽樓別竇司直〉詩所謂『姦猜畏彈射』。此可證韓愈之貶陽山，實因叔文黨懼韓愈等之彈劾而斥逐之。」

是年，識歸登。登好古書，昌黎因進其《科斗孝經》、《衛宏官書》於歸氏。

皇甫湜初識韓愈，疑於是年。

子韓昶五歲。

近年來，昌黎自言牙齒動搖脫落。

> 《洪譜》「貞元十九年」：「去年〈與崔羣書〉云：『左
> 車第二牙無故動搖脫去。』而〈齒落〉詩云『去年落一牙』，
> 則此詩今年作也。」

【詩文編年】

（四門博士時）

正月，作〈哭楊兵部凝陸歙州傪〉

二月，作〈禘祫議〉（考辨）。

春，作〈題炭谷湫祠堂〉、〈送浮屠文暢序〉。

（罷四門博士時）

四月，作〈上李尚書書〉、〈與陳給事書〉。

五月，〈利劍〉（考辨）。

（復爲四門博士時）

七月，作〈論今年權停舉選狀〉、〈盧法曹參軍夫人苗氏墓
誌銘〉、〈訟風伯〉（考辨）。

（監察御史時）

秋冬，作〈祭十二郎文〉。

十二月，上〈御史臺上論天旱人饑狀〉。

是年作文：〈送許郢州序〉、〈送王秀才序〉（考辨）、〈贈
崔復州序〉、〈送牛堪序〉、〈送陳密序〉、〈送董邵南序〉、
〈送何堅序〉。

是年作詩：〈苦寒〉、〈落齒〉、〈題炭谷湫祠堂〉。

【時人事跡】

孟郊，五十三歲。于役於江南，意不愜，因事至京，韓愈作

〈送孟東野序〉，以天命慰之。

　　王仲舒，四十二歲，自吏部員外郎貶連州司戶參軍。時德宗欲以裴延齡爲相，仲舒上疏，至論延齡矯誕失言，中傷良善，不得爲相。由此忤逆執誼，執誼讒之，遂貶。

　　柳宗元，三十一歲，在藍田尉任。閏十月，入爲監察御史裏行。

　　劉禹錫，三十二歲，守渭南主簿。冬，拜監察御史。

　　楊凝，正月，卒，四月葬。柳宗元作墓碣。

　　李翱，正月，葬妻母韋氏於陳留縣安豐鄉岡原，作〈韓君夫人韋氏墓誌銘〉。

　　白樂天，三十二歲，試判拔萃科入等，授校書郎，於長安，假居於故相關播庭園。

　　元稹，二十五歲，中書判拔萃科第四等，署秘書省校書郎。與韋叢結婚。拋棄崔鶯鶯。

　　侯喜，登進士第。

　　張署，四十九歲，時與昌黎、李方叔同拜監察御史。被讒。出爲郴州臨武縣令。

　　杜牧生。

【詩文考辨】

〈禘祫議〉（《韓集》卷十四）

　　《舊唐書‧德宗紀下》：「貞元十九年三月丁卯，以今年孟夏禘饗，前議太祖、懿、獻之位未決，至此禘祭，方正太祖東向之位，已下列序昭穆。其獻祖、懿祖祔於德明、興聖之廟，每禘祫年就本室饗之。」

　　孫汝聽云：「時貞元十八年。」

　　方崧卿〈增考〉曰：「公議禘祫，《新史、禮樂志》及〈陳京傳〉並見，但傳文稍詳。然〈京傳〉載初集議實在貞元十七年，公議與韋武、陸淳等議並列於後，至十九年遂定從王詔等議。故今公議狀首載云：『今月十六日敕旨，宜令百僚議，限五日內聞奏。』則是首議之日有此旨也。是公除博士蓋在十七年也。洪、樊二譜以爲初除在十八年，誤矣。詳見《洪譜》。」

　　沈欽韓云：「案《會要》則貞元十九年三月也。」是年三月壬子朔，則十六日爲丁卯。

　　屈繫於貞元十八年，辨曰：「正與此文合，故作十九年是也。」

　　張繫於貞元十八年三月十六日詔後，指出：「所謂今月十六日，正是十九年三月十六日。」辨云：「據《新唐書、禮樂志三》及〈儒學・陳京傳〉載，這次議禘祫開始于建中二年，陳京首議，繼有顏真卿議，左庶子李嶸等七人議，禮部侍郎柳冕等十二人議，司勳員外郎裴樞等人議，左僕射姚南仲等獻議五十七封，尙書王紹等五十五人議。韓愈所排五說，即以上諸人所議，而與韓愈合者唯真卿之議。最後詔從王紹等議。韓愈參與的是十九年三月十六日後詔敕百僚之議，非十七年也。」又云：「故韓愈議在貞元十九年三月詔下之後，初夏之前。方崧卿再三強調爲十七年之說是錯誤的。」

　　黃繫於貞元十七年，說：「雖《新書・陳京傳》不記年號，而與《新書・禮樂志》貞元十七年下記之諸議者之職官及人名來互參，可知韓愈此議亦在貞元十七年諸議中。」

　　謹按：此文繫年有三說：貞元十七年、貞元十八年、貞元十九年。有關議禘祫，起貞元十七年，終於貞元十九年。載見《新唐書、禮樂志》及〈陳京傳〉。昌黎參議的一次，爲貞元十九年

三月之議。至於張考證謂：「貞元十七、八年無丁卯日」，不確。按平岡武夫《唐代的曆》，貞元十七年辛巳三月癸亥朔，十六日戊寅，初五日丁卯；貞元十八年壬午三月，丁巳朔，十六日壬申，十一日丁卯；貞元十九年癸未，壬子朔，十六日丁卯。另高步瀛據《通典》、《會要》、《新舊唐書》《唐宋文舉要》甲編卷二所載考之，亦謂「退之此議當在貞元十九年。」今繫貞元十九年。

〈利劍〉（《韓集》卷二）

韓醇曰：「此詩次汴州亂後，不平之氣，略見於此。」（《魏本》引）

方崧卿《舉正》云：「〈汴州亂〉、〈利劍〉、〈齪齪〉三詩皆貞元十五年作。」

查慎行曰：「觀詩中語，乃為貝錦青蠅而發，非因汴州亂也。」

陳景雲曰：「此詩歲月無可考，詳味詩意，似為疾讒而作，與汴州事無涉。」

方成珪《詩文年譜》據陳景雲說繫於貞元十二年。

王元啓繫於貞元十九年，曰：「此詩雖列汴州亂後，然以不能刺讒夫為恨，則非為汴州之亂可知。又詩旨與〈炭谷湫〉：『吁無吹毛刃』二語略同。考《順宗實錄》，言『京兆尹李實陵轢公卿以下，隨喜怒誣奏黜陟』，則此詩所云讒夫，恐指李實言之。」

錢繫於貞元十九年，云：「王說是也。公〈祭張員外文〉曰：『貞元十九，君為御史。余以無能，同詔並跱。彼婉變者，實憚吾曹，側肩帖耳，有舌如刀。』正此詩所指之讒夫也。」

張謂此詩無具體年代可考，即繫於貞元十九年。

屈列於「疑年」。

謹按：此詩繫年有三說：貞元十二年，陳景雲、方成珪主之；貞元十五年，方崧卿主之；貞元十九年，王元啓、錢仲聯主之、張從之。詳味詩意，係爲疾讒而作，陳景雲已言之，非在汴州、徐州時，是故貞元十二年、十五年可排除。三說中，王說較長。今繫貞元十九年。

〈訟風伯〉（《韓集》卷十二）

樊汝霖認作於四門博士時，云：「德宗貞元十九年（803）正月不雨，至七月甲戌（二十六日）始雨。公時爲四門博士，作此專以刺權臣裴延齡、李齊運、李寔等壅蔽聰明，不顧旱饑，專於誅求，使人君恩澤不得下流，如風吹雲而雨澤不得墜。是年冬公拜御史，竟以言旱饑謫山陽（按：　應爲「陽山」）令。」

方崧卿「無繫年」。

方成珪據樊汝霖繫於貞元十九年。

沈欽韓云：「此貞元十九年官御史時作。指李寔之徒也。案：裴延齡、李齊運皆於貞元十二年卒，舊注混引。」

屈繫於貞元十九年。

謹按：此文繫年皆爲貞元十九年，然有小異。作於四門博士任，樊汝霖主之；作於監察御史時，沈欽韓主之。查監察御史任上，韓愈有〈御史臺上論天旱人饑狀〉，連繫而觀，「不顧旱饑，專於誅求，使人君恩澤不得下流，如風吹雲而雨澤不得墜。」當諷李實之徒，非指裴延齡、李齊運等，樊說可從。今繫貞元十九年。

〈送王秀才序〉（王含）（《韓集》卷二十）

方崧卿云：「《文苑》（卷 731）作〈送進士王含序〉，王

之名『含』得於此也。貞元十八、九年作。」

　　樊汝霖、文讜皆云：「含，元和八年（813）進士。」

　　方成珪〈年譜〉列「無年考」。

　　屈據繫於貞元十九年。

　　謹按：韓氏任職四門博士，在貞元十八年春至十九年七月，文中言：「今子之來見我也無所挾，吾猶將張之，況文與行不失其世守。渾然端且厚，惜乎吾力不能振之，而其言不見信於世也。」一方面既贊美王含「文行不失世守，渾然端厚」，只惜其力「不能振之」，這是韓氏官小位微之證，繫於四門博士時，近是。

唐德宗貞元二十年甲申（804）　三十七歲

【朝廷時事】

　　二月，詔以任德簡爲天得軍防禦使。

　　五月，御史中丞李汶卒。

　　八月，詔以盧從史授昭義節度使。

　　九月，太子誦得風疾，不能言。

　　是年停貢舉。

【韓愈事跡】

　　貞元二十年，昌黎三十七歲。去年冬，貶陽山。過商山，春過洞庭。春末，到陽山任。陽山縣北賢令山，上有讀書臺，昌黎爲令，日讀書於此。公在陽山年餘，施行教化，有惠政，人民生子，百姓多以其之姓及字命其子。

　　《洪譜》：「（〈赴江陵途中〉）又云：『商山季冬月，冰凍絕

行鞙。春風洞庭浪，出沒驚孤舟。』〈答張徹〉云：『疊雪
走商嶺，飛波航洞庭。』蓋公以冬末貶官，明年春始到陽
山也。〈祭李郴州〉云：『當貞元之癸酉，惕皇威而左授。』
當作癸未，〈別知賦〉云：『歲癸未而遷逐』是也。」

〈行狀〉：「出守連州陽山令。政有惠於下。及公去，百
姓多以公之姓以名其子。」

〈神道碑〉：「陽山民至今多以先生氏字，呼其子孫。」

其時，楊儀之以湖南支使來探視，將歸，愈為賦以贈之，又
以序送之。

當時，區冊、竇存亮輩皆從遠方來從。

〈送區冊序〉：「愈待罪於斯，且半歲矣。有區生者，自
南海挐舟而來。」

〈與竇存亮書〉：「今乃乘不測之川，入無人之地，以相
從問文章為事。」

王仲舒貶連州，好遊，乃立庭屋以避風雨，既成，請名於昌
黎，為作記。

冬，以黃柑贈郴州刺史李伯康，獲贈紙筆，作詩以謝。

【詩文編年】

（貶陽山時）

春，作〈湘中〉、〈答張十一功曹〉（考辨）

二月，作〈同冠峽〉、〈次同冠峽〉、〈貞女峽〉。

三月，作〈縣齋讀書〉。

夏，作〈別知賦〉。

五月，有〈祭李中丞文〉。

冬末，作〈送惠師〉、〈送靈師〉、〈李員外寄紙筆〉。

　　是年作〈燕喜亭記〉、〈答竇秀才書〉、〈送楊支使序〉、
〈雜詩四首〉。

　　是年作〈原道〉等。（考辨）

【時人事蹟】

　　孟郊，五十四歲。辭溧陽尉，奉母歸湖州。

　　白居易，三十三歲。在長安。爲校書郎。春，旅遊洛陽、徐州。
是年，始徙於下邽縣義津鄉金氏村。遊徐州時，曾預節度使張愔（張
建封子）之宴，有贈〈關盼盼〉詩句。又在滑州李翺家識唐衢。

　　元稹，廿六歲。爲校書郎，旅遊洛陽，歸長安。九月，託名
張生，作〈崔鶯鶯傳〉，李紳作〈鶯鶯歌〉。

　　劉禹錫，三十三歲。在監察御史任。娶河東薛謇女。

　　李賀，十五歲，以〈樂府歌〉詩名動於時。

　　柳宗元，三十二歲。仍爲監察御史裏行。

　　呂溫，三十二歲。工部侍郎張薦，舉爲入吐蕃使副使

　　張署，四十七歲，量移江陵。

　　王涯，四十歲，以左拾遺拜翰林學士。

　　王仲舒，四十三歲，在連州司戶參軍任。

【詩文考辨】

〈答張十一功曹〉（《韓集》卷九）

　　洪興祖《韓子年譜》繫此詩於二十年春南遷時。

　　方成珪《詩文年譜》繫繫元和元年春，云：「此詩於永貞二
年春二人偕掾江陵時，以題有『功曹』二字。」

　　錢引〈唐故河南令張君墓誌銘〉：「君諱署，字某，河間人。
以進士舉博學宏詞，爲校書郎，自京兆武功尉拜監察御史。爲幸

臣所讒，與同輩韓愈，李方叔三人，俱爲縣令南方。二年，逢恩俱徙掾江陵。」論稱：「二十年春，張尙未爲功曹。細按張詩，境地情緒，明係作於湘南而非江陵。至公此詩首三句，即〈送區冊序〉所稱『陽山天下之窮處，江流悍急，縣郭無居民，夾江荒茅篁竹之間，小吏十餘家』景象。第四句與〈杏花〉詩所謂『二年流竄出嶺外，所見草木多異同。山榴躑躅少意思，照耀黃紫徒爲叢』，及〈游青龍寺〉詩『前年嶺隅鄉思發，躑躅成山開不筭』者亦合。第六句『炎瘴』字更不切江陵。方說非也。『功曹』二字，疑爲後來追題，或爲李漢編集時所加。」

張繫於貞元二十年，稱：「以詩境與詩情與二人唱和關係看，當寫於到貶所後，四五月間。」

黃於「貞元二十年」條下云：「春，韓愈與張署，仍相偕行，正月過洞庭、上湘水、潭州、衡陽、郴州李使君部，至九嶷山，二人有詩唱和，張署抵臨武，韓愈繼行。」

屈云：「按：愈《張署墓誌》云：『逢恩俱徙掾江陵。半歲，邕管奏君爲判官，改殿中侍御史，不行。』細按張詩，乃爲除邕管判官而發。愈詩『莫令炎瘴送生涯』，即阻其赴邕管也。方成珪繫元和元年春爲是。」

謹按：此詩繫年有二說：（一）、貞元二十年，《洪譜》，錢主之，張、黃從之；（二）元和元年，方成珪、屈主之。

查《韓愈研究》「韓愈交遊」張署條，貞元十九年（803）「韓愈、張署、李方叔三人上疏言關中天下根本，請寬民徭而免田租，卒爲李實所讒，十二月俱貶南方縣令。韓愈貶連州陽山令，張署貶郴州臨武令。韓、張被貶，相偕南行，出終南山、秦嶺、下襄漢、順江而下，明年（804）正月過洞庭，上湘水，抵長沙，南至

九嶷山，二人有詩唱和，張署抵臨武，韓愈繼行，二人把醆相飲，相期是冬會宿於境上。」「貞元二十一年（805）正月順宗即位，二月大赦。夏秋之際，韓愈離陽山，俟命於郴州。八月，韓愈、張署授命量移江陵。」「元和元年（806）春，韓愈、張署同在江陵共事。（中略），六月，韓愈召爲國子博士。張署尚在江陵，十月李鄘奏署爲京兆府司錄參軍，署當在六月至十月間自江陵歸京。」其間彼此有唱酬。

以此言之，韓張二人既有唱酬，則此詩之繫年應有貞元二十年、貞元廿一年、元和元年三個可能。貞元二十年時在洞庭、九嶷之間；貞元二十一年，係同赴江陵時；元和元年則爲在江陵共事時。再據《集釋》卷二所附張署原唱：首二句云：「九疑峰畔二江前，戀闕思歸日抵年」，所言之「九疑山」則明顯是在於貞元二十年之時。羅聯添認爲是作於當時；張清華則認爲作於到貶所後的四五月間，餘二說排除。今繫貞元二十年春。

〈原道〉、〈原性〉、〈原毀〉、〈原人〉、〈原鬼〉（《韓集》卷十一）

方崧卿云：「此卷所作，多不得其年月。程伊川曰：『〈原性〉等文，多少時作。』按公〈上李巽書〉曰：『謹獻舊文一卷，扶樹教道，有所明白。』或曰：此當指〈原道〉等文也。公上書之日，尚在江陵，年未四十，以〈原道〉等爲舊文，蓋所作舊矣。」

樊汝霖云：「張芸叟（張舜民）曰：『昔張籍嘗勸愈排佛老，不若著書，愈亦嘗以書反復之。既而〈原道〉、〈原性〉等篇，皆激籍而作。』」

王儔說同。

屈置於「疑年」，云：「貞元十九年（803）冬，韓愈出爲陽

山令，過郴州，識郴州刺史李伯康，〈李員外寄紙筆〉詩云：『莫怪殷勤謝，虞卿正著書。』亦指此事。」又云：「五原思想一貫，當屬同時所作。〈原毀〉云：『事修而謗興，德修而毀來。』亦與陽山之貶憤懣之情相符。疑所說『虞卿正著書』，即指此五文。或者貞元十三年雖辭不為，在貞元十九年冬卻如張舜民所推斷，有感于張籍之言，激而作之。〈原道〉言儒學之道堯、舜、禹、湯、文武傳授順序、亦與是年春所作〈送浮屠文暢師序〉相符。〈上李巽書〉所說「舊文」，正指兩年前三十六歲舊作。」

張繫於貞元二十年，云：「『五原』篇目，體例既同，當是一時之作。韓愈在永貞元年十二月九日〈上兵部李侍郎書〉中說：『薄命不幸，動遭讒謗，進寸退尺，卒無所成。性本好文學（略）謹獻舊文一卷，扶樹教道，有所明白（略）。』（《韓集》卷15）疑五原即舊文一卷諸篇。當是江陵前困厄之境中作。程子獨以〈原性〉為少作，恐其考之或未詳。又〈李員外寄紙筆〉云：『莫怪殷勤謝，虞卿正著書』也當指此。或謂〈原人〉為晚年所作，也沒有文獻詳考。」

黃說「此五原篇目既同，當是一時之作。與〈兵部李侍郎書〉所謂：『舊文一卷，扶樹教道，有所明白』，此諸篇也。然則皆是江陵以前所作。程子獨以〈原性〉為少作，恐其考之或未詳。」

謹按：三家皆認此五原「體例既同，當為一時之作」，所異者，屈指此「舊文」作於三十六歲時，即貞元十九年；張指是「江陵前困厄之境中作」，即貞元二十一年郴州時；黃則指是「在郴州時俟新命於李伯康處」，即貞元廿一年。

查韓愈〈上李巽書〉所謂：「舊文」一卷，指本集第十一卷，除五原外，還有〈行難〉、〈對禹問〉、〈雜說四首〉、〈讀荀

子〉、〈讀鶡冠子〉、〈讀儀禮〉、〈讀墨子〉等十二篇。韓愈自貞元十九年貶陽山，時爲十二月，翌年春始抵陽山，到貞元廿一年夏秋遇赦離陽山，計有一年半時間在陽山，另在郴州三個月，這兩段時間，韓皆可以讀書著述。而此十二篇，正是寫於此時。五原既是「一時之作」，又是「舊文」一卷之首篇，則作於陽山時應合情理，若以陽山與郴州兩段時間而論，以繫貞元二十年爲宜。證以「虞卿正著書」句，情境亦合。（謹案：近閱方介教授論文，〈韓愈五原作於何時？──兼論韓愈道統說之發展時程〉，臺大中文學報，民 99 年 12 月，主張五原係作於貞元十九年。可參。）

唐德宗貞元二十一年乙酉(805)　三十八歲
唐順宗永貞元年乙酉（805）

【朝廷時事】

正月，德宗崩。太子即位，是爲順宗。

　詔以韋執誼同平章事。

　李師古發兵屯曹州。

　貶李實爲通州長史。

　詔以王伾爲左散騎常侍、王叔文爲翰林學士。

　追陸贄陽城赴京師。未至，卒。

　詔以杜佑爲度支等使。王叔文爲副使。

　詔以武元衡爲左庶子。

　立廣陵王純爲皇太子。

　賈耽、鄭珣瑜，病不視事。

二月，帝御丹鳳樓，赦天下。罷進奉、宮市、五坊小兒、放

　　宮女。

五月，詔以范希朝爲左右神策、京西行營節度使。韓泰爲行
　　軍司馬。詔以王叔文爲戶部尙書。旋王叔文以母喪去位。

六月，貶羊士諤爲汀州寧化尉。

七月，太子監國。

　　詔以杜黃裳、袁滋同平章事。鄭珣瑜、高郢罷。

八月，帝禪位于太子，自號太上皇，改元永貞。太子淳即位。
　　是爲憲宗。

　　貶王伾爲開州司馬、王叔文爲渝州司戶。

　　西川節度使、南康王、韋皋卒。

　　罷裴延齡所置庫。

　　遣使宣慰江淮。

　　詔以鄭餘慶同平章事。

　　始令史官撰日曆。

九月，貶韓泰、韓曄、柳宗元、劉禹錫爲諸州刺史。

十月，葬順宗於崇陵。

十一月，祔于太廟。

　　貶韋執誼爲崖州司戶，叔文黨再貶司馬。

十二月，詔以劉闢爲西川節度副使，韋丹爲東川節度副使。

　　詔以鄭絪同平章事。

　　是年進士及第，沈傳師、竇庠、劉述古、韋珩、李宗閔、牛
僧孺、楊嗣復、陳鴻等二十九人；明經，殷侑、滕邁、渾鐬；諸
科，十人；禮部侍郎權德輿知貢舉。

【韓愈事跡】

　　貞元二十一年，昌黎三十八歲，在陽山令任；夏離陽山，俟

命於郴州，八月十四日移江陵府法曹參軍。

正月丙申，順宗即位。二月甲子（廿四），赦天下。

《順宗實錄》：「貞元二十一年，正月二十六日，即位。……二月甲子，大赦天下。……八月辛丑，……改永貞元年，赦天下。」

《順宗實錄》卷二：「二月甲子，上御丹鳳門，大赦天下。自貞元二十一年二月二十四日昧爽已前，大辟已下，罪無輕重，常赦所不原者，咸赦原之。諸色人中，有才行兼茂、明於理體者；經術精深、可為師法者；達於吏理、可使從政者；宜委常參官各舉所知，其在外者，長吏精加訪擇，具名聞奏，仍優禮發遣。」

春夏，劉師命來投，昌黎與之賞花、釣魚、講道，作詩以贈。

〈劉生詩〉：「陽山窮邑惟猿猴，手持釣竿遠相投。」

〈聞梨花發贈劉師命〉：「桃蹊惆悵不能過，紅豔紛紛落地多；聞道郭西千樹雪，欲將君去醉如何。」

〈梨花下贈劉師命〉：「洛陽城外清明節，百花寥落梨花發；今日相逢瘴海頭，共驚爛漫開正月。」

謹案：據〈梨花下贈劉師命〉：「洛陽城外清明節」句，可知劉師命為舊識。

夏，因赦離陽山，俟新命于郴州，住刺史李伯康州府別館，憩樹、遊湖、遊宴、聽樂，凡歷三月。

〈祭郴州李使君文〉：「投乂魚之短韻，媿韜瑕而舉秀；竢新命於衡陽，費薪芻於館候；空大亭以見處，憩水木之幽茂；逞英心於縱博，沃煩腸以清酎；航北湖之空明，覸鱗介之驚透；宴州樓之豁達，眾管啾而竝奏；得恩惠於新

　　知，脫窮愁於往陌；輒行謀於俄頃，見秋月之三毂；逮天
　　書之下降，猶低迴以宿留。」

　八月九日，順宗禪位，憲宗即位，改元永貞，赦天下。

　　《順宗實錄》卷二：「永貞元年八月辛羽，太上皇居興慶
　　宮誥曰：『有天下者傳歸於子，前王之制也。……宜以今
　　月九日，冊皇帝於宣政殿。……國有大命，恩俾惟新，宜
　　因紀元之慶，用覃有宥之澤，宜改貞元二十一年為永貞元
　　年，自貞元二十一年八月五日昧爽已前，天下應犯死罪，
　　特降從流流已下遞減一等。』」

　據順宗即位大赦文，遷者皆追回。昌黎為觀察使所抑，才得
移徙江陵府法曹參軍，八月十四日，韓愈、張署在郴州得赦書，
韓為法曹參軍，張為功曹參軍。

　　〈八月十五日夜贈張功曹〉：「昨者州前捶大皷，嗣皇繼聖登
　　夔皋；赦書一日行萬里，罪從大辟皆除徙；遷者追迴流者還，
　　滌瑕蕩垢清朝班；州家申名使家抑，坎軻祗得移荊蠻。」
　　〈寄贈王二十補闕李十一拾遺李二十六員外翰林三學士
　　詩〉：「昨者京使至，嗣皇傳冕旒；赫然下明詔，首罪誅共兜。」
　　錢仲聯《韓詩集釋》：「楊憑為柳宗元妻父，自必仰承任
　　文一黨意旨，公與署之被抑，宜也。」（〈八月十五夜贈
　　張功曹〉句下注）

　因得瘧疾，發寒熱，曾滯留。九月初旬，方與張署同赴江陵。
拜別李郴州後，出郴口，至衡州。

　　〈祭張署文〉：「衡陽放酒，熊咆虎嘷；不存令章，罰籌
　　蝟毛；委舟湘流，往觀南岳。」

　至衡陽，有〈題合江亭寄刺史鄒君詩〉。

《洪譜》「永貞元年」：「自郴至衡，有〈合江亭寄刺史
鄰君〉詩云：『維昔經營初，邦君實王佐。』注云：『此
亭故相齊公映作。』蓋映罷相後自夔移衡也。『窮秋感平
分，新月憐半破。』時月未望也。」

次衡山，謁衡嶽廟，宿嶽寺，有〈題門樓詩〉。

〈謁衡岳廟遂宿岳寺題門樓詩〉：「我來正逢秋雨節，陰
氣晦味無清風；潛心默禱若有應，豈非正直能感通。須臾
靜掃羣峯出仰見突兀撐青空。」

蘇軾〈潮州韓文公廟碑〉：「蓋嘗論天人之辨，以謂人無
所不至，惟天不容偽，智可以欺王公，不可以欺豚魚，力
可以得天下，不可以得匹夫匹婦之心，故公之精誠能開衡
山之雲，而不能回憲宗之惑。」

羅聯添《韓愈研究》：「案宋蘇軾〈潮州韓文公廟俾〉謂：
『公之精誠，能開衡山之雲。』即指此而言。」

赴潭途中，有〈赴江陵寄翰林三學士〉詩，自述上疏天旱人
饑的經過。

〈赴江陵寄翰林三學士〉：「孤臣昔放逐，血泣追怨尤；
汗漫不省識，怳如乘桴浮；或自疑上疏，上疏豈其由；是
年京師旱，田畝少所收；上憐民無食，征賦半已休；有司
恤經費，未免煩徵求；富者既云急，貧者固已流；傳聞閭
里間，赤子棄渠溝；持男易斗粟，掉臂莫肯酬；我時出衢
路，餓者何其稠；親逢道邊死，佇立久咿嚘；歸舍不能食，
有如魚中鉤；適會除御史，誠當得言秋；拜疏移閤門，為
忠寧自謀；上陳人疾苦，無令絕其喉；下陳畿甸內，根本
理宜優；積雪驗豐熟，幸寬待蠶繅；天子惻然感，司空歎

綢繆；謂言即施設，乃反遷炎州；同官盡才俊，偏善柳與劉；
或慮語言洩，傳之落冤讎；二子不宜爾，將疑斷還不。」

九月下旬，至潭州，陪杜侍御遊湘西岳麓、道林兩寺，夜宿
有詩。

〈自衡至潭陪杜侍御遊湘西寺獨宿有題〉：「是時秋初殘，
暑氣尚未斂。」

十月，過洞庭，遇風，維舟湖岸。

〈贈張十一署〉：「十月陰氣盛，北風無時休。」

〈祭張署文〉：「避風太湖，七日鹿角。」

朝過宜春，夜宿巴陵，登岳陽樓，與竇庠唱和作詩，一宿而
別。昌黎作〈岳陽樓別竇司直〉詩，浩然有掛冠之歎。

〈岳陽樓別竇司直〉：「朝過宜春口，……夜纜巴陵洲，……
明登岳陽樓，輝煥朝日亮；……時當冬之孟，隙竅縮寒漲；
主人孩童舊，握手乍忻悵；憐我竄逐歸，相見得無恙；
開筵交履舄，爛漫倒家釀；盃行無留停，高柱送清唱。」

十月末，至江陵。

時王韋黨貶黜。十一月，劉禹錫再貶朗州司馬，柳宗元再貶
永州司馬，途至江陵，適韓昌黎自郴州移江陵法曹參軍，三人相
會。韓柳既晤，昌黎作〈永貞行〉詩，責叔文「乘時竊國柄」，
並數其罪；又恤劉柳遭貶，予以勸誡。

〈永貞行〉：「君不見太皇亮陰未出令，小人乘時偷國柄；
北軍百萬虎與貔，天子自將非他師；一朝奪印付私黨，懍
懍朝士何能為？狐鳴梟噪爭署置，梟瞷睒跳踉相嫵，夜作
詔書朝拜官，超資越序曾無難；公然白日受賄賂，火齊磊
落堆金盤；……嗣皇卓犖信英主，膺圖受禪登明堂；共流

幽州鯀死羽，四門肅穆賢俊登；數君匪親豈其朋，郎官清
要為世稱，荒郡迫野嗟可矜。」

《洪譜》「永貞元年」：「又赴江陵中有〈寄贈王二十補
闕李十一拾遺李二十六員外翰林三學士詩〉。《諱行錄》
云，王二十，涯；李一十，建；李二十六，程也。詩云：
『昨者京使至，嗣皇傳冕旒；赫然下明詔，首罪誅共兜。』
謂貶王伾、王叔文也。〈永貞行〉云：『太皇諒陰未出令。』
謂順宗即位時。『嗣皇卓犖信英主』，謂憲宗也。又云：
『郎官清要為世稱，荒郡迫野嗟可矜。』時柳宗元自禮部
員外貶召州刺史，劉禹錫自屯田員外貶連州刺史，柳再貶
永州司馬，劉再貶郎州司馬，皆坐交叔文也。『具書目見
非妄徵』，蓋公嘗謫陽山故也。」

秋十月，韓見孟氏子於郴，經衡潭而赴江陵，遇孟琯，知其
將舉於京師，以序送之。

〈送孟秀才序〉：「今年秋，見孟氏子琯於郴。……其十
月吾道於衡潭以之荊，累累見孟氏子焉，其所與偕盡善人
長者，吾益以奇之。今將去是而隨舉於京師，雖不有請，
猶將彊而授之，以就其志，況其請之煩邪。」

永貞元年，施州刺史房武，夫人鄭氏卒。殯於江陵。時韓愈
為江陵法曹，為作殯表。

既掾江陵，昌黎時為考官，陳彤既拔解；貢於京師，以序送
之。序中憶及三年前冬，出為陽山令，過潭州，見陳彤於楊憑門
下的往事。

〈送陳秀才彤序〉：「潁川陳彤，始吾見之楊湖南門下，
頎然其長，薰然其和。吾目其貌，耳其言，因以得其為人，

及其久也，果若不可及。夫湖南之於人，不輕以事接，爭
名者之於藝，不可以虛屈。吾見湖南之禮有加，而同進之
士交譽也，又以信吾信之不失也。如是而又問焉以質其學，
策焉以考其文。則何信之有？」

十二月九日在江陵，時李巽自江西觀察使入為兵部侍郎，獻
上舊文及南行詩各一卷，請求援引。

〈上兵部李侍郎書〉：「十二月九日，將仕郎守江陵府法
曹參軍韓愈，謹上書侍郎閣下。愈少鄙鈍，於時事都不通
曉，家貧不足以自活，應舉覓官，凡二十年矣。薄命不幸，
動遭讒謗，進寸退尺，卒無所成。性本好文學，因困厄悲
愁，無所告語，遂得究窮於經傳史記百家之說，沈潛乎訓
義，反復乎句讀，礲磨乎事業，而奮發乎文章。凡自唐虞
以來，編簡所存，大之為河海，高之為山嶽。幽之為鬼神，
纖之為珠璣華實，變之為雷霆風雨，奇辭奧旨，靡不通
達。……夫牛角之歌，辭鄙而義拙，堂下之言，不書於傳
記。齊桓舉以相國，叔向攜手以上，然則非言之難為，聽
而識之者難遇也。」

是年，昌黎身體已衰。視茫茫，髮蒼蒼，齒牙動搖。

《洪譜》「永貞元年」：「按十八年〈與崔羣書〉云：『左
車第二牙脫去，兩鬢半白，頭髮五分亦白其一。』〈祭老
成〉云：『吾年未四十，而視茫茫，而髮蒼蒼，而齒牙搖
動。自今年來，蒼蒼者或化而為白矣，動搖者或脫而落矣。』
此云『髮之短者日益白，齒之搖者日益落。』明年〈感春〉
云：『冠欹感髮禿，語誤罪齒墮。』以此觀之，公未四十
時屢有此歎。」

【詩文編年】

（陽山時）

正月，作〈送區冊序〉（考辨）、〈聞梨花發贈劉師命〉、〈梨花下贈劉師命〉、〈叉魚招張功曹〉。

二月，順宗即位後，作〈縣齋有懷〉。

三月，作〈劉生詩〉。

四月，作〈醉後〉。

（離陽山時）

夏，作〈宿龍宮灘〉。

（待命郴州時）

夏秋，作〈郴州祈雨〉、〈射訓狐〉、〈東方半明〉。

（永貞元年 —— 郴州時）

八月，十五夜作〈八月十五夜贈張功曹〉，作〈譴瘧鬼〉。

（赴任 —— 自郴至衡、潭、岳）

九月，作〈湘中酬張十一功曹〉、〈郴口又贈二首〉、〈題木居士二首〉、〈題合江亭〉、〈謁衡嶽廟〉、〈岣嶁山〉、〈別盈上人〉、〈送廖道士序〉。

十月，作〈赴江陵途中寄翰林三學士〉、〈潭州泊船呈諸公〉、〈陪杜侍御遊湘西寺〉、〈洞庭湖阻風〉、〈送孟秀才序〉、〈岳陽樓別竇司直〉、〈晚泊江口〉。

（到任 —— 江陵時）

十月，〈送陳秀才彤序〉。

十一月，作〈永貞行〉、〈木芙蓉〉、〈施州房使君鄭夫人殯表〉。

十二月，作〈荊潭唱和詩序〉。

十二月九日，作〈上兵部李侍郎書〉。

是年作〈畫月〉、〈五原〉（考辨）、〈龍移〉、〈五箴〉五首、〈君子法天運〉（考辨）。

【時人事跡】

孟郊，五十五歲。至常州義興莊居買宅，以安置家人。

柳宗元，三十三歲。自監察御史裏行拜尙書禮部員外郎。憲宗即位，九月，貶爲邵州刺史，以交王叔文之故。十一月，再貶永州司馬。至永州時，其母及從弟宗直、表弟盧遵皆從。至永州後，居于龍興寺。

張籍，仍居戎幕中。三月，作〈節婦吟〉詩寄鄆州李師古，疑在本年。

白居易，三十四歲，在長安，寓居永崇里華陽觀。爲校書郎。

元稹，二十七歲，任校書郎；與白居易、李建、李紳等交遊。

陸贄、陽城卒。

劉禹錫，三十四歲。三月，授崇陽使判官。四月，授屯田員外郎、判度支、鹽鐵等案。九月，貶連州，十一月，再貶朗州司馬。抵朗州貶所，居沅水旁。

楊憑，十一月，轉江西觀察使。

竇庠，吏部侍郎韓皋出鎮武昌，辟爲推官。此時爲大理司直，權領岳州刺史。昌黎北行，經岳州，庠爲設宴餞別。昌黎有詩，庠有謝詩。

殷侑，三十九歲，以明經及第。

【詩文考辨】

〈送區冊序〉（《韓集》卷二十一）

洪興祖《韓子年譜》列於貞元二十年條下。

方崧卿《舉正》繫於貞元二十一年：「是年春，陽山作。」

方崧卿〈年表〉繫貞元二十一年。孫汝聽在〈送區冊序〉「歲之初吉」句下，注：「貞元二十一年正月。」

文讜云：「姓區名冊，韓門弟子，廣州人也。貞元十九年貶時公貶連州陽山令詩。此云：『待罪於斯且半歲』，貞元二十年也。『歲之初吉』，則二十一年也。」

《東雅堂本昌黎集註》題下注云：「貞元十九年冬，公自御史出為陽山令，此序在陽山作。其曰：『歲初吉』，當在明年正月也。」（東雅堂本，卷21）

方成珪《詩文年譜》均繫貞元二十一年。

《韓昌黎文集校注》題下注曰：「此序在陽山作。其曰『歲初吉』，當在明年正月也。」（卷四）

屈繫於永貞元年。

黃繫於貞元二十年，係據注云：「此序在陽山作。其曰：『歲初吉』，當在明年正月也。」

張繫於貞元二十一年，引序：「歲之初吉，歸拜其親，酒壺既傾，序以送別。」云：「知是年歲首區冊離陽山，韓愈為其置酒送行，作此序。」

謹按：此詩系年有三說：貞元二十年，洪興祖、黃主之；貞元二十一年，孫汝聽、文讜、方崧卿、方成珪主之；永貞元年，屈主之。

貞元二十年之誤，往往係據《東雅堂本昌黎集註》題下注云：「貞元十九年冬，公自御史出為陽山令，此序在陽山作。其曰：『歲初吉』，當在明年正月也。」（東雅堂本，卷21）遂誤以作序時在貞元二十年。方成珪已指出其謬，其《箋正》卷21云：「按

公〈寄三翰林詩〉云：『商山季冬月，冰凍絕行輈，春風洞庭浪，出沒驚孤舟。』蓋公以十九年冬末貶官，二十年春始到陽山也。序末歲之初吉，當從《舉正》及孫注作二十一年正月，此注謂十九年之明年，誤矣。」洪興祖《韓子年譜》繫於貞元二十年條下。其誤亦同。至於永貞元年，應係指當年八月改元以後。

今繫貞元二十一年正月。

〈君子法天運〉（《韓集》卷二）

樊汝霖說此詩「徐州作」。

王元啓認爲此詩爲伾、文羣黨而作，云：「君子之有好惡，如天之有溫涼舒肅，四時皆可前知。（中略）貞元末小人用事，一時欲速僥倖之徒爭附之。公自弱歲入京，當出門無所之日，即知有天命之不吾欺，蓋其所見者卓矣。是豈羣小所得而亂之者哉？此詩亦爲伾、文羣黨而作。」

方世舉《箋注》認爲此詩爲劉禹錫、柳宗元暗比伾、文而作，云：「君子居易以俟命，四時可前知也。小人行險以徼幸，寒暑不可期也。利害判然，惟人自擇耳。彼二子者，慕熏灼之勢，而忘冰霜之懼，可憂哉，可疑哉！」

錢從方說，認爲「樊說恐無據」。

張認爲「（此）詩寫于陽山，云：「大抵感慨己之不遇之作。」

黃於「貞元二十一年」條下云：「夏秋在郴州俟新命於李伯康處，繫心於王室，見羣小臣無禮於君，故作〈君子法天運〉等篇責之。」

屈質疑：「樊說未知何據，方、王說乃臆度也」，故列「疑年」。

謹按：方世舉指爲「劉、柳」暗比伾、文而作。王元啓指爲

「伾、文羣黨而作。」性質相近，可概括言之。今繫貞元廿一年。

唐憲宗元和元年丙戌（806）　三十九歲

【朝廷時事】

正月丙寅朔，上帥羣臣詣興慶宮上上皇尊號。

丁卯（初二），赦天下，改元元和。

甲申（十九日）太上皇崩。

西川劉闢反，命神策行營節度使高崇文將兵討之。

三月，夏綏留後楊惠琳拒命，詔河東天德軍討誅之。

四月，策試制舉之士。

才識兼茂、明於體用科，元稹、韋惇、獨孤郁、白居易、曹景伯、韋慶復、崔琯、羅讓、崔護、薛存慶、韋珩、李蟠、元修、沈傳師、蕭俛、柴宿同登第。居易以對策語直，入第四等。同月二十八日，授盩厔尉。

詔以李巽為度支鹽鐵轉運使。

七月，葬順宗於豐陵。

八月，壬午（二十二日）制，左降官韋執誼、韓泰、柳宗元、劉禹錫、韓曄、凌準、程异等八人縱逢恩赦，不在量移之限。

平盧節度使李師古卒。

九月，高崇文克成都，擒劉闢。送京師誅之。

徵少室山人李渤為左拾遺。渤辭疾不至，然朝庭政有得失，附奏陳論。

十月，詔以高崇文為西川節度使、柳晟為山南西道節度使。

十一月，詔以吐突承璀爲左神策中尉。回鶻入貢。

是年進士及第，武翊黃、皇甫湜、陸暢、李紳、李顧言、韋惇等二十三人；明經科；諸科，三十六人；博學鴻辭科，杜元穎；才識兼茂明於體用科，元稹、韋惇、獨孤郁、白居易、崔琯、崔護、韋珩、李蟠、沈傳師、蕭俛等十六人；達於吏理、可使從政科，陳岵、蕭睦。禮部侍郎崔邠知貢舉。

【韓愈事跡】

元和元年，昌黎三十九歲。春夏，在江陵府法曹參軍任。六月，召拜國子博士，還朝。

正月初二，憲宗改元，赦天下：

〈改元元和赦〉：「可大赦天下：改永貞二年為元和元年，正月二日昧爽以前，大辟罪已下，常赦所不原者，咸赦除之。……國子監祭酒、司業及學官，並先取朝廷有德望者充，東都國子監諸館共置學生百員。……」

春夏，在江陵裴均幕府，有雪詩三首獻府主。

江陵有金鑾寺，退之有〈題名〉。又有〈杏花〉詩，寄寓「竄身嶺外，思歸京國」的感慨。

六月，自江陵召拜國子博士，顯然是因正月改元赦文。

〈釋言〉：「元年六月，自江陵召拜國子博士。」

《新唐書‧本傳》：「元和初，權知國子博士，分司東都。」

《洪譜》「元和元年」：「〈答張徹〉：『赦行五百里，月變三十冪；漸階羣振鷺，入學誨螟蛉。』自十九年冬謫陽山，至今夏召還，積三十月矣。」

自江陵至襄陽時，節度使于頔示以所作詩文。八日發襄陽，十二日至鄧州北境，有〈上襄陽于相公書〉。

抵長安後，韓愈、孟郊、張籍、張徹、侯喜等同作〈會合聯句〉。其後，與孟郊同作〈同宿〉、〈納涼〉、〈雨中寄孟刑部幾道〉諸聯句。

九月，昌黎作〈薦士〉詩，薦之於鄭餘慶。十一月，鄭爲河南尹，辟郊爲水陸轉運從事。

自秋至冬，韓與孟交游，同作〈秋雨〉、〈城南〉、〈鬥雞〉、〈征蜀〉等聯句。

> 《洪譜》「元和元年」：「〈贈崔立之評事〉云：『復聞王師西討蜀，霜風冽冽摧朝菌。』伐劉闢在今春，平蜀在今秋。故〈征蜀聯句〉曰：『始去杏飛蜂，及來柳嘶蜩。』〈秋雨聯句〉亦云『因思征蜀士，未免濕戎旆』也。〈城南聯句〉云『驅明出庠鱟』，〈會合〉云『天居覯清拱』，〈納涼〉云『今來沐新恩』，〈同宿〉云『生榮今分踰』，諸聯句皆還朝後作。」

至長安，退之與張籍、孟郊等會飲賦詩於張署宅，昌黎有〈醉贈張秘書〉詩。

秋冬之間，崔立之兩次來詩，意請推引。昌黎復之，以兩人同爲閒官，宜「韜養以待徵召。」

冬，張籍識韓昶（小名符），獲昌黎贈詩。

六月，從父兄虢州司戶韓岌，卒於任上，年五十七。九月葬於虢州十里崔長史墓西，昌黎有〈祭十二兄文〉及〈韓岌墓誌〉，並收養所留下的遺孀苗氏及一子二女。

疑昌黎此時已買宅於城南，或喜其地而好遊，後十年始買之。

【詩文編年】

（江陵幕府時）

正月，立春後作〈喜雪獻裴尙書〉、〈春雪〉（《遺文》）、〈春雪間早梅〉、〈早春雪中聞鶯〉、〈和歸工部送僧約〉。

二月末，作〈李花贈張十一署〉、〈寒食日出遊〉。

二月二十四日，作〈祭郴州李使君文〉。

是年春，〈杏花〉、〈感春四首〉、〈憶昨行和張十一〉。

五月，作〈題張十一旅舍三詠〉、〈鄭羣贈簟〉、〈贈鄭兵曹〉。（赴任——國子博士時）

六月，作〈上襄陽于相公書〉、〈答張徹〉。

閏六月，作〈會合聯句〉、〈納涼聯句〉、〈同宿聯句〉。

七月，作〈豐陵行〉、〈南山詩〉。

秋，作〈秋雨聯句〉、〈雨中寄孟幾道聯句〉（考辨）、〈城南聯句〉、〈送區弘南歸〉、〈送文暢師北遊〉。

九月，作〈秋懷詩十一首〉、〈薦士〉、〈遊青龍寺贈崔大補闕〉、〈贈崔立之評事〉、〈短燈檠歌〉。

九月，作〈祭十二兄文〉、〈唐故虢州司戶韓府君墓誌銘〉。

十月，作〈鬪雞聯句〉、〈征蜀聯句〉、〈有所思聯句〉（考辨）、〈遣興聯句〉（考辨）、贈劍客李園聯句〉（考辨）。

十一月，作〈喜侯喜至贈張籍張徹〉。

冬、作〈詠雪贈張籍〉（考辨）。

是年作〈夜歌〉（考辨）、〈贈崔立之〉、

【時人事跡】

鄭餘慶，九月，爲國子祭酒。十一月，爲河南尹。

王仲舒，四十五歲，詔授吏部員外郎；再轉職方郎中。

孟郊，五十六歲，自常州至長安。六月後，與韓愈，張籍等同作〈會合〉〈同宿〉〈納涼〉等聯句。十一月，鄭餘慶爲河南

尹、水陸轉運使，昌黎薦孟郊於餘慶，因辟郊爲水陸轉運從事、試協律郎。卜居於洛陽立德坊。

李翺，卅三歲，在洛陽。

柳宗元，卅四歲，在永州司馬任。居龍興寺，與巽上人交遊，始有得於佛理。五月、母卒于永州零陵佛寺，年六十八。

張籍，四十一歲，調爲太常寺太祝。有〈送區弘南歸〉詩。

白居易，卅五歲，在長安。辭校書郎。與元稹居華陽觀，閉戶累月，揣摩時事，成《策林》七十五篇。四月，應制舉入第四等，授盩厔尉。十二月，與陳鴻、王質夫同遊仙遊寺，作〈長恨歌〉，陳鴻爲傳。同月十六日，母鄭氏卒於長安靖安里第，丁憂服喪。

劉禹錫，卅五歲，守朗州司馬。改元大赦後，有書上杜佑，歷述坐貶之冤，請求量移他官。

元稹，廿八歲，登制舉、才識兼茂、明於體用科。拜左拾遺，遇事即諫。八月，憲宗召對，宰相惡之。九月，出爲河南縣尉。母鄭氏卒。辭官。本年，岳父韋夏卿卒，年六十四歲。

李賀，十七歲，時兩鬢已斑白。

呂溫，三十五歲。自吐蕃使還，轉戶部員外郎。

皇甫湜，三十歲，進士擢第。

崔立之，遷大理評事。頻寄詩昌黎，望推引。昌黎答詩勸以韜晦待徵召。

侯喜，至長安，昌黎有詩。

凌準卒。

【詩文考辨】

〈雨中寄孟刑部幾道聯句〉（《韓集》卷八）

方崧卿《舉正》云：「孟簡。元和改元作。」

王儔繫於元和元年秋，云：「此詩公自江陵掾召為國博時所作，元和元年秋也。」

華忱之《唐孟郊年譜》「憲宗元和元年」條：「是年方客長安，與韓愈張籍等同作，有會合、同宿、納涼、秋雨、雨中寄孟刑部幾道、城南諸聯句。」

張繫於元和元年秋天七、八月間，云：「孟郊有〈同從叔簡酬盧殷少府一首〉、〈送從叔校書簡南歸一首〉、〈感別送從叔校書簡再登科東歸一首〉等，知簡為郊從叔。時孟簡官已顯，即韓愈詩句云：『高居限參拜。』從韓愈『祥鳳遺蒿鷃，雲韶掩夷靺』以下一段贊揚孟郊的詩句，此詩語有求孟簡汲引孟郊之意。時郊正在長安待選。又以「秋潦淹轍迹」句看，此聯句寫於淫雨連綿的秋天七、八月間。」

黃繫於元和元年夏秋冬間。

屈無繫年。

謹按：此詩由大方、小方、錢、張、黃一直繫於元和元年。惟獨屈因體例的關係無直接繫年，而置於「聯句」一組詩中。論其註釋所引，則應繫元和元年。

以此言之，此詩繫於元和元年秋，應無疑義。

〈有所思〉聯句、〈遣興〉聯句、
〈贈劍客李園〉聯句（《韓集・遺文》）

方崧卿《舉正》、〈年表〉無收、無繫此詩。

　　方成珪《年譜》繫元和元年，云：「以上三首，不詳年月，然韓、孟聯句，多在是年，姑以類附之。」

　　錢繫於元和元年，云：「此三首載遺文，不詳年月。然韓、孟聯句，在是年者多，姑以類附之。」

　　張繫於元和元年，云：「此三首均見孟集而收入韓集外集遺文，不顯年月，因皆為韓孟聯唱，故繫於此時。」

　　屈無繫年。

　　謹按：《韓集》中有十四首聯句詩：（一）〈遠遊〉，作年有三說：1.貞元十三、四年（方成珪主之）。2.貞元十五年（羅著《韓愈研究》主之））。3.元和三年（方崧卿主之）。（二）〈會合〉，作於元和元年，六月。（三）〈納涼〉，作於元和元年閏六月。（四）〈同宿〉，作於元和元年夏秋。（五）〈雨中寄孟幾道〉，作於元和元年八月。（六）〈秋雨〉，作於元和元年八月。（七）〈城南〉，作於元和元年秋月。（八）〈鬥雞〉，作於元和元年秋冬・（九）〈征蜀〉，作於元和元年十月。（十）〈莎柵〉，作於元和三年，孟東野失子時。（十一）〈晚秋郾城夜會〉，作於元和十二、十三年。（十二）〈有所思〉，方成珪繫於元和元年。（十三）〈遣興〉，方成珪繫於元和元年。（十四）〈贈劍客李園〉，方成珪繫於元和元年。

　　其中，〈遠遊〉為韓、孟、李（翱）三人聯句；〈會合〉為韓、孟、張（籍）、張（徹）四人聯句；〈晚秋郾城夜會〉為韓、李（正封）二人聯句；餘十一首俱為韓孟聯句，且多在元和元年。由此而觀，〈有所思〉、〈遣興〉、〈贈劍客李園〉三句聯句，正如方成珪《年譜》云，今繫於元和元年十月。

〈詠雪贈張籍〉（《韓集》卷九）

樊汝霖曰：「此詩或云自『松篁遭挫抑』以下等語，專以譏時相。」（《魏本》引）

方崧卿《舉正》云：「公時以柳澗事下遷，疑寄意于時宰也。」

朱熹《考異》云：「此詩無歲月，方說恐未必然。」

方世舉云：「公以柳澗事下遷，在元和初年，時宰爲鄭餘慶、武元衡，與詩所譏者不類。此乃爲皇甫鎛、程异、王播諸人入相而作。鎛、异之相，在元和十三年九月，播之相在長慶元年十月，三人皆以聚歛之臣，驟登宰執，故因詠雪以刺之。（下略）」

王元啓疑亦元十九年春作，曰：「蓋德宗末年，任用京兆尹李實，專事剝民奉上，而王叔文、韋執誼等，朋黨比周，密結當時欲速僥倖之徒，定爲死交，此詩皆有所指，疑亦貞元十九年春作。」

錢繫於貞元十九年，論曰：「王說較長，今據以繫此。」

張認爲「王說繫年爲是，然不在春日，當在多天。」云：「是多，張籍在京爲太常寺太祝（按：據羅著《張籍年譜》，憲宗元和元年，四十一歲調爲太常寺太祝，貞元十九年仍居戎幕掌書記），與韓交往甚密，詩云：『惟子能譜耳，諸人得語哉？助留風作黨，勸坐火爲媒。雕刻文刀利，搜求智網恢。莫煩相屬和，傳示及提孩。』似有所譏，所譏之意，只有張籍可解。時裴延齡、李齊運、王紹、李實、韋執誼、韋渠牟專權，宰相被架空，所譏當是這些人。而王叔文等與諸子結爲死友，時間稍晚。貞元十九年秋冬，德宗執政，尙無傳位放權的表示。」

屈認爲「諸家說詩意及繫年皆臆度也」，故列爲「疑年詩」。

謹按：此詩繫年大抵分兩類：一、有比喻者，如樊汝霖之「譏

時相」說，方崧卿「疑寄意于時宰」說，方世舉「刺聚歛之臣」說，方成珪「刺皇甫鎛、程异、王播以聚歛之臣入相」說，王元啓「刺李實剝民，王韋朋黨」說；二、無比喻者，如程學恂云：「此自詠雪耳。」

先論有比喻者，比喻在「松篁遭挫抑」以下等句，然如程所說：『即謂松篁』以下語句，有似譏貶，然合通首觀之，逐句求之，多有不可通者矣。」

筆者試從另一角度考察。先看詩句，詩中前半詠雪，各家無疑。詩末段云：「惟子能諳耳，諸人得語哉？助留風作黨，勸坐火爲媒。雕刻文刀利，搜求智網恢。莫煩相屬和，傳示及提孩。」從詩意言，是作於一個風雪的日子，家中圍爐取暖，韓、張談詩論文。論及寫詩的方法，如何「以文爲詩」、「以賦爲詩」？於是，韓氏借眼前的雪景寫一首詠雪詩以爲示範教學，這是韓氏的家法，正如蔣抱玄所云：「寫景純用白話，看似場面熱鬧耳。此種工夫，須從涵泳經史，烹割子集而來，確爲韓公一家法，他人莫能語也。」由於張籍是韓門弟子，從韓氏學詩，故韓氏以「雕刻文刀利，搜求智網恢」的詩藝告他，所以說出「惟子獨諳耳，諸人得語哉？」的話，詩末並告他「莫煩相屬和，傳示及提孩。」若如此解釋，則必須有下列幾組前提：

1.韓張同時在家；2.一個風雪的冬天或春天；

3.韓張時有唱酬；4.韓張已經結婚生子。

若以上述前提考察韓張生平，據《韓愈研究》則有下列事迹：

（一）貞元十三年，十一月一日張至汴州隨韓氏學文。

（二）貞元十六年，娶韓龠女。

（三）元和元年，張爲太常寺太祝。六月，韓、孟、張有〈會

合聯句〉。

（四）元和二年四月十二日夜，韓在張家閱書。

（五）元和八年，張在長安爲太祝，病目窮困；韓則改授尙書比部郎中、史館修撰，有〈調張籍詩〉。

（六）元和十一年，張眼疾初癒，遊城南。自秋至冬彼此有詩相酬。

上述事迹，符合上列前提者，只有元和元年及元和十一年兩條。試再申述如次：

據《張籍年譜》，元和元年冬，張識韓愈之子韓昶（小名符），獲退之贈詩。詩中張推譽韓昶「此是萬金產」。而此詩什有「喜氣排寒冬」語，其作於本年冬可知，寒冬下雪，本是常事，韓氏因此寫此詠雪詩贈張籍，並不要求他酬詩，只告他將此詩法「傳示及提孩」，古人「易子而教」即此之謂。時韓昶八歲。其後在元和五年，張籍爲韓昶授詩，時韓昶十二歲。元和十一年，張居住於長安西街西明寺後延康里。秋至冬，彼此有詩相酬。

諸說以爲有比喻者，俱嫌穿鑿，筆者以詩意論之，此乃詠雪的示範詩，爲張籍傳其「雕刻文刀利，搜求智網恢」的詩藝，並勉他「傳示及提孩」，張有無把此詩藝傳示及他的兒女，不可知；但，張於四年後授詩於韓昶，這是事實，故以詩的情調論，以繫元和元年冬爲長。

〈夜歌〉（《韓集》卷一）

樊汝霖作於德宗貞元中，云：「此歌及前〈暮行河堤上〉詩，皆作於德宗貞元中。時強藩悍將，可爲朝廷憂，公方歎計謀之未就，雖欲憂之，非所力也。」（《魏本》引）

　　方世舉繫於貞元十八年為四門博士時，云：「閑堂獨息，當是十八年為四門博士之時，不以家累自隨也。參調無成，始獲一官，何遽自得？然以一身較之天下，則一身為可樂，而天下為可憂。其時倖、文漸得寵，殷憂方大。而身居卑末，又非力之所能為，故託於〈夜歌〉以見意。〈夜歌〉者，陰幽之義，言不敢明言也。」

　　王元啓繫於元和元年，曰：「此詩自江陵還朝，初官國子博士日作。時公得遂北歸，且未遭飛語。當時強藩悍將如楊惠琳、劉闢以次誅滅，欣然有太平之望，故其言如此。前詩謀計，謂謀生之計。此云所憂，蓋指官資之崇卑。樊注非是。」

　　方成珪《昌黎先生詩文年譜》繫貞元十六年，云：「此去徐居洛時作。」

　　錢認同方世舉說，曰：「此詩羌無事實，隨諸家所解皆可通。而方世舉說較長，今從之。」

　　張採方世舉之說，繫於十八年，云：「案四說各據道理。如說寫於十六年秋冬居洛時，韓愈心情鬱悶，生活困窘，家小在旁，難有靜夜閑堂的悠雅之境。況徐州軍亂、吳少誠事已暫平息，不當以為憂。從中二句『念身幸無恨，志氣方自得』看，說剛得博士之任，博士官雖卑，也是韓愈常想步履京朝官的願望，一得自適，自覺幸得無恨。云十六年者，不當有此志得自興之情。云自江陵還朝者，不當云『志氣方自得』，因韓愈并不以復歸太學博士之任為願。方世舉之說較長，然所析之由未為中的。」

　　黃於「貞元十八年」條下云：「去年參調無成，今始獲一官，閑堂獨息，感身居卑末，又非力之所為，故於〈夜歌〉以寄意。」

　　屈採小方之說，繫於貞元十六年。

　　謹按：此詩寫「閑堂獨息之憂」，繫年有三說：（一）、憂強藩悍將，作於貞元中，樊主之；（二）、憂佞文得寵，作於貞元十八年四門博士之時，方、錢、張主之；（三）、憂官資之崇卑，作於元和元年國子博士時，王元啟主之。

　　若以詩句「念身幸無恨，志氣方自得」言，則貞元中韓氏在汴幕、徐幕，似未可言「志氣方自得」，此說可排除。貞元十八年韓氏參調無成，始獲一官，博士官雖卑，但總算入仕，「志氣方自得」，未嘗不可。至於元和元年召拜國子博士還朝，朝廷討平楊惠琳、劉闢，欣然有太平之望，昌黎正月作〈元和聖德詩〉揄揚皇帝盛德，「志氣方自得」可以說此事。以此言之，貞元十八年與元和元年兩者之間皆有可能，但以詩意衡之，則以後者為長。

唐憲宗元和二年丁亥（807）　四十歲

【朝廷時事】

正月，有事南郊，赦天下。

　　杜佑七十三歲，守司徒，請致仕，不許。

　　杜黃裳罷為河中節度使。

　　詔以武元衡、李吉甫同平章事。

四月，詔以范希朝為朔方靈鹽節度使。

　　李錡反，制削官爵屬籍，發諸道兵討之。鎮海兵馬使張子良執錡送京師，伏誅。

　　詔以武元衡為西川節度使，高崇文為邠寧節度使。

　　群臣上尊號。詔以普寧公主適于季友。

詔以白居易為翰林學士，居易作樂府兩百餘篇，規諷時事，流傳禁中，上悅之，故有是命。

李吉甫上《元和國計簿》，戶稅比天寶時減四分之三，兵比天寶時增三分之一，率以二戶資一兵。

是年進士及第，王源中、崔咸、竇鞏、李正封、白行簡、楊敬之、王參原、權璩、吳武陵等二十八人；明經科；諸科，十一人；禮部侍郎崔邠知貢舉。

【韓愈事跡】

元和二年，昌黎四十歲。在國子博士任。是年，夏，權知國子博士分司東都。

正月，改元。以去年斬楊惠琳、擒劉闢、李師道、張愔受命；而享禮之辰，景物晴霽，人情忻悅，作〈元和聖德詩序〉，凡千二十四言，以稱道憲宗皇帝盛德，聳動百姓，傳示無極。

〈元和聖德詩序〉：「臣愈頓首再拜言，臣伏見皇帝陛下即位巳來誅流姦臣朝廷清明，無有欺蔽。外斬楊惠琳、劉闢，以收夏蜀；東定青徐積年之叛，海內怖駭，不敢違越。郊天告廟，神靈歡喜，風雨晦明，無不從順，太平之期，適當今日。臣蒙被恩澤，日與羣臣序立紫宸殿陛下，親望穆穆之光。而其職業，又在以經籍教導國子，誠宜率先作歌詩，以稱道盛德，不可以辭語淺薄不足以自効為解，輒依古作四言元和聖德詩一篇，凡千有二十四字，指事實錄，具載明天子文武神聖，以警動百姓耳目，傳示無極。」

《洪譜》「元和二年」：「謂元年楊惠琳據夏州叛，三月辛巳，夏州兵馬使張承金斬惠琳、傳首以獻；九月辛亥，高崇文奏收成都，擒劉闢以獻；十月壬午，淄青李師道，

十一月戊申，武寧張愔皆受命。二年正月己丑朔，上親獻
太清宮、太廟；辛卯，祀昊天上帝于郊丘，是日還宮，御
丹鳳樓，大赦天下。先是，將及大禮，陰晦浹辰，享獻之
辰，景物晴霽，人情忻悅。序列二年事，詩云『正月元日』，
謂此年，是也。」

二月十日，韓會四友之一，范陽盧君東美卒，以愈為先人友
能為大文，業其家，往請銘，愈為作墓銘。

時宰相（鄭絪）有愛昌黎文學，將處以文學職，有爭先者搆
公語以飛之，昌黎恐及難，作〈釋言〉，以言自解釋；又作詩自
解，遂求分司東都。適從兄開封尉韓俞卒，遂乞分教東都生，收
取其妻兒並育之。

〈釋言〉：「元和元年六月十日，愈自江陵法曹詔拜國子
博士。始進見今相國鄭公。……於後之數月，……，有為
讒於相國之座者曰，……既累月，上命李公相。客謂愈曰，
子前被言於一相，今李公又相，子其危哉？」

〈行狀〉：「權知國子博士，宰相有愛公文者，將以文學
職處公。有爭先者，構公語以非之。公恐及難，遂求分司
東都。」

〈神道碑〉：「累徐國子博士，不麗邪寵，懼而中請分司
東都避之。」

《洪譜》「元和二年」：「元年相國鄭餘慶、鄭絪。公為國
子博士在去年六月，時餘慶已罷相。又云：『吾見子某詩。
吾時在翰林，職親而地禁，不敢相聞。』鄭絪，德宗時為
翰林學士，累遷中書舍人，憲宗即位為中書侍郎同平章事。
公所見鄭公，即絪也。」

　　《洪譜》「元和二年」：「公分教東都生，正以避謗爾。」

　　開封尉韓俞，韓愈從父兄，今年去世，留三男二女。後歸韓愈教養。

　　〈四門博士周況妻韓氏墓誌〉：「開封娶趙氏生二女三男。開封卓越豪縱，不治資業，喜酒色狗馬。趙氏卒十一年而開封亦卒。開封從父弟愈，於時為博士。乞分教東都生，以收其孥於開封界中教畜之。」

　　四月十三日夜，張籍在退之家中閱舊書，得李翰〈張巡傳〉，談巡、遠故事，恨其不為許遠立傳，不載雷萬春故事首尾，於是作〈張中丞傳後序〉。

　　〈張中丞傳後序〉：「元和二年四月十三日夜，愈與吳郡張籍閱家中舊書。得李翰所為張巡傳巡。翰以文章自名，為此傳頗詳密。然尚恨有闕者，不為許遠立傳，又不載雷萬春事首尾。」

　　妻兄處士盧於陵卒，五月疾卒，年三十六。九月葬於龍門山先人兆處。昌黎誌其墓。

　　六月，太原府參軍苗蕃暴疾卒，十二月葬於洛陽平陰之陽，昌黎為作墓銘。

　　夏末，出京赴洛陽。

　　《方考》「元和二年」：「公〈與馮宿書〉曰：『僕在京城一年。』又是歲之秋已有〈酬裴十六巡府西驛途中見寄〉詩，是秋日已在東都矣。疑是夏末出京也。」

　　李賀十八歲，至洛陽，以歌詩謁韓愈。

【詩文編年】

（國子博士時）

正月元日，作〈元和聖德詩〉。

二月十日，作〈考功員外盧君墓銘〉。

春，作〈釋言〉、〈三星行〉、〈剝啄行〉、〈嘲鼾睡〉、〈記夢〉。

四月，作〈張中丞傳後敘〉。

（分司東都時）

秋，作〈答馮宿書〉、〈酬裴功曹巡府西驛途中見寄〉。

九月，作〈處士盧君墓誌銘〉。

十二月，作〈唐故太原府參軍事苗君墓誌銘〉。

是年作〈送董邵南序〉（考辨）。

【時人事跡】

杜佑，七十三歲，守司徒。請致仕，不許。

孟郊，在洛陽，水陸轉運判官任。

柳宗元，三十五歲，在永州司馬任。以官祿在永州法華寺築西亭。母歸祔于萬年縣棲鳳原。

張籍，在京師，為太常寺太祝。妻父胡珦為大理少卿，受命推鞫楊憑贓罪及不法事。

白居易，三十六歲，春，與楊汝士等屢會於楊家靖恭里宅。夏，白居易使駱口驛。秋，自盩厔尉調充進士考官。十一月，以文辭詩筆見賞，召為翰林學士。

元稹，廿九歲，二月葬母，丁母憂。請白居易撰墓銘。

劉禹錫，三十六歲，在朗州。

李賀，十八歲，至東都，以歌詩謁韓愈。

崔敏，是年為永州刺史。

楊憑，入官左散騎常侍。

楊敬之，進士擢第。

【詩文考辨】

〈送董邵南序〉（《韓集》卷二十）

文讜云：「此詩之作，當在徐州從事時，蓋薦之於建封也。」

方世舉云：「〈送董邵南序〉當在憲宗之世，故云『明天子在上，凡昔時屠狗者，皆可出而仕矣。』」

方成珪繫於十八九年，曰：「公（貞元）十五年（799）有〈嗟哉董生行〉，時邵南猶未應舉也。此云『舉進士，連不得志於有司』，自是十八九年所作，姑附于此。」

屈「姑從方成珪說」，繫於貞元十九年。

張繫於元和二年後，論云：「案序裡未明作時，然以邵南十五年尙未應試，若以十六年以後來京應試，而序云：『董生舉進士，連不得志於有司，懷抱利器，鬱鬱適茲土，吾知其必有合也。』從邵南要往河北投藩鎮的形勢看，序應作於元和年間。至少當在元和二年以後，姑繫此。」

謹按：此文之觀察點在於：「董生應舉進士，連不得志於有司」，究在何時？有兩說：（一）、在貞元十八、九年。（二）、在元和二年以後。前者方成珪主之，論據是韓氏作〈嗟哉董生行〉在貞元十五年之後，舉進士「連不得志於有司」，於是以爲是「十八九年所作」。後者，張主之。論據是「明天子在上」的「明天子」當在「憲宗之世」。

試觀〈嗟哉董生行〉一詩云：「唐貞元時，縣人董生召南隱居行義於其中。刺史不能薦，天子不聞名聲。爵祿不及門，門外惟有吏，日來徵租更索錢。嗟哉董生，朝出耕，夜歸讀古人書，

盡日不得息。或山于樵，或水于漁。入廚具甘旨，上堂問起居。
父母不慼慼，妻子不咨咨。嗟哉董生孝且慈。」以此而觀，則董
生家境清寒，經濟仍可，雖有「日來徵租及索錢」之吏未至急於
求仕以維生的地步。故貞元十八、九年游燕趙求仕之說，可以排
除。至於由貞元十九年（799）至元和二年（807），相隔五年之
後，經濟情境則又不同，求仕態度開始改變，乃有可能。

至於韓愈一面，由於徐州與壽州相近，「稔聞其行義如此」，
故有此作。

貞元十七年冬至十九年四月，韓在長安任四門博士，冬拜監察
御史，貞元十九年十二月貶陽山，元和元年六月召拜國子博士，還
朝。元和二年夏末以國子博子分司洛陽，至元和四年改都官員外郎。

以薦士論，貞元十八年韓為四門博士，有〈與祠部陸員外書〉
推薦侯喜等十人。其中尉遲汾等四人登第。元和元年為孟郊作〈薦
士〉詩，薦之於太子賓客鄭餘慶。其年十一月鄭餘慶為河南尹時，
鄭辟孟為水陸轉運從使。元和三年十二月，又有〈與少室山李渤
書〉，勸其出山入仕。

以此而觀，韓此文之作，以在「貞元十八年、十九年」及「元
和二年後」為有可能。若再依〈嗟哉董生行〉詩中之言，則以後
說為長。前說排除。

唐憲宗元和三年戊子（808）　四十一歲

【朝廷時事】

正月，大赦、禁長吏詣闕進奉。

三月，御宣政殿，試制科舉人。

四月，策試賢良方正能直言極諫科舉人。

　　牛僧孺、皇甫湜、李宗閔等登第，以三人對策切直，指陳時政之失，宰相李吉甫泣訴於上，且言，湜翰林學士王涯之甥也，涯與裴垍覆策，而不自言。於是，考官楊於陵、韋貫之、王涯等皆坐貶。僧孺等久之不調，各從辟於幕府。

　　詔以裴均爲右僕射，盧坦爲右庶子。

五月，白居易上〈論制科人狀〉，極言不當貶黜。其後李吉甫子德裕與牛僧孺、李宗閔等「黨爭」數十年，即種因於此。後白居易屢爲德裕所排擠，與此有關。

五月，沙陀來降，以其酋長執宜爲陰山兵馬使。

六月甲戌，以河南尹鄭餘慶檢校兵部尚書，兼東都留守。

七月，詔以盧坦爲宣歙觀察使。

　　淮南節度使王鍔入朝。

　　詔以裴垍同平章事。

　　李吉甫罷。

　　邠公杜黃裳卒。

九月，淮南節度使王鍔入朝，多進奉，賂宦官，謀爲宰相。

　　白居易上〈論王鍔欲除官事宜狀〉，力諫不可。

九月，裴垍爲中書侍郎，同平章事。

　　是年進士及第，柳公權、周況、鄭蕭、陸亘等十九人；諸科，二十四人；賢良方正能直言極諫科，牛僧孺、皇甫湜、李宗閔、李正封、徐晦、賈餗、王起等十五人；博通墳典達於教化科，馮苞、陸亘；軍謀深遠材任將帥科，樊宗師；詳明政術可以理人科，蕭睦；中書舍人衛次公知貢舉。

【韓愈事跡】

元和三年，昌黎四十一歲。真除國子博士、分司東都。

〈行狀〉：「元和初，權知三年，分司東都，改真博士。」

〈東都遇春〉：「幸蒙東都官，獲離機與穽。」

《洪譜》「元和三年」：「謂避謗分司也。」

春，皇甫湜，登賢良方正直言極諫科，以策論觸怒時相，出為陸渾尉。

四月，王涯坐親累貶虢州司馬，九月遷刺袁州，昌黎為東都博士，作祖席詩兩首送之。

四月，同僚河南少尹裴復卒，享年五十，昌黎為作墓誌，贊其清廉。

〈裴復墓誌〉：「歷十一官而無宅於都，無田於野，無遺資以為葬，斯其可銘也矣。」

十月九日，與處士石洪、王仲舒、鄭楚相、潘宿陽、李演、鄭絃等七人遊洛陽福先塔寺，有〈洛陽福先塔寺題名〉。

十二月，作〈與少室山李拾遺渤書〉，勸其出山入仕。

《洪譜》「元和三年」條：「〈與少室山人李渤拾遺書〉云：『十二月某日，伏承天恩詔河南敦諭拾遺公。方今天子仁聖，自即大位以來，於今四年。』憲宗永貞元年即位，至今四年也。唐史紀傳皆云元和元年詔以左拾遺召，不赴。〈寄玉川子〉詩云：『少室山人索價高，兩以諫官徵不起。』則元年、三年皆被徵，公遺以書，渤善其言，乃出家東都，至九年始應著作之命也。」

羅聯添《韓愈研究》：「案李渤字濬之，隱少室山，刻志於學。元和元年，戶部侍郎李巽、諫議大夫韋況交章薦之，

詔以右拾遺召。於時河南少尹杜兼遣使持詔幣如山敦促，渤上書謝不拜。今年，又以諫官徵，不起。韓愈因作此書勸之。李渤心善其言，始出山，家於東都，至九年始應著作郎之命。」

周況今年第進士。昌黎以從兄韓俞女好好，嫁之。

《登科記考》「元和三年」：「進士（及第）十九人，柳公權、周況、鄭肅、陸亘⋯⋯。」

〈四門博士周況妻韓氏墓誌〉：「開封從父弟愈，於時為博士。乞分教東都生，以收其孥於開封界中教畜之。而歸其長女于周氏況。」

《洪譜》「元和十一年」：「〈周況妻韓氏墓誌〉云：『⋯⋯韓氏嫁九年而死，其從父愈於時為中書舍人。』公分教東都生在二年，至今十年，云『嫁九年而死』，則二年分教東都生，三年嫁韓氏于周況也。公有詩寄周郎博士，卽況也。」

孟郊，幼子夭殤，韓愈有〈孟東野失子詩序〉慰之。

韓愈四女，韓挐生。

【詩文編年】

（國子博士時）

春，作〈孟東野失子〉、〈莎柵聯句〉（考辨）、〈贈唐衢〉。

四月，作〈唐故河南少尹裴君墓誌銘〉。

九月，作〈祖席二首〉。

十月九日，作〈福先塔寺題名〉。

十二月，作〈謁少室李渤題名〉、〈與少室李拾遺書〉。

冬，作〈酬崔十六少府攝伊陽以詩及書相投〉、〈寄皇甫湜〉（考辨）、〈陸渾山火和皇甫湜用其韻〉（考辨）。

【時人事跡】

孟郊，幼子早夭，作〈杏殤〉詩九首。五十八歲。在洛陽，水陸轉運判官任。

柳宗元，三十六歲，在永州司馬任。自傷不得內召，悔念往咎，作賦自懲。作〈南霽雲睢陽廟碑〉，以旌其義烈。

吳武陵，以事坐貶永州，柳宗元與之交游，甚厚。

張籍，四十三歲，在長安爲太祝。病眼。

李翱，三十五歲，在洛陽居旌善第。四月，楊於陵坐貶廣州刺史、嶺南節度使。十月，李翱受辟命，掌書記。

李賀，十九歲，作〈黃洞蠻詩〉，疑於是年。

白居易，三十七歲，居新安里。四月，爲制策考官，二十八日，除左拾遺，依前充翰林學士。與楊虞卿從妹楊氏結婚。

元稹，丁母憂，十二月，母服除。白居易資助之。

劉禹錫，三十七歲，在朗州。

皇甫湜，三十二歲，登賢良方正直言極諫科。出爲陸渾尉。多作〈陸渾山火〉詩，昌黎有和篇。

王涯，四十一歲。四月，以都官員外郎出爲虢州司馬，九月，刺袁州。

周況，進士及第。娶韓愈長女好好爲妻。

【詩文考辨】

〈莎柵〉聯句（《韓集》卷八）

方崧卿云：「元和二、三年間東都作。」

方成珪繫於元和五年。

錢云：「此當是東野失子時所爲，故有斷腸之語。」

　　張云：「詩爲孟、韓各一聯的聯唱。從韓『冰溪時咽絕，風
櫨方軒舉』句看，當在早春；從孟『此處不斷腸，定知無斷處』
句看，當作於東野失子之時，與上詩爲同時作。」

　　黃於「元和三年」條下云：「春初，孟郊失子，韓愈懼其傷，
以天命慰之，作詩且序。又與孟郊作〈莎柵聯句〉。」

　　屈無繫年。

　　謹按：此詩繫年有兩說：元和二、三年間；元和五年。以詩
意觀之，詩作於元和三年，東野失子後。

〈寄皇甫湜〉（《韓集》卷五）

　　方崧卿此詩無繫年。

　　《五百家注昌黎文集》卷 4〈陸渾山火〉題下注引樊汝霖，
繫於元和二年，云：「樊曰：『湜，舊史無傳，新史但云：元和
元年，擢進士第，爲陸渾尉。今以牛僧孺、李宗閔傳考之，元和
初年，與牛李同舉賢良對策忤宰相，牛調伊闕尉，李洛陽尉，則
知湜爲陸渾尉，亦其時矣。』案《唐登科記》：湜中賢良，蓋元
和二年也。」

　　《東雅堂昌黎集注》卷 4〈陸渾山火〉題下，謂作於元和三
年，云：「公詩云『時當大冬澤乾源』，其分司東都所作歟？次
前詩，當在元和三年矣。」

　　沈欽韓《韓集補注》卷四，引《冊府元龜》：「元和三年，
詔舉賢良方正，有皇甫湜對策，其言激切。牛僧孺、李宗閔亦苦
諫時政，爲貴幸泣訴於帝，帝不得已，出考官楊於陵、韋貫之於
外。」注云：「牛僧孺補伊闕尉，湜陸渾尉。」

　　方世舉編於元和八年。

小方繫元和二年，此詩與〈陸渾山火和皇甫湜用其韻〉連在一起，小注：「樊汝霖繫于是年冬，韓仲韶則謂三年冬作。」

錢論云：「此詩未詳末月。方世舉編於元和八年，亦無確據。姑附繫於此。」

張論云：「從詩中『涕與泪垂泗』，『悲哉無奇術』句看，韓愈悲湜之遭遇，當在皇甫湜遭貶出為陸渾尉之時。」

屈無繫年。

謹按：此詩繫年有三說：元和二年，樊汝霖、方成珪主之；元和三年，韓仲韶、沈欽韓主之；元和八年，方世舉主之。據《唐登科記》：湜中賢良，是元和三年事，樊誤引。對策得罪經過，見於《冊府元龜》，既得罪，貶陸渾尉。致書於昌黎，韓以此書慰之。三說中以元和三年說長。

〈陸渾山火一首和皇甫湜用其韻〉（《韓集》卷四）

樊汝霖曰：「湜，《舊史》無傳，《新史》傳云，擢進士第，為陸渾尉。今以牛僧孺、李宗閔傳考之，元和初，與牛、李同舉賢良，對策忤宰相，牛調伊闕尉，李洛陽尉，則知湜為陸渾尉，亦其時也。按：《唐登科記》，湜中賢良，蓋元和二年也。」（《魏本》引）

韓醇曰：「此詩分司東都多所作。」（《魏本》引）

文讜云：「皇甫湜字持正，睦州新安人。擢進士第，為陸渾尉。仕至工部郎中。《新史》所載如此，《舊史》無傳。今此《登科記》及〈牛僧孺〉、〈李宗閔傳〉參考之，則知湜於元和三年同與牛、李舉賢良對於策忤宰相。牛調伊闕尉，李洛陽尉，則持正為陸渾尉，亦其時矣。」

　　《東雅堂昌黎集注》卷 4〈陸渾山火〉題下，謂作於元和三年，云：「公詩云『時當大多澤乾源』，其分司東都所作歟？次前詩，當在元和三年矣。」

　　方成珪《韓昌黎先生詩文年譜》，繫于元和二年。云：「據樊氏說繫于是年冬，韓仲韶則謂三年冬作。」

　　沈欽韓《補注》：「《冊府元龜》：『元和三年，詔舉賢良方正，有皇甫湜對策，其言激切。牛僧儒、李宗閔亦苦諫時政。爲貴幸泣訴于帝，帝不得已，出考官楊于陵，韋貫之於外。』按：牛僧儒補伊闕尉，湜補陸渾尉。制科登用，較元年之元稹、獨孤郁等，大相懸絕。皇甫之作，蓋其寓意也。火以喻權倖勢方薰灼，炎官熱屬則指附和之人。牛、李等以直言被黜，猶黑螭之遭焚。終以申雪幽枉，屬望九重。其詞詭怪，其旨深淳矣。」

　　陳沆《詩比興箋》提出追和說：「是詩自來說者莫得其解，第謂其詞奇奧詰屈而已。……以史證之，蓋哀魏博節度使田弘正爲王庭湊所殺，朝近不能討賊雪仇而作也。史言田弘正以六州之地來歸，又助討吳元濟、王承宗，誅李師道，屢立大功，忠節爲諸鎮冠。會王承宗死，朝廷復成德軍，詔徙田弘正鎮之。兵馬使王庭湊陰激牙兵謀于府署，殺弘正及僚佐將吏並家屬三百餘人。自稱留後。詔魏博、橫海、河東、義武諸軍討之。以弘正子布爲魏博節度使，令復父仇。既而諸軍統領不一，監軍掣肘，度支不繼，踰年無功。由是再失河朔，迄於唐亡，不能復取。此事蓋昌黎所深痛，而又不忍顯言以傷國體，長驕鎮，故借詞以寄其哀。（中略）皇甫尉陸渾在元和之初，此詩追和，在長慶之初，非一時所作。」

　　錢繫於元和三年，論云：「沈說是也。陳說雖巧於比附，然長慶初去湜尉陸渾之年，相隔遼遠，追和之說，殊無所據。既列

上說，論且如元和四五年間，王承宗叛，神策將酈定進死事，朝廷命吐突承璀進詩不利，終以姑息了事，亦可以比附此詩，然終不如沈說之爲安也。」

張繫於元和三年，云：「樊說皇甫湜中賢良方正在元和二年，誤。二年無此制科。陳沆謂詩寫於長慶之初年，爲韓愈追和皇甫湜詩。不唯之此詩正體現了韓愈中年瑰怪奇崛，而與晚年溫和平淡之風不合，也與史實殊不相類。此詩當寫於元和三年冬：『皇甫補官古賁渾，時當玄冬澤乾源。山狂谷很相吐吞，風怒不休何軒軒』之時。以寓言喻橫禍。皇甫湜官陸渾爲早，而其詩爲韓愈讀時較晚，而和詩之成又晚，故不與任官同時。」

黃於「元和三年」，條下云：「皇甫湜今年春，以策論得罪權倖，出爲陸渾尉。冬，作〈陸渾山火〉長詩一首，其詩蓋含不平之意。韓愈在洛陽有和篇，共五十九句、四百一十三言，予以勸慰。」

屈系元和二年，曰：「案沈說涉及湜等制科登用年代及愈作此詩寓寄之旨。其所引《冊府元龜》見卷 644〈貢舉部考試〉，蓋本之《舊唐書・裴垍傳》（又〈韋貫之傳〉亦謂三年，而〈李宗閔傳〉則謂四年。）《通鑑》卷 237 亦繫此事於元和三年四月。然《舊唐書》『三』字恐有訛誤，《通鑑》或即承其訛而誤繫。《冊府元龜》卷 645〈貢舉部・科目〉載：『（元和）二年四月，賢良方正，直言極諫科，牛僧孺、李宗閔、李正封，（略）及第。』」

屈又稱：「《唐會要》卷 76〈制科舉〉所載亦全與《冊府元龜》645 相同。是此次制科，在元和二年，樊引《登科記》爲是，韓醇所云元年，乃登進士第，非制科也。文讞所云三年乃因《舊唐書》而誤。徐松《登科記考》繫此科於元和二年，（按：《登

科記》皇甫湜對策賢良在元和三年。）即據樊注所引，參之《冊府》、《會要》，實皆符同。方崧卿定此詩爲『元和二年東都作』蓋亦據《登科記》。」

屈論稱：「其（方成珪）據樊說繫年是也；然云韓醇（仲韶）謂在三年冬，今檢魏引韓說無此語，唯『時當大冬』注下引韓云：『此詩其分司東都冬所作歟！』愈二年、三年皆在東都，不能以爲韓醇所指必在三年也。殘宋甲本題下注云：『湜初仕陸尉。』蓋亦以爲制科登用之年，即元和二年也。至於樊、文謂『對策、忤宰相』，時宰相爲李吉甫。」

屈又稱：「《舊唐書・裴垍傳》謂『貴倖泣訴於帝』，似與牛、李、皇甫被黜作尉，更有關繫。今牛、李對策已不可見，而皇甫對策尚在《皇甫持正文集》卷三，其中有云：『（略）。』審所指斥，明係宦官。李翶爲此科考官楊於陵作墓誌，亦云：『會考制舉人，獎直言策爲第一，中貴人大怒』云云，則牛、李、皇甫之黜，關鍵在於宦官，可以知矣。沈氏指出此詩之寓意，在同情牛、李、皇甫，深得其旨。陳沆謂此詩『蓋哀魏博節度使田宏正爲王庭湊所殺，朝廷不能討賊雪仇而作。』其說牽強附會，且時代懸隔，今所不取。」又引方世舉說，認爲「方氏此論，與沈說同符。」

謹按：此詩繫年有三說：（一）元和二年，樊汝霖、方崧卿、方成珪、屈主之；（二）元和三年，韓醇、沈欽韓、錢仲聯、張清華、黃埕喜主之；（三）長慶初年，陳沆主之。

查皇甫湜與牛僧孺同舉賢良對策，忤宰相，皇甫湜出爲陸渾尉，牛調伊闕尉，李洛陽尉，並出考官楊于陵，韋貫之於外。此事見諸《舊唐書》卷148〈裴垍傳〉，卷158〈韋貫之傳〉，卷176〈李宗閔傳〉，〈裴〉傳、〈韋〉傳俱作元和三年，只〈李〉傳作元和四年。

《通鑑》卷237，唐紀53，唐憲宗元和三年（808）載此事。徐松《登科記》卷17，亦載於元和三年。只有《冊府元龜》《唐會要》卷76作「元和二年」而已，可見此詩作於元和三年頗為明顯。

「元和二年」之說由樊汝霖開始，他的按語說：「《唐登科記》，湜中賢良蓋元和二年也。」則顯是誤記。張清華已經指出。韓醇指「此詩分司東都冬所作」，則元和二、三年韓氏分司東都，此二年皆可。至於屈引〈韋〉傳、〈裴〉傳、《通鑑》卷237皆繫此事於元和三年四月。卻謂：「《舊唐書》『三』字恐有訛誤，《通鑑》或即承其訛而誤繫」，亦是個人之臆測。至所據引「《登科記》繫此科於元和二年」亦是誤記。至於長慶初年之說，陳沆認為是「韓愈追和皇甫湜詩」，不惟詩之風格不合，與史實亦殊不相類，張已論其非。故此，三說中，元和三年說長。

唐憲宗元和四年己丑（809）　四十二歲

【朝廷時事】

正月，南方旱饑，遣使宣慰賑恤。

二月，鄭絪罷，詔以李藩同平章事。

三月，成德節度使王士真卒。

　　閏三月，制降繫囚、蠲租稅、放宮人、絕進奉、禁掠賣良人。

　　詔贖魏徵故第，賜其家。

　　立鄧王寧為皇太子。

四月，山南東道節度使裴均進銀器。

　　起復盧從史為金吾大將軍。

吐蕃請和，許之。

六月，詔以范希朝爲河東節度使。

毀安國寺碑樓。

七月，貶楊憑爲臨賀尉。

九月，王承宗表獻德、棣二州。詔以王承宗爲成德節度使、德州刺史；薛昌朝爲保信軍節度使；領德棣二州。承宗襲昌朝，執之以歸。

詔以許孟容爲京兆尹。

十月，削奪王承宗官爵，發兵討之。詔以吐突承璀爲招討處置等使。諫官力言不應以宦官爲統帥，乃改爲宣慰使。

立太子，頒赦令。

十一月，吳少誠死，牙將吳少陽，自爲彰義軍留後。

是年進士及第，韋瓘、鮑溶、楊汝士、張徹等二十人；諸科，七人；戶部侍郎張宏靖知貢舉。

【韓愈事跡】

元和四年，昌黎四十二歲。在國子博士任。六月十日，拜都官員外郎守東都省並判祠部。

〈行狀〉：「權知三年，改真博士。入省，爲分司都官員外郎。」

〈神道碑〉：「除尚書都官郎中，分司判祠部。」

謹案：《新舊史》、〈行狀〉皆云「都官員外郎」。《方考》「元和四年」：「公除都官，六月十日也。時實以員外郎分司東都，〈神道碑〉謂郎中，誤矣。」今從〈行狀〉。

正月，李翺受嶺南節度使楊於陵徵辟，掌書記；昌黎送至景雲山居而別，有贈詩。

　　李翱《來南錄》：「元和三年十月，受嶺南尚書公之命。
四年正月去東都，韓退之、石濬川假舟送予到景雲山居，
詰朝登上方，南望嵩山，題名姓紀別。」

　　〈送翱詩〉：「廣州萬里途，山重江逶迤。……雖云有追
送，足跡絕自茲。」

　　《洪譜》「元和四年」：「時楊於陵節度嶺南，辟翱為幕
府也。……謂送至景雲山居而別也。」

　　妻姊盧氏，嫁河南緱氏主簿唐充，正月二十二日卒，年四十
二。四月十五日葬河南府河南縣之大石山下，昌黎作墓誌。

　　二月十四日，亡友國子助教薛公達卒，年四十七。三月廿一
日，昌黎有祭文；五月十五日葬，昌黎有神道碑。

　　三月廿六日，昌黎與樊宗師、盧仝謁李勃，自洛陽抵少室山，
上太室中峰，宿封禪壇，明日，觀啓母石，有〈嵩山題名〉。

　　〈嵩山題名〉云：「四年三月二十六日，與著作佐郎樊宗
師、處士盧仝自洛中至少室，謁李徵君渤。樊次玉泉寺，
疾作歸。明日，遂與李、盧、道士韋濛、僧榮並少室而東，
抵眾寺，上太室中峰，宿封禪壇，下石室，遂自龍泉寺釣
龍潭水，遇雷。明日，觀啓母石，入此觀，與道士趙玄遇，
乃歸。閏月三日，國子博士韓愈題。」

　　六月十日，入省，為分司都官員外郎分司東都並判祠部。

　　《方考》：「初除，制辭云：『朝議郎、守國子博士、分
司東都、上騎都尉韓愈，直亮而廉潔，博達而沉厚，守經
嗜學，遂探其奧；希古為文，故得其精。美宋玉之微辭，
尚揚雄之奇字。為己求道，暗然揚聲。可行尚書都員外郎、
分司東都。』王仲舒詞也。」

任上，昌黎嚴厲執法，端正歪風。當時，中官號功德使，掌管京城寺觀，尙書斂手失職。昌黎按《六典》盡索之以歸，誅其無良，限其出入，禁譁眾以正浮屠。

> 〈神道碑〉：「除尚書省都官郎中，分司判祠部。中官號功德使，司京城觀寺，尚書斂手失（原文作就，《洪譜》作失，今逕改）職，先生按六典盡索之以歸，誅其無良，時其出入，禁譁眾以正浮屠。」

> 羅聯添《韓愈研究》：「都官員外郎判祠部，即以都官員外郎兼充祠部員外郎職務。祠部員外郎，階與都官員外郎同，與祠部郎中共掌祠祀享祭、天文漏刻、國忌廟諱、卜筮醫藥、道佛之事。案天寶二載三月制：僧尼隸祠部，道士隸司封。德宗貞元四年，置左右街大功德使，東都功德使總僧尼之籍及功役。至元和二年二月始詔僧宣道士同隸左街右街功德使。自是祠部、司封不復關奏。而功德使皆由宦官充任。」

七月九日，元稹妻韋叢卒於長安靖安里第。年廿七，十月十三日葬咸陽，昌黎爲撰墓誌銘。

九月二十二日，杜兼奉詔祠濟瀆回，昌黎迎候陪遊宿，有〈題名〉。

> 〈迓杜兼題名〉：「河南尹、水陸運使杜兼，尚書都官員外郎韓愈，水陸運判官、洛陽縣尉李宗閔，水陸運判官、伊闕縣尉牛僧孺，前同州韓城縣尉鄭伯義。元和四年九月二十二日，大尹給事奉詔祠濟瀆回，愈與二判官於此迎候，遂陪遊宿。愈題。」

李賀二十歲。在洛陽。與韓愈、皇甫湜相遊，賀作有〈高軒

過〉詩。

張徹今年進士及第，娶韓愈從兄韓弇次女某。

【詩文編年】

（國子博士時）

正月，作〈送李翱〉。

三月二十一日，作〈祭薛助教文〉。

三月二十六日，〈嵩山天封宮題名〉。

四月十五日，作〈唐充妻盧氏墓誌銘〉。

五月十五日，作〈唐故國子助教薛君墓誌銘〉。

是時，作〈毛穎傳〉（考辨）。

（都官員外郎判祠部時）

九月二十二日，作〈迓杜兼題名〉。

十月十三日，作〈監察御史元君妻京兆韋氏夫人墓誌銘〉。

十二月，作〈送侯參謀赴河中幕〉。

冬，作〈河南府同官記〉。

是時，作〈和赤藤杖歌〉、〈濟源題名〉。

【時人事跡】

白行簡，為秘書省校書郎。

房式，十二月，為河南尹。

杜兼，十一月暴卒。

鄭餘慶，六月，為東都留守。

李翱，正月赴廣州。十一月，李翱以節度掌書記奉牒知循州。

孟郊，丁母憂。五十九歲。

張籍，在長安為太祝。

張籍，妻父胡珦為大理少卿，受命推鞫楊憑贓罪及其他不法事。

　　楊於陵，在廣州自出錢十萬，令幕僚共出十萬以造石門大雪寺佛殿，李翱以爲「出錢以興有損無益之務，眾情不厭。」又謂「佛法害人甚於楊墨」，因連上二狀乞請停罷。

　　白居易，在長安。仍爲左拾遺、翰林學士。居易屢陳時政，皆從之。女金鑾子生。

　　柳宗元妻父楊憑，七月十一日，以贓罪貶臨賀（今廣西賀縣）尉。張籍作〈傷歌行〉樂府一首以諷之。

　　柳宗元，三十七歲。在永州司馬任。以地處荒僻，又病痞氣，故居恒鬱鬱不歡；惟刻苦讀書，或游山水以自適。柳宗元，讀《國語》，病其文勝言尨，說多誣淫，懼學者溺其文采而淪於是非，因作〈非國語〉六十七則，有與呂溫、吳武陵〈論非國語書〉。有書翰林學士蕭俛、李建，京兆尹許孟容陳情，請除罪移官。然眾情不愜，故無人敢爲之用力。是年十月，立太子，頒赦令，故連州司馬凌準靈柩得以歸葬杭州，子厚爲作墓後誌。

　　元稹，三十一歲。二月，除監察御史。三月，充劍南東川詳覆使，劾奏節度使嚴礪等違法加稅，並平八十八家冤事，爲執政所惡。使還，命分司東都。七月，妻韋叢卒，年二十七歲。

　　劉禹錫，三十八歲。在朗州。

　　李賀，二十歲，在東都，韓愈、皇甫湜相過，作〈高軒過〉。

　　張署，五十二歲。拜三原縣令。

　　皇甫湜，三十三歲。遷侍御史。在洛陽。

　　樊宗師，登軍謀宏遠，堪任將帥科，授著作侍郎。

　　盧仝，去年冬自洛東走揚州，今年始以船載揚州書，經江淮歸洛。

【詩文考辨】

〈毛穎傳〉（《韓集》卷三十六）

此文之寫作時間實難確定，謂其作於元和元年至四年皆有可能。

屈繫於元和二年，云：「柳宗元〈與楊誨之書〉云：『足下所持韓生〈毛穎傳〉來。』韓醇注，謂柳此書元和五年十月（案，今本《柳宗元集》作：元和四年），則韓愈〈毛穎傳〉作在此前。又柳讀〈韓愈所著毛穎傳後題〉云：『自吾居夷，不與中州人通書。有來南者，時言韓愈爲〈毛穎傳〉，不能舉其辭，而獨大笑以爲怪。而吾久不克見。楊子誨之來，始持其書，索而讀之。若捕龍蛇，博虎豹，急與之角而力不敢暇，信韓子之怪於文也。』稱『久不克見』，則似〈毛穎傳〉作在元和一、二、三年也，今姑繫在二年。」

張據柳宗元〈與楊誨之書〉寫於元和五年十一月，繫此文於元和四年，云：「宗元於順宗永貞元年九月貶邵州刺史，十一月再貶永州司馬。貶前在長安未見及〈毛穎傳〉，到永州後聽來人所述，始知有〈毛穎傳〉。又『久不克見』。誨之元和四年七月自京兆尹貶賀州臨賀尉，經永州，付柳以〈毛穎傳〉。柳讀〈毛穎傳〉應在此時。再上溯與南來者所述到始見之相距時間爲之推斷，則〈毛穎傳〉的寫作時間當在元和初年爲宜。故暫繫此。更不會後此。」

謹按：此文作年有元和二年、元和四年兩說。

觀察點有三：一、貞元十九年前；二、貞元二十年至廿一年；三、元和元年至四年。

關於第一說：此時韓柳已有交誼，同在長安，若韓有作，柳

必知之，故可排除。

　　關於第二說：韓氏時在陽山，後移江陵，至元和元年春夏仍在江陵。此時，韓氏曾讀書著述，〈毛穎傳〉有可能是此時作。

　　關於第三說：元和元年六月召拜國子博士，還朝。元和二年夏末以國子博士分司洛陽，至元和四年六月改都官員外郎分司洛陽兼判祠部。此時期內，韓氏在國子博士任，讀書寫作，故作於此時可能性為高。

　　柳宗元方面，其〈讀毛穎傳後題〉云：「自吾居夷，不與中州人通書。有來南者，時言韓愈為〈毛穎傳〉，不能舉其辭，而獨大笑以為怪。楊子誨之來，始持其書，索而讀之。」時為元和五年十一月。

　　子厚貶於永貞元年九月，先貶邵州刺史，十一月再貶永州司馬。韓、柳二人曾於江陵相晤，彼此無一言及於此文。十二月至永州。至元和四年，始有書與翰林學士蕭俛、李建、京兆尹許孟容等陳情，請除罪移官，「不與中州人通書」指此。此時，「有來南者」言及〈毛穎傳〉，「不能舉其辭，而獨大笑以為怪」，大概是「來南人」是閱讀了，而未及膽錄或記誦之故。妻父楊憑元和四年以贓罪貶臨賀尉，其舅楊誨之南來省親，經永州時，遣僕人持其書來；柳得索而讀之。柳作〈與楊誨之書〉與〈韓愈所著毛穎傳後題〉，時為元和五年十一月，故〈毛穎傳〉之作當在其前，即在國子博士任上；而韓任國子博士時在元和元年六月至四年六月。今繫元和四年。

唐憲宗元和五年庚寅（810） 四十三歲

【朝廷時事】

正月，吐突承璀討王承宗，戰不利。吐突承璀誘盧從史執送京師。

貶元稹為江陵士曹。

三月，詔以烏重胤為河陽節度使。

七月，吐突承璀討王承宗軍，師久無功，復承宗官，還其二州。制雪王承宗。復其官爵。加劉濟中書令。罷諸道征討軍。

九月，罷吐突承璀為軍器使。

詔以權德輿同平章事。

十一月，詔以王鍔為河東節度使。

裴垍得風疾，罷為兵部尚書。

十二月，詔以李絳為中書舍人。

是年進士及第，李仍叔、王璠、楊虞卿、李顧行、崔蟸、孟琯等三十二人；諸科，十二人；禮部侍郎崔樞知貢舉。

【韓愈事跡】

元和五年，昌黎四十三歲，在都官員外郎並判祠部分司東都任。冬，改河南縣令。

在都官員外郎並判祠部任，昌黎按六典，盡索以歸，宦者以惡言訾辭，訟於東都留守鄭餘慶。昌黎日與宦官者為敵。慮陷於禍，以郎官事務繁重，上啟鄭餘慶稱病告休。

〈上鄭尚書相公啟〉：「分司郎官，職事唯祠部為煩且重，愈獨判二年，日與宦官者為敵，相伺候罪過。惡言詈辭，狼藉公牒，不敢為恥，實慮招禍。故……乞與諸郎官更判。」

得子厚〈送元十八山人南遊序〉讀之，甚不以為然，遂寄書子厚，罪其不斥浮圖。子厚作〈送僧浩初序〉辨之。

正月十一日，孔戡卒。八月十六日葬河南，將葬，其兄戣以韋夫人弟前進士楚材之狀授韓愈請銘，昌黎為作墓誌，譽為「賢佐」。

杜兼，去年十一月廿二日卒，今年二月葬，請銘於韓，昌黎作墓誌銘。

冬，改授河南縣令。因取禁假冒軍人事，為軍吏所訟，有啟鄭餘慶決去留，故軍士莫敢犯禁。

〈上留守鄭相公書〉：「坐軍營操兵守禦，為留守出入前後驅從者，此真為軍人矣；坐坊市賣餅，又稱軍人，則誰非軍人也？愚以為：此必姦人以錢財賂將吏，盜相公文牒，竊注名姓於軍籍中，以陵駕府縣，此固相公所欲去，奉法吏所當嫉，雖捕繫杖之未過也。昨聞相公追捕所告受辱罵者，愚以為大君子為政，當有權變，始似小異，要歸於正耳。軍吏紛紛入見告屈，為其長者，安得不小致為之之意乎？未敢以此仰疑大君子？……。愈無適時才用，漸不喜為吏，……守官去官，惟今日指揮。」

〈行狀〉：「改河南縣令，日以職分辨於留守及尹，故軍士莫敢犯禁。」

《程記》：「有軍人犯罪，愈追而問之。不時至，怒杖之。軍吏紛紛入告，留守不察，愈上書辨，決去就。當是神策

軍。」

又嘗禁阻藩鎮在洛陽宅第貯潛卒，安定京師，憲宗大悅。

> 〈神道碑〉：「授河南令。魏、鄆、幽、鎮，各為留邸，
> 貯潛卒以橐罪士，官無敢問者。先生將摘其禁，以壯朝廷，
> 斷民署吏，俟旦發，留守尹以聞，皆大恐，令遽相禁。有
> 使還為言，憲宗悅曰：『韓愈助我者。』是後，鄆邸果謀
> 反東都，將屠留守以應淮蔡。」

去年八月，張圓遇盜死於汴城，年四十七。二月葬河南偃師。有女奴抱嬰兒來，致其主人劉氏語，丏韓氏銘，昌黎為作碣銘。

十月五日，盧殷饑寒而死，年六十五。將死日，自為書告留守與河南尹乞葬，韓愈為買棺木並作墓誌。十一月葬嵩下鄉鄭夫人墓中。

張籍授韓昶詩，昶時年十二歲。

冬，昌黎為河南令，冬試鄉貢秀才，主燕禮，有〈燕河南府秀才詩〉，又效省試題賦詩。

> 《新唐書‧卷44‧選舉志》：「唐制，取士之科，大要有
> 三。由學館者曰生徒，由州縣者曰鄉貢，皆升於有司而進
> 退之。每歲仲冬，州、縣、館、監舉其成者送之尚書省；……
> 而舉選不緣館學者，謂之鄉貢，皆懷牒自列於州縣。試已，
> 長吏以鄉飲酒禮，會屬僚，設賓主，陳俎豆，備管弦，牲
> 用少牢，歌《鹿鳴》之詩，因與者艾敘長少焉。」

為河南令時，李賀應河南府試，作〈十二月樂詞〉，獲雋。冬，舉進士入京。或毀李賀曰：「父名晉肅，子不得舉進士。」皇甫湜提議，昌黎必須處理，否則兩人皆罪。韓愈為作〈諱辨〉，然賀卒不就試，自京歸里。

《新唐書‧卷44‧選舉志》：「凡貢舉非其人者、廢舉者、校試不以實者，皆有罰。」

〈諱辨〉：「愈與李賀書，勸賀舉進士。賀舉進士，有名與賀爭名者，毀之，曰：賀父名晉肅，賀不舉進士為是，勸之舉者為非。聽者不察也，和而唱之，同然一辭。皇甫湜曰：若不明白，子與賀且得罪。愈曰：然。律曰：二名不偏諱，釋之者曰：謂若言徵不稱在，言在不稱徵是也。律曰：不諱嫌名，釋之者曰：謂若禹與雨丘與蓲之類是也。今賀父名晉肅，賀舉進士為犯二名律乎？為犯嫌名律乎？父名晉肅，子不得舉進士，若父名仁，子不得為人乎？……」

十一月，效玉川子作〈月蝕詩〉，譏切宦者。

【詩文編年】

（分司都官員外郎判祠部時）

二月，作〈唐故河中府法曹張君墓碣銘〉（考辨）。

二月廿四日，作〈唐故中散大夫河南尹杜君墓誌銘〉。

春，作〈東都遇春〉、〈感春五首〉、〈送鄭十校理序並詩〉、〈送幽州李端公序〉（考辨）。

七月，作〈送石處士赴河陽幕〉、〈送石處士序〉。

八月十六日，作〈唐朝散大夫贈司勳員外郎孔君墓誌銘〉。

九月，作〈送湖南李正字歸〉、〈送湖南李正字序〉。

秋，作〈上鄭尚書相公啓〉。

此時期，作〈同竇牟韋執中尋劉尊詩不遇〉。

（河南令時）

十一月十四日，作〈月蝕詩效玉川子作〉。

十一月十一日，作〈唐故登封縣尉盧殷墓誌銘〉。

十二月，作〈諱辨〉（考辨）。

是年冬，作〈燕河南府秀才〉、〈學諸進士作精衞銜石塡海〉、〈上留守鄭相公啓〉。

是年，作〈新竹〉、〈晚菊〉、〈河南府同官記〉（考辨）、〈讀東方朔雜事〉（考辨）。

【時人事跡】

竇牟，六十二歲，時爲東都判官。

韋執中，時爲河南令。

孟郊，六十歲。居喪，仍居洛。

張籍，在長安爲太祝。

楊於陵，在廣州爲監軍使許遂振所譖。三月罷歸。李翱亦是時北返。時右庶子盧坦爲宣州觀察使，李翱北歸，坦發書來召，李翱應辟爲從事。十二月，盧坦入朝爲刑部侍郎，翱遂赴浙東爲李遜幕下任觀察推官。

孔戡卒，年五十七歲。

賈島，三十二歲，冬，至長安。雪中懷詩，謁張籍韓愈，適愈已赴洛陽。冬，又懷詩至洛陽始謁韓愈。賈島初謁李益於洛陽，與李益及韋執中、諸葛覺在天津橋南聯句，當在本年前後。

柳宗元，三十八歲，在永州司馬任。四月，柳宗元女和娘卒，年十歲。續娶，生一女。是年冬，柳宗元在永州於愚溪之上築室爲居。作〈八愚詩〉，並作序。韓愈作〈毛穎傳〉，時人或笑之以爲怪。是年（十一月以前）楊憑子誨之往臨賀（今廣西賀縣）過永州，持〈毛穎傳〉來，子厚奇其書，因作後題數百字爲之辯解。十一月，楊誨之將離永州赴臨賀，子厚有書與楊誨之，並作〈說車〉一文贈之，告以任重行之道，必圓外而方中。十一月，

子厚聞訊，以爲籍田後朝廷必行大赦，妻父楊憑可同朝復爲大僚，因作書與楊憑致意，請以移官爲念。

白居易，三十九歲，五月五日，改官京兆府戶曹參軍，仍充翰林學士。上疏請罷討王承宗兵，論元稹不當貶，皆不納。

劉禹錫，三十九歲，在朗州。

元稹，三十二歲。爲東台監察御史，不畏權勢，河南尹房式有不法事，稹奏攝之，令其停務。執政者惡稹專橫，罰俸，召還長安。途經華陰敷水驛，與中使劉士元爭驛房，辱之。宰相以稹失憲臣體，三月，貶爲江陵府士曹參軍。白居易上疏論，不報。

石洪，六月，應河南節度使烏重胤之辟。

張署，五十三歲，在三原縣令任。

皇甫湜，三十四歲。在侍御史任。

【詩文考辨】

〈送幽州李端公序〉（《韓集》卷二十）

方崧卿繫元和五年，云：「李端公，李益也，時爲幽州劉濟幕屬。司徒公，濟也。今相國，李藩也。藩以元和四年（809）拜相，此序五年（810）東都作。」

樊汝霖《譜注》繫於元和四年二月後，曰：「按天寶十四載，范陽節度使安祿山反，范陽，幽州也。其年歲在乙未，至元和九年（815）甲午，數窮六十，一甲子終矣。公此序元和四年（809）二月以後爲之，故云。」（《魏本》引）

方成珪《箋正》繫於元和五年，云：「按李藩以元和四年二月拜相，六年二月罷爲太子詹事。序稱今相國李公，是藩正當軸時，公作此序也。故《舉正》以此序爲東都作。」

屈據《舊唐書・韋貫之傳》及權德輿〈幽州節度使劉濟墓誌銘〉，辨云：「是李益佐幽州劉濟幕在元和三年前，則此序之李端公非李益也。」

張辨云：「序寫李藩子李益來東都給其父祝壽，時在東都，當繫此。」

謹按：李藩，字叔翰。元和元年（806）爲吏部員外郎，四年二月（809）給事中拜相，六年二月（811）罷。（見兩《唐書》本傳、《新書・憲宗紀》、《新唐書・宰相表》）則此序作於元和四年二月後至元和六年二月前，而韓氏元和四年六月十日改都官員外郎分司東都並判祠部，元和五年冬改河南縣令，元和六年夏入朝爲職方員外郎。

李益（748-827？）字君虞，行十，鄭州（今屬河南）人，郡望隴西姑臧（今甘肅武威）。大曆四年（767）登進士第，六年（774）中諷諫主文科，授華州鄭縣尉，遷鄭縣主簿。建中元年（780）爲朔方節度從事，二年（781）府罷。四年（783）中拔萃科，授侍御史。貞元四年（788）爲邠寧節度從事，十二年（796）府罷。十三年（797）爲幽州節度從事，進營田副使。元和元年（809）前後，入朝爲都官郎中，三年（808），以本官充考制策官。約于四年（809）進中書舍人，五年（810）改河南少府，七年（812）任祕書少監兼集賢學士。八年（813）前後，因「感恩知有地，不上望京樓」詩降居散秩，俄復用爲祕書少監。累歷太子右庶子，祕書監，太子賓客，集監學士判院事。十五年（820）任右散騎常侍，太和元年（827）以禮部尙書致仕。此後一二年卒。益詩名卓著，世稱「文章李益」，與李賀齊名。生平見《舊唐書》卷 137、《新唐書》卷 203 本傳、《唐詩記事》卷 30、《唐才子傳校箋》

卷4。

以李益生年論，元和四年至元和六年間，他進位「中書舍人」、任「河南少府」，是朝廷命官，何故韓稱他「幽州李端公」，無怪屈懷疑另有其人，「此序之本端公非李益也。」

但筆者作以下推測：韓愈知李益曾「入幽州劉濟幕」，又曾「中拔萃科，授侍御史」，故稱他「端公」，「端公者，御史之號」，雖然，以後他已不任「御史」，但時人仍以「端公」稱他。（參拙著〈弔武侍御所畫佛文〉）元和四年，其父李藩已為相國，元和五年新歲之時，回家團聚賀歲向父祝壽，其家即在東都洛陽，當時「東都士大夫莫不拜於門」，韓愈送之以序，藉著他與幽州劉濟的舊情，期望他向劉濟表達「效忠」王室，「帥河南北之將，歸順朝臣之意。」

重要的是韓文中的一段話：「愈曰：『國家失太平，於今六十年矣。夫十日十二子相配，數窮六十，其將復平，平必自幽州始；亂之所出也。今天子大聖，司徒公勤於禮，庶幾帥先河南北之將，來覲奉職始開元時乎！』」

這番話，李益有無傳達給劉濟？不可知。但據《新唐書・卷212 劉總傳》載：「總性陰賊，尤險譎，已毒父，即領軍政，朝廷不知其姦，故詔嗣節度，封楚國公，進累檢校司空。（中略）及吳元濟、李師道平，承宗憂死，田弘正入鎮州，總失支助，大恐，謀自安。（中略）譚忠復說總曰：『天地之數，合必離，離必合。河北與天下離六十年，數窮必合。往朱泚、希列自立，趙、冀、齊、魏稱王，郡國弄兵，低目相視，可謂危矣，然卒於無事。元和以來，劉闢、李錡、田季安、盧從史、齊、蔡之疆，或首于都市，或身為逐客，皆君自見。今兵駸駸北來，趙人已獻德、棣

十二城，助魏破齊，唯燕無一日勞，後世得無事乎？爲君憂之。』總泣且謝，因上疏離奉朝請，且欲割所治爲三。（下略）」

再據魏本引樊《譜注》云：「其後，濟裨將譚忠亦說濟子總曰：『天地之數，合必離，離必合，河北與天下離六十年，數窮必合，今兵駸駸北來，趙人已獻德、隸十二城，助魏破濟，淮燕無一日勞，後世子孫得無事乎？爲君憂之。』總上疏，因願奉朝請，以盧龍軍八州歸於有司。忠說總在元和十四年，其所云數窮必合者，豈用公語邪？何相似也。」樊汝霖發現韓愈文中語與譚忠之語相似，即說明李益曾將此語傳達於劉濟，譚忠亦聽聞。時應爲元和五年（810）七月劉濟死前。十年後雖然劉濟已死，此語仍發生作用。

而李益傳此語於劉濟，以元和五年六、七月劉濟死前的一時間爲合理推測。故序文以繫元和五年春爲是。

〈唐河中府法曹張君墓碣銘〉（《韓集》卷二十五）

方成珪《詩文年譜》繫於元和六年。

屈繫於元和五年，據〈銘〉云：「張圓死在元和四年（809）八月壬辰（十九日），葬以五年二月（或爲「三月」之誤）」，論稱：「則〈誌〉作在四年冬或五年春，時韓愈爲都官員外郎分司東都。」

黃於「元和五年庚寅」條下云：「河中府法曹張圓，逢盜死途中，其妻乞銘於韓愈，故爲作墓碣銘。」

張繫元和四年，據〈銘〉文云：「知此文寫作時間在圓死後，安葬前一定時間，故定于是年末爲宜。」

謹按：張圓死於元和四年八月，死於汴城西雙丘，葬河南偃

師。其妻就其夫生前之言，乞銘於韓氏，以爲不朽。時韓氏任都官員外郎分司東都。張圓由死至歸葬，中間有許多事要處理，待得安頓下來，心情平伏之後憶及先夫遺言，而請銘之時，應在年底或翌年初。待葬之日，「抱嬰兒來」乞銘於韓氏，「愈既哭弔辭」，韓氏一聽之後，而哭弔，哭弔之後，即「敘次其族世銘字事始終而銘」，故此篇的寫作時間非常之短，誠如屈所言：「既辭而遂敘其事，蓋一辭而許，所謂禮辭者也。」有可能是即日寫就，或翌日寫就，時間約在元和五年二月歸葬河南偃師左右。

此篇之作，時間在元和四年冬至元和五年春之間皆有可能。惟以喪事的繁瑣而言，以元和五年春之說較長。再以元和五年二月廿四日葬，其妻乞銘於韓氏而言，則繫此時爲宜。今繫元和五年二月。

〈諱辯〉（《韓集》卷十二）

方崧卿云：「李賀死於元和十年（815），公分司東都日始識賀，此文當作於元和中年也。」

方成珪《詩文年譜》繫於元和六年（811），云：「長吉〈高軒過〉詩自注：『韓員外愈，皇甫侍御湜見過。因命而作。』當爲職方時也。〈諱辯〉亦當作於是年。至十一年，而長吉赴玉樓之召矣。」

屈繫於元和四年，云：「韓愈元和四年六月爲都官員外郎分司東都，五年秋冬爲河南令，六年夏秋爲職方員外郎歸京。賀〈高軒過〉詩自注謂『韓員外愈』，當謂都官，非職方也。文謂『賀舉進士有名』，應是賀應河南府鄉貢試也（賀有〈河南府試十二月樂詞詩〉）。唐鄉貢進士以每年秋試於州府，多送京師，似韓

愈以四年秋過賀，勸賀舉進士，賀即應河南府試，有名而遭毀，愈乃作此文以辯也。」

　　張繫在元和六年，云：「諸譜皆系五年冬。按賀赴長安，遇爭名者之毀，消息再傳知韓愈，恐已到六年正月；進士之試也在春正二月間。……朱子清《李賀年譜》云：『元和五年庚寅，二十一歲，是年韓愈爲河南令。賀應河南府試，作〈十二月樂詞〉獲雋。冬，舉進士入京。或毀賀曰：『父名晉肅，子不得舉進士。』韓愈爲作〈諱辯〉，然賀卒不就試，歸。』」

　　謹按：韓愈〈諱辯〉曰：「賀舉進士有名，與賀爭名者毀之曰：『晉父名晉肅，賀不舉進士爲是，勸之舉者皆非。』聽者不察也，和而唱之，同然一辭。皇甫湜曰：『若不明白，子與賀且得罪。』案唐代規定，應進士舉與就進士試爲兩事。皇甫湜提醒，昌黎身爲河南令，是這次鄉貢進士的主考官，對於李賀能否舉進士？有責任說明，否則，他與李賀都有罪。顯然針對前者而言。於是，韓於文中舉「二名不偏諱」及「不諱嫌名」之條，謂「考之於經，質之於律，稽之於國家之典。」賀舉進士，宜可無譏。至於，就進士試方面，鄉貢進士例於十月二十五日集吏部，正月乃就禮部試。李賀於元和五年應河南府試，獲雋，冬應進士舉入京，賀既爲鄉貢進士，惟未赴禮部，毀之者意在不使就試；至於前時之舉進士，彼輩亦無法如何。（參朱自清：《李賀年譜》）而李賀卒不就試，是說不參加正月的禮部試。韓作〈諱辯〉當於其前。今繫元和五年十二月。

〈河南府同官記〉（《韓集外集》卷四）

　　《洪譜》，繫元和四年。

方崧卿《舉正》題下注云：「元和五年作」。

方成珪《詩文年譜》，繫元和四年。

屈繫於元和五年，云：「〈記〉謂永貞元年（805）在江陵聞裴均言，後五年並石刻語，則作於元和四（809）五年間，時韓愈為都官員外郎分司東都。」

張繫於元和五年，云：「然〈記〉云：『永貞元年，愈自陽山移江陵法曹參軍，獲事河東公。』『既五年，始立石刻其語河南府參軍舍庭中。』永貞改元為八月，後五年立石，為元和五年八月。《舊注》在『于是焉，書既五年』句下注云：『謂元和五年也。』立石在此時，而寫文當早于此時，當在八月稍前。」

黃繫元和四年，謂：「案〈記〉謂永貞元年，後五年，始立石，則應為元和四年也。」

謹按：此文繫年有兩說：元和四年、元和五年。據馬其昶《韓昌黎文集校注‧外集上卷》題文下注謂：「〈記〉謂永貞元年，愈自陽山移江陵法曹，獲事河東公，言裴均時節度荊南也。後五年始立石，則元和四年也。」查《東雅堂昌黎集註‧外集卷四》題文下注明謂：「則元和五年也」，顯然，是馬氏《校注》誤校所致，今繫「元和五年」。

〈讀東方朔雜詩〉（《韓集》卷七）

方崧卿《舉正》，將此詩與其他八首詩，包括〈題張十八所居〉、〈酬盧給事曲江荷花行〉、〈和錢七盆池所植〉、〈紀夢〉、〈南內朝賀歸呈同官〉、〈朝歸〉、〈雜詩〉四首、〈譴瘧鬼〉等，同繫於「元和十一年任庶子日作」。

韓醇曰：「公時為庶子，皇甫鏄、程异之徒乃用事，元和十

一年也。〈雜詩〉及〈讀東方朔雜事〉、〈譴瘧鬼〉,皆指事託物而有作也。」(《魏本》引)

洪興祖曰:「退之不喜神仙,此詩譏弄權挾恩者耳。」(《魏本》引)

俞瑒曰:「此詩洪興祖以為譏弄權者,觀結語云云,殊不然也。意亦指文人播弄造化,如〈雙鳥〉詩云爾。不然何獨取方朔而擬之權倖邪?」(《顧嗣立注》引)

朱彝尊曰:「刺天后時事。」

《方世舉注》:「刺張宿也。《舊書·本傳》:『宿,布衣諸生也。憲宗為廣陵王時,即出入邸第。及在東宮,宿時入謁。監撫之際,驟承顧擢,授左拾遺,以舊恩數召對禁中。機事不密,貶郴州郴縣丞。十餘年徵入,歷贊善大夫、左補闕、比部員外郎。李逢吉言其狡譎,上欲以為諫議大夫,逢吉奏其細人不足污賢者位。崔羣、王涯亦奏其不可。上不悅,乃用權知諫議大夫。俄而內使宣授。』詩云:『嚴嚴王母宮』,指『宮禁』也。『驕不加禁訶』,憲宗念舊恩也。『偷入雷電室』,數入禁中也。『輈輈掉狂車』,機事不密也。『羣仙急乃言』六語,謂憲宗不悅諸人之奏,乃先用權知諫議大夫也,『方朔不懲創』至『正晝溺殿衙』四語,乃論奏所云污賢者位也。此皆一時事迹之明著者也。至於中間:『瞻相北斗柄,兩手自相捼』,乃誅心之論,謂時雖未有其事,而心目中則瞻相國柄也。傳又云:『十三年正月,充淄青宣慰使,至東都,暴病卒。』故結句云:『一旦不辭訣,攝身淩蒼霞。』正謂其暴死也。顧注有以結語不似諷刺,至疑通篇非譏弄權者,獨不見〈謝自然詩〉,寫其死者,亦曰『須臾自輕舉,飄若風中煙』,豈亦予之之詞耶?」

　　方成珪《詩文年譜》則列爲「無年考」。

　　王元啓曰：「考宿本傳，方說良是。但其依比事實，頗多牽強繆戾之失。按《新史》，宿自布衣授左拾遺，交通權倖，四方賂遺滿門，詩言『絡蛟蛇』，即謂其交通權倖。『瞻相北斗柄』，謂盜弄國柄，史言宿以舊恩數召對禁中，機事不能慎密是也。宿漏禁中語坐貶，當時必有論奏之人，公所謂『羣仙急乃言』也。方世舉以宿召還後憲宗欲用爲諫議大夫，李逢吉、崔羣、王涯等皆謂不可當之，非是。宿出爲郴縣丞，雖以罪貶，仍得懷印曳紱爲吏，故云『送以紫玉珂』。方以憲宗不悅李逢吉諸人之奏，先用權知諫議大夫，爲『王母不得已』四句作注，愚謂逢吉奏請，上不悅，卒使中人宣授，是未嘗可其奏也，與詩旨戾矣。『方朔不懲創』至『正晝溺殿衙』四句，見宿貶謫後驕恣如故。『攝身淩蒼霞』者，謂仍入王母之宮，得與羣仙爲伍耳。宿貶郴縣丞十餘年，尋復徵入，歷贊善大夫、左補闕、比部員外郎，此詩自郴初召還朝時作。論構局則迴應前文，兜裹最密。論命意則慮小人進用，善類被傷，語亦特有關係。方以宿元和十三年奉命宣慰淄青道卒當之，是敍其死也。死一小人，何足累我筆墨。且使此詩通體渙散無收，亦非文法，此則方氏之謬也。」

　　陳沆曰：「此爲憲宗用中官吐突承璀而作也。承璀討王承宗，喪師失將，故有『不知萬萬人，生身埋泥沙』之語。元和八年，李絳極言承璀專橫，憲宗初怒，既而從之，出承璀爲淮南監軍，謂李絳曰：此家奴耳，向以其驅使之久，故假以恩私云云，故有『王母不得已，顏嚬口齎嗟，頷頭可其奏』之語。章末特故幻詞以掩其譏刺之迹耳。俞瑒乃謂公不當取方朔而擬之權倖，當是指文人播弄造化者云云，固哉高叟之言詩乎！詩云：『驕不加禁訶』，

又云『挾恩更矜夸』，豈非刺時明證。況此乃全取小說游戲成文，蓋〈毛穎傳〉之流，故題曰〈雜事〉，曾於方朔何傷？」

　　錢論云：「以『不知萬萬人，生身埋泥沙。』及『領頭可其奏』諸語尋之，陳說較核，茲據以繫年。」故繫於元和八年。

　　張繫於元和八年。

　　屈置於「疑年詩」，曰：「洪說通達，他家未免附會。」

　　謹按：此詩繫年與詩旨眾說紛紜，約分兩類：（一）有繫年者：1.元和十一年，皇甫鎛、程异之徒用事，韓醇主之。2.元和八年，為吐突承璀而作，陳沆主之，錢、張從之。（二）無繫年者或只述者詩旨者：1.譏弄權挾恩者，洪興祖主之。2.指文人播弄造化，俞瑒主之。3.刺張宿也，方世舉、王元啓主之。4.刺天后時事，朱彝尊主之。5.列為疑年，方成珪、屈守元主之。

　　再查韓醇之說，係從方崧卿說而引申者。

　　案韓氏任右庶子日係由元和十一年五月癸未（十八日）至十二年七月任行軍司馬為止。此時期，韓氏因主戰，不為宰相所喜，遂為李逢吉、韋貫之所排斥。但觀詩意與此無關。再查《舊書》卷一百三十五〈皇甫鎛傳〉與〈程异傳〉，皇甫與程「同日以本官同平章事，領使如故。」係於元和十三年。所謂「用事」應係指此。時間應於元和十三年而非元和十一年。故方崧卿、韓醇之說可以排除。

　　又查《舊唐書》卷一百八十四〈吐突承璀傳〉：「憲宗即位，授內常侍、知內省事、左監門將軍。俄授左軍中尉、功德使。四年，王承宗叛，詔以承璀為河中，河南、浙西、宣歙等道赴鎮州行營兵馬招討等使。……諫官、御史上疏相屬，皆言自古無中貴人為兵馬統帥者。憲宗不獲已，改為充鎮州已來招撫處置等使。及承璀率衆軍上路，帝御通化門樓，慰諭遣之。出師經年無功。

乃遣密人告王承宗，令上疏待罪，許以罷兵爲解。……及承宗表至，朝廷議罷兵，承璀班師，仍爲禁軍中尉。段平仲抗疏極論承璀輕謀弊賦，請斬之以謝天下。憲宗不獲已，降爲軍監使。俄復爲左衛上將軍，知內侍省事。（略）上待承璀之意未已，而宰相李絳在翰林，時數論承璀之過，故出之。八年，欲召承璀還，乃罷絳相位。承璀還，復爲神策中尉。」以史而觀，吐突承璀以一介宦官，「性敏慧，有才幹」得憲宗信任，並以之統率兵馬討伐藩鎮，雖反對者多，一度左降，但旋又升官。詩中言「不知萬萬人，生身埋泥沙」與承璀「討王承宗，喪師失將」有關；「羣仙急乃言」之羣仙乃指李降，孔戣等人之疏奏。「八年，欲召承璀還，乃罷絳相位」，而李絳罷相，羣臣耻之。韓愈與李爲同僚舊識，深慨此事，作此詩以刺諷其事，未嘗無此可能。

至於張宿，據《舊唐書》卷一百五十四，其略述見方世舉所引，不再贅言。若結合詩句言，雖然，張宿有「怨執政擯已，頗加讒毀。依附皇甫鎛等，傷害清正之士，陰事中要，以圖進取」的情事，但並無如詩句所言之「不知萬萬人，生身埋泥洲」之事，故可排除。

若以詩句「驕不加禁訶」、「挾恩更矜誇」所指，則諷意顯然，洪氏「譏弄權挾恩者」，可從。俞揚指「文人播弄造化」之說，陳沆已論辨之。朱氏「刺天后時事」，似覺太遙遠，與韓氏所處之時代思想言，亦覺遙遠，故可不論。諸說之中，以刺「吐突承璀」與「張宿」二說較爲可能，而二說之中，以前說爲長。今繫元和五年。

唐憲宗元和六年辛卯（811） 四十四歲

【朝廷時事】

正月，詔以李吉甫同平章事。

二月，李藩罷為大子詹事。

　詔以李絳為戶部侍郎。

三月，詔以嚴綬為江陵尹、荊南節度使，崔潭峻為監軍使。

四月，詔以盧坦判度支。

五月，詔以李惟簡為鳳翔節度使。

六月，詔有司省吏員、併州縣、減仕塗、均俸給。

七月，裴垍卒，年四十四歲。

九月，梁悅報父仇殺人，決杖一百，配流循州。

十一月，弓箭庫使劉希光伏誅。詔以吐突承璀為淮南監軍。

十二月，詔以李絳同平章事。裴垍卒。

　太子寧卒。

是歲天下大稔，米斗有直二錢者。

是年進士及第，王質等二十人；諸科，十三人；中書舍人尹躬知貢舉。

【韓愈事跡】

元和六年，四十四歲，在河南令任。夏，入朝為尚書職方員外郎。

正月十四日，房武卒，年七十三。其弟房式為河南尹詔拜御史中丞，領宣州觀察使，將行，泣請韓愈為誌墓；昌黎作〈興元

少尹房君墓誌〉。

正月乙丑晦日，作〈送窮文〉，送而還留，正言若反，以詩書聖賢之語自勵；寄寓安貧樂道之意。

〈送窮文〉：「元和六年，正月乙丑晦，主人使奴星，結柳作車，縛草為船，載糗輿粮，牛繫軶下，引帆上檣，三揖窮鬼而告之曰：聞子行有日矣。鄙人不敢問所塗，……，子等有意於行乎？……凡所以使吾面目可憎者，皆子之志也。其名曰智窮，……學窮，……文窮，……命窮，……交窮，……；凡此五鬼，為吾五患。……。五鬼徐謂主人曰：『人生一世，其久幾何？吾立子名，百世不磨。小人君子，其心不同，惟乖於時，乃與天通。……謂予不信，請質詩書。』主人於是垂頭喪氣，上手稱謝，燒車與船，延之上座。」

二月二日，河南府王屋縣尉畢珀卒，年六十一。其月二十五葬。既卒，家無一錢，凡棺木與墓事皆同官與相識者事之，昌黎作墓誌。

三月，作〈誰氏子〉，譏切呂炅棄妻學道。

〈李素墓誌〉云：「拜河南少尹，行大尹事。呂氏子炅棄其妻，著道士衣冠，謝母曰：『當學仙王屋山。』公使吏卒給冠帶送付其母。」

〈誰氏子〉：「非癡非狂誰氏子，去入王屋稱道士；白頭老母遮門啼，挽斷衫袖留不止；翠眉新婦年二十，載送還家哭穿市；或云欲學吹鳳笙，所慕靈妃媲蕭史；又云時俗輕尋常，力行險怪取貴仕；神仙雖然有傳說，知者盡知其妄矣；聖君賢相安可欺，乾死窮山竟何俟；嗚呼余心誠豈

　　弟，願往教誨究終始。」

　　三月十八日，乳母卒，年六十四。乳母，姓李，號正真，徐
州人。昌黎作〈乳母墓銘〉。

　　江西觀察使韋丹，去年八月六日卒，得年五十八歲。今年，
七月葬於萬年縣少陵原，其從事呂宗禮、其子實謀請銘於韓氏，
昌黎作墓誌。

　　九月，時富平梁悅爲父報仇殺人，朝庭集議，昌黎撰〈議復
讎狀〉，獻議：「殺之與赦，不可一例。凡有復父讎者，事發，
具事由下尚書省集議，酌其宜而處之。」

　　《通鑒》卷 238，「元和六年秋九月」條：「富平人梁悅
　　報父仇殺秦杲，自詣縣請罪。五日憲宗敕：令尚書都省集
　　議聞奏。職方員外郎韓愈議，以爲：『律無其條，非闕文
　　也。』蓋以不許復仇，則傷孝子之心而乖先王之訓；許復
　　仇，則人將倚法專殺，無以禁止其端矣。故聖人丁寧其義
　　於經，而深沒其文於律，其意將使法吏一斷於法，而經術
　　之士得引經而議也。宜定其制曰：『凡復父仇者，事發，
　　具申尚書省集議奏聞，酌其宜而處之。』則經律無失其指
　　矣。」戊戌，敕：「梁悅杖一百，流循州。」

　　十月，襄陽盧行簡將葬其父母，乞銘於韓氏，昌黎作墓誌。
　　韓愈〈醉留東野詩〉，詩云：「東野不得官，白首誇龍鍾」。
　　張籍在長安爲太常寺太祝，窮困病目。

　　李翱爲浙東（治越州、今浙江紹興）觀察判官。嘗以事至京
師，與張籍、昌黎相晤。八月，歸浙東。昌黎曾代張籍作書〈與
浙東觀察使李遜〉，冀其拔擢。

　　其子韓昶時年十三歲，韓籍與之語，大賞其才，得昌黎贈詩。

〈贈張籍〉：「昨因有縁事，上馬插手版；留君住廳食，使立侍盤飧；薄暮歸見君，迎我笑而莞；指渠相賀言，此是萬金産。」

韓昶《自為墓誌銘》：「性好文字，出言成文，不同他人所為。張籍奇之，為授詩。時年十餘歲，日通一卷。籍大奇之，試授諸童，皆不及之。能以所聞曲問其義，籍往往不能答。授詩未通兩三卷，便自為詩。」（《全唐文》卷741）

【詩文編年】

（河南令時）

正月晦日，作〈送窮文〉。

正月十四日，作〈唐故興元少尹房君墓誌銘〉。

二月二十五日，作〈唐故河南府王屋縣尉畢君墓誌銘〉。

二月末，作〈辛卯年雪〉。

三月，作〈誰氏子〉。

三月二十日，作〈乳母墓銘〉。

春，作〈李花二首〉、〈寄盧仝〉。

春夏，作〈河南令舍池臺〉、〈池上絮〉。

此時期，作〈石鼓歌〉、〈醉留東野〉、〈雙鳥詩〉、〈招揚之罘〉（考辨）。

（職方員外郎時）

七月初八，作〈唐故江西觀察使韋公墓誌銘〉。

八月，作〈代張籍與李浙東書〉（李遜）

秋，作〈酬盧雲夫院長望秋作〉。

九月，作〈復讎狀〉。

十月，作〈唐故襄陽盧丞墓誌銘〉。

是年秋作〈峽石西泉〉、〈入關詠馬〉。

冬，作〈盧郎中雲夫寄示送盤谷子詩〉、〈送陸暢歸江南〉、〈送無本師歸范陽〉、〈送溫處士赴河陽軍序〉（考辨）、〈贈張籍〉。

此時，作〈祭左司李員外太夫人文〉。

是年，作〈答楊子書〉、〈答渝州李使君書〉（考辨）、〈祭房君文〉（考辨）。

【時人事跡】

孟郊，六十一歲。居喪，仍居洛。

白居易，四十歲。在長安。任京兆戶曹參軍、翰林學士。母陳氏卒於長安宣平里第，年五十七歲。丁憂，退居下邽義津鄉金氏村。十月，遷葬祖鍠、父季庚於下邽。是年，女金鑾子夭。

李賀，二十二歲，以恩蔭為奉禮郎。四月，居崇義里，與朔客李氏對舍。

張籍，四十六歲，在長安為太祝。家甚貧。

元稹，三十三歲。守江陵法曹參軍。納姜安氏，生子名荊。

賈島，三十三歲。春，自長安赴洛陽，始謁昌黎。秋，隨昌黎赴長安。居青龍寺。初識孟郊。十一月，歸范陽，昌黎有詩送之。途經濟源懸泉驛，寄詩孟郊。

劉禹錫，四十歲。在朗州司馬任。

呂溫，八月卒，年四十。十月，葬於江陵。

李翱，三十八歲。為浙東判官，曾有事至京，晤昌黎、張籍。八月，李翱歸浙東。

冬，陸暢歸江南。昌黎有詩贈之。

柳宗元，三十九歲。在永州任。三月，尚書右僕射嚴綬移鎮

江陵，子厚獻啓投文，請蠲除縲絏。

　　張署，五十四歲。遷刑部員外郎。

　　皇甫湜，三十五歲，在侍御史任。歸京師。是年嘗往黔南。

【詩文考辨】

〈送溫處士赴河陽軍序〉（《韓集》卷廿一）

　　洪興祖《韓子年譜》「元和六年條」下云：「公有送石洪、溫造〈序〉。唐本云送石在五年，送溫在今年。」

　　《舉正》云：「石洪溫造，皆以元和五年從烏重胤之辟。」

　　方崧卿《年譜增考》繫元和五年，云：「按公〈烏氏廟碑〉云：元和五年（810）四月，中貴人誘盧從史縛之，壬辰詔用烏公為河陽節度使。以許孟容〈神道碑〉考之，壬辰，四月二十三也。蓋辟石洪在六月，故曰『鎮河陽之三月』。此時未赦承宗，故曰：『恒山險猶恃』也。然送石與溫二序，疑『只當附之五年。』」

　　方成珪繫元和五年冬，云：「是年冬，公初令河南時作。《洪譜》列之六年，與〈序〉中「未數月」之言不合，方氏《增考》已辨之矣。」

　　屈繫於元和五年。

　　張繫元和五年，云：「以韓愈序云溫造是在石洪入烏重胤幕數月後由石介紹從戎的，而石洪入幕在六月，未數月，不當超逾半年，時當在是年冬。韓愈已為河南令之時，這從韓愈序云：『與吾輩二縣之大夫』語可證。」

　　黃於「元和六年辛卯」條下：「今春，又送溫造致河陽軍節度使御史大夫烏重胤幕下。」所據乃《校注》此序，辯云：「案石生，名洪。去歲，曾送之赴河陽軍。留守相公則鄭餘慶也。《校

注》云：『前年』語不適也。」（按：其意指「前年」應作「去年」。）

　　謹按：此序繫年有兩說：元和五年、元和六年。

　　此序應與〈送石處士序〉合看。〈送石處士序〉既作於元和五年四月，「河陽軍節度御史大夫烏公爲節度之三月」即是歲之六七月間。「未數月也，以溫生爲才，於是以石生爲媒，以禮爲羅，又羅而致之幕下」，「留守相公首爲四韻詩，歌其事，愈因推其意而序之」，故關鍵是「未數月」一句，若不超逾半年，則當在是年冬。大方、小方俱已辯正，屈、張之繫五年乃從此語。黃則據《校注》題下《舊注》，把「公前年送石洪，今送造」，易爲「前年送石，今送造」，故繫六年，乃從此路。惟「公時爲河南令」句亦很重要，韓愈任官河南縣令由元和五年冬至六年夏。按「不數月」之數，是約舉之詞，義爲幾。如「數口之家，可以無饑矣。」（《孟子・梁惠王》）「拾遺曾奉數行書」（杜甫《酬嚴公詩》），則「數月」可由四月至八月。故此，誠如方崧卿《增考》所云：「或辟命在去冬，而春首行，然實無所考也。」今依題注，繫元和六年。

（答渝州李使君書）（《韓集》卷一八）

　　方崧卿無繫年，云：「《蜀本》注「方古」二字。方古，貞元十二年（796）進士。」

　　王元啓繫於元和五六年，云：「此書《洪譜》不載，今考篇中有『重敍河南事跡』一語，疑李亦嘗令河南，被屈無以自明，故因公令河南，敍其事以相告，當是元和五（810）、六年作。」

　　方成珪列「無年考」。

屈繫於元六。

謹按：王元啟繫於「元和五、六年」，當亦有其理由。而屈則訂為元六，大概因為韓愈任河南縣令由元和五年多至元和六年夏，元和六年比元和五年時間長之故。

〈祭房君文〉（外集上卷）

方崧卿云：「房次卿，字蜀客。公嘗誌其父武墓。」

張據〈房武墓誌〉：「其長曰次卿。次卿有大才，不能俯仰順時，年四十餘，尚守京兆興平尉。」云：「可見其父死後，未改官即死，當在六年春以後，姑系附其父墓誌後。」

屈置於疑年。

謹案：據韓集，〈興元少尹房君墓誌〉：「初，公之在施州，夫人卒焉。殯於江陵。元和五年，次卿與其羣弟奉公之喪自興原至，堂殯於伊水之南。六年正月，次卿奉夫人之喪自江陵至，遂以其月十四日合葬河南緱氏之高龍原。」其時，其弟房式自給事中為河南尹，「盡費其才，以奉公喪」，五年十二月受詔以河南為御史中丞，領宣州觀察使，將行，不得親視含殮，遂將終事委命於昌黎，昌黎不獲辭；遂為墓誌。

復次，文中提到房式云：「子與吾兄次卿游。」則昌黎與房次卿是舊交。查《集釋》卷二，昌黎有〈將歸贈孟東野、房蜀客〉詩，繫貞元十七年（801）。《魏本引樊汝霖》曰：「《諱行錄》：『房次卿，字蜀客。』《登科記》：『蜀客貞元七年（791）登第。』」比韓愈早一年。此篇〈祭房君文〉，係祭房次卿，其父喪既葬於元和六年正月，其卒當在其後。祭文云：「嗚呼！君乃至於此，吾復何言。」可能為房蜀客，遭逢父喪，哀慟逾恆，不久亦死。

故繫於六年年父喪後。

〈招揚之罘〉一首（《韓集》卷五）

《祝充注》：「《諱行錄》云：『之罘，行第八，元和十一年進士』」。

韓醇繫於元和五年，曰：「公爲河南令，之罘自山中來，從公問學。公惜其歸，以詩招之。」（《魏本》引）

王儔云：「《登科記》：之罘登第在元和十一年。公作河南令，時之罘猶未第，故公以詩招之，有柏馬之喻。而後之工畫者，遂作柏石圖，陳季常家藏之。蘇內翰爲之銘（〈柏石圖詩〉）云（下略）。」

方崧卿〈年表〉繫元和六年。

方成珪〈年譜〉云：「詩有『灑掃縣中居』，是公爲河南時作。」

屈繫於元和五年，云：「愈爲河南令，在元和五年庚寅。」

黃於「元和五年」條下云：「揚之罘自南山來，從韓愈讀書，既歸，思之而作詩以招之。」

張繫元和六年春，說：「韓愈爲河南令，之罘自南山中來問學。而後思歸，歸山。韓愈因憐其才，想招之罘再來就學。韓愈五年多任河南縣令，之罘來去又招，當有一個過程，費一段時日，故詩定於六年春作爲宜。」

謹按：韓愈任職河南令，時間由元和五年多至元和六年夏，故元和五年、六年皆有有能，但以元和六年爲勝。

唐憲宗元和七年壬辰（812）　四十五歲

【朝廷時事】

正月，詔以元義方爲鄜坊觀察使。

四月，詔以崔群爲中書舍人。

五月，詔蠲淮浙租稅。

六月，杜佑致仕。

七月，立遂王宥爲太子，改名恒。

八月，魏博節度使田季安卒。

十月，魏博兵馬使田興請吏奉貢，詔以田興爲節度使。

十一月，遣知制誥裴度宣慰魏博。

　　置振武、天德營田。吐蕃寇涇州。

十一月，杜佑卒。程异復任轉運使。

是年進士及第，李顧言、李漢、李玨等二十九人；諸科，十四人；兵部侍郎許孟容知貢舉。

【韓愈事跡】

元和七年，昌黎四十五歲。在職方員外郎任；二月乙未（六日），左遷國子博士。

二月六日，職方員外郎任上，出使過華陰，以柳澗事疏於朝；既而，按驗得柳澗贓狀，貶封溪尉；以愈妄論，復爲國子博士。

〈行狀〉：「入爲職方員外郎。華州刺史奏華陰縣令柳澗有罪，遂將貶之，公上疏請發御史辨曲直，方可處以罪，則下不受屈。既柳澗有犯，公由是復爲國子博士。」

〈神道碑〉：「華州刺奏華陰令柳潤贓，詔貶潤官。先生守尚書職方郎中（按：當作員外郎。），奏疏言華近在國城門外，刺史奏縣令罪，不參驗，坐郡。御史考實，奏事如州。宰相不為堅白本意，先生竟責出省，」

《新唐書‧本傳》：「遷職方員外郎。華陰令柳潤有罪，前刺史劾奏之，未報而刺史罷。潤諷百姓遮索軍頓役直，後刺史惡之，按其獄，貶潤房州司馬。愈過華，以為刺史陰相黨，上疏治之。既御史覆問，得潤贓，再貶封溪尉。愈坐是復為博士。」

《舊唐書‧本傳》：「遷都官員外郎。時華州刺史閻濟美以公事停華陰令柳潤縣務，俾攝椽曹。居數月，濟美罷郡，出居公館，潤遂諷百姓遮道索前年軍頓役直。後刺史趙昌至，按得潤罪以聞，貶房州司馬。愈因使過華，知其事，以為刺史相黨，上疏理潤，留中不下。詔監察御史李宗奭按驗，得潤贓狀，再貶潤封溪尉。以愈妄論，復為國子博士。」

《洪譜》「元和七年」：「柳潤，建中四年博士也。公自去年以來，未嘗出使，或云公赴職方時過華，觀其事，遂疏於朝矣。」

二月一日，河南少尹李素卒，年五十八。五月甲子（七日）葬。其子道敏拜使者以行狀，以幣走京師，乞銘於韓愈，昌黎作墓誌。

六月，石洪疾卒，年四十二。七月甲申（廿八日）葬。既病，請銘於韓，昌黎為作墓誌。

去年九月，路應卒，年六十七。今年九月葬。其子路貫與其弟賞貞謀，告於路恕，因其族弟羣以來請銘，昌黎為作神道碑銘。

劉師服來京師，作詩贈之。

春，賈島在范陽，昌黎有書寄之。

是年，李漢登進士第，娶昌黎長女。

　　〈墓誌銘〉：「婿左拾遺李漢，集賢校理樊宗懿、次女許
　　陳氏，三女未笄。」

　　羅聯添《韓愈研究》：「韓愈有五女。（略）依序，長女
　　當適李漢，次女當適樊宗懿，許嫁陳氏者，當為第三女，
　　四女早卒；未笄者，當為第五女。」

　　謹案，民間俗尚，洞房花燭夜，金榜掛名時，今年李漢登進
士第，迎娶當在此時，故繫於此。

【詩文編年】

（職方員外郎時）

（國子博士時）

五月，作〈唐故河南少尹李公墓誌銘〉

七月二十七、二十八日，作〈祭石君文〉、〈唐故集賢殿校
理石君墓誌銘〉。

八月，作〈和崔舍人詠月〉。

十月初五，作〈唐故銀青光祿大夫守左散騎常侍致仕上柱國
襄陽郡平陽路公神道碑銘〉。

十二月四日，作〈石鼎聯句詩序〉、〈石鼎聯句詩〉。

是年多作〈崔二十六立之〉。

是年作〈贈劉師服〉、〈答陳商書〉（考辨）。

【時人事跡】

孟郊，六十三歲。居喪，仍居洛。

楊憑，秋，自杭州長史入為王傅，子厚獻詩五十韻，以賀。

李翱，三十九歲。在浙東觀察判官任。

張籍，仍爲太常太祝。居長安西明寺後延康里。

柳宗元，四十歲。爲永州司馬。游袁家渴、石渠、石澗。

賈島，三十四歲。春，在范陽，昌黎有書寄之。秋，賈島至長安，寓延壽里與張籍爲鄰，有〈延康吟〉一首。

沈亞之，二十三歲。下第，歸吳江，李賀作〈送沈亞之歌〉送之。

柳宗元姊婿崔簡，正月，以服食鍾乳卒於驩州（今安南北部），二子奉葬溺死。七月，柩至永州，八月葬，有墓誌、祭文，暨〈祭崔氏外甥文〉。

白居易，四十一歲。守喪，居下邽金氏村。

元稹，三十四歲，爲江陵府士曹參軍。因李景儉之請，編詩八百餘首，二十卷。安氏生女，名樊，

劉禹錫，四十一歲。在朗州司馬任。劉禹錫自言體衰髮白。獲杜佑手函慰問後，有〈上杜司徒啓〉陳情，請求擢用。妻薛氏卒。

侯喜，爲校書郎。十二月，與昌黎、劉師服作聯句。

崔立之，時爲西城員外丞（金州西城縣）。贈詩與綵予昌黎。昌黎答以雙醆並酬詩 81 句。

李商隱，生。

【詩文考辨】

〈答陳商書〉（《韓集》卷一八）

方崧卿云：「商，元和九年（814）進士。《唐志》（《新唐書‧藝文志》）有集十七卷。此書未第日所答也。」

沈欽韓《韓集補注》云：「《江南通志》：『陳商字述聖，

太平府繁昌縣人。』《摭言》卷三：『會昌三年（843），諫議大夫陳商權知貢舉。』又云：『會昌六年，陳商主文以延英對，見辭不稱旨，改稱王起。』」

王元啓云：「此文，商未第前，公爲國子博士時作。」

屈繫於元和七年，云：「韓愈爲國子博士在元和七年（812）二月至八年三月。」

張在元和三年之〈答陳生書〉下，云：「陳生，名商，字聖述，元和九年進士。從書中所寫投書寄詩，求速化之術，汲汲于科名看，時陳商未中進士，而將學于太學，韓愈時正爲博士，當在是年，下年則爲都官員外郎矣。」

謹按：《韓集》有兩篇文章，易於混淆的。一爲〈答陳生書〉、一爲〈答陳商書〉，前書是答陳師錫，方崧卿《舉正》篇名下有「師錫」二字，云：「陳李二生之名以《蜀本》校。《文錄》亦作『陳師錫』。監本以『師錫』爲『陳商』，以圖南爲師錫，誤也。貞元十（按：原注文無「十」字，今據上下文理補入）八、九年公爲博士日作。」陳師錫，事迹不詳。至後書所答之陳商，字述聖。生平資料見上引方崧卿、沈欽韓之說。

如今，但看張論〈答陳生書〉，云陳生即陳商，又謂「求速化之術」云云，則顯然是指陳師錫卻混於陳商。而〈答陳生書〉（《韓集》卷16）繫於元和三年，亦誤，方崧卿《舉正》已詳辯之，應繫於貞元十八年爲是。

又按：據《五百家注昌黎全集》題下引〈集注〉云：「商元和九年進士。會昌五年爲侍郎，典貢舉。此書乃商未第前，以文求益於公，而公爲國子先生時作也。」（卷18）查韓氏任國子博士時爲元和七年二月至元和八年三月。以時間長短言，以元和七

年爲長。今繫於元和七年。

唐憲宗元和八年癸巳（813）　四十六歲

【朝廷時事】

正月，權德輿罷。貶于頔爲恩王傅。徵四川節度使武元衡入
　　知政事。

二月，李吉甫進《元和郡縣圖》30卷。

二月，于頔貶，其子駙馬都尉于季友削所任官。以交通權貴
　　僧鑒虛被杖殺。

六月，大水。

九月，吐蕃作烏蘭橋于朔方，自是御寇不暇。

十月，以大雪放朝，有凍踣者；雀鼠多死。（《憲宗紀下》）

十月，湖南觀察使柳公綽以平蠻有功，移鎮武昌。

是年進士及第，尹極、舒元輿、楊漢公等三十人；諸科，十
二人；中書舍人韋貫之知貢舉。

【韓愈事跡】

元和八年，昌黎四十六歲，在國子博士任。三月二十三日，
改比部郎中、史館修撰。

去歲，左遷國子博士。既黜，韓愈作〈進學解〉以自喻，宰
相李吉甫、李絳、武元衡覽其文而憐之，以其有史才，故除是官。
三月二十三日，自國子博士改比部郎中、史館修撰。

　　《洪譜》引《實錄》云：「八年乙亥，國子博士韓愈比部
　　郎中、史館修撰。」

《舊唐書‧本傳》：「愈自以才高，累被擯黜，作〈進學解〉以自喻曰：『略』，執政覽其文而憐之，以其有史才，改比部郎中、史館修撰。」

白居易〈韓愈比部郎中史館修撰制〉：「太學博士韓愈，學術精博，文力雄健，立意措辭，有班馬之風，求之一時，甚不易得。加以性方道直，介然有守，不交勢利，自致名聲。可使執簡，列為史官，記言書法，必無所苟。仍遷郎位，用示褒升，可依前件。」（《白居易集》卷55，翰林制詔二）

《洪譜》「元和八年」：「然則執政憐其數黜，且以有史才，故除是官，非止奇能文而遷擢之也。新史務簡，遂失其實時宰相武元衡、李吉甫、李絳也。」

羅聯添《韓愈研究》：「洪興祖謂此制『白居易詞也』。按今本《白氏長慶集》三八有〈韓愈比部郎中史館修撰制〉。今人岑仲勉氏謂白居易以元和二年十一月六日為翰林學士，六年四月丁母憂出翰林院，九年入朝為左贊善大夫，韓除比部，白適丁憂退居於渭村，詞絕非其所作，蓋可信。」

羅聯添《韓愈研究》：「韓愈三月二十一日得擢為比部郎中史館修撰，疑與武元衡執政，權德輿罷位有關。又李吉甫時監修國史，韓愈得為史館修撰，或因吉甫之薦舉。」

　　謹案：洪興祖指出執政者乃賞識昌黎之史才，而非文才，實是。又岑氏謂白居易此際居喪，此制辭非其手筆，甚諦。

　　昌黎在史館。秀才劉軻，字希仁，以古之史官褒貶相勉。六月九日，昌黎復書，以為「據事蹟實錄，則善惡自見」。

　　〈答劉秀才論史書〉：「夫為史者，不有人禍，必有天刑

豈可不畏懼而輕為之哉？」

元稹以殷濟父子不污祿山事，上書昌黎以存國史。

六月，李道古卒，年五十二。十月葬，昌黎誌其墓。

六月庚子，河東節度使贈尚書右僕射鄭儋葬於滎陽索上，韓愈時為比部郎中護軍，作神道碑文。案，鄭儋，貞元十七年（801）八月薨，享年六十一。十月，葬索上。十二年後（813）昌黎撰神道碑文。

李巽夫人息國夫人，去年以疾卒。今年庚寅葬。其子戡與成乞銘於其鄰韓氏，昌黎乃為銘。（案，李巽，元和二年以戶部尚書卒。）

十一月，朝廷為嘉寵田弘正，詔昌黎撰碑美之，昌黎拜疏辭謝，不報；退而作〈沂國公先廟碑銘〉。

> 《洪譜》「元和八年」：「〈答魏博田弘正書〉云：『奉十一月示問，令譔廟碑。』碑云『元和八年』，則此書在今冬也。」
>
> 《方考》：「按公奉詔為〈田弘正廟碑〉，實元和八年十一月也。然此書云『季冬極寒』，又云『蒙恩改職』，蓋公以九年十二月十五日遷考功郎中、知制誥，此書其年歲暮也。所謂『十一月十二日示問』者，亦九年十一月也。而云『頃者蒙不以文字鄙薄，令譔廟碑』者，蓋記八年事也。書辭甚明。又〈李吉甫傳〉載田弘正以元和九年拜檢校尚書右僕射，此書所以稱僕射者，此也，洪不詳考耳。」

謹按：〈沂國公先廟碑銘〉作於元和八年十一月。已見《洪譜》、《方考》。至云：〈答魏博田僕射書〉，則作於元和九年十一月。

　　冬，振武兼西營田和糴水陸運使韓重華來朝，奏得益開田四千頃，可給塞下五城。大臣既對其議。既歸所治，昌黎以序送之。

　　十一月，監修李吉甫以韋處厚所撰《順宗實錄三卷》授昌黎，令與修撰左拾遺沈傳師、咸陽尉宇文籍等共同採訪重修。後昌黎增益舊錄，修成《順宗實錄五卷》。吉甫慎重其事，欲再研討。

　　董溪，董晉子。元和六年，五月十二日死於湘中，年四十九。元和七年立皇太子有赦，令許歸葬。今年十一月葬。母弟全素與其季弟澥問銘，昌黎爲作墓誌。

　　劉師服去年來京師，韓與之作〈石鼎聯句〉。今年東歸，昌黎贈詩勉以再來。

【詩文編年】

（左遷國子博士時）

春，作〈進學解〉。

（比部郎中、史館修撰時）

三月，作〈和武相公早春聞鶯〉、〈和武相公鎮蜀時詠孔雀〉。

六月九日，作〈答劉秀才論史書〉。

六月廿日，作〈唐故河東節度觀察使滎陽鄭公神道碑銘〉。

夏，作〈送劉師服〉、〈送進士劉師服東歸〉。

八月十日，作〈唐息國夫人墓誌銘〉。

八月二十五日，作〈唐故河陽軍烏公先廟碑銘〉。

十月二十九日，作〈大唐故殿中侍御史隴西李府君墓誌銘并序〉（李虛中）

十一月三日，奉詔作〈唐魏博觀察使沂國公先廟碑銘〉。

十一月五日，作〈唐故朝散大夫商州刺史除名徙封州董府君墓誌銘〉。

　　多，作〈送水陸運使韓侍御歸所治序〉、〈酬藍田崔丞立之詠雪見寄〉、〈雪後寄二十六丞公〉。

　　是年，作〈調張籍〉、〈奉和虢州劉給事使君三堂新題二十一詠并序〉、〈游太平公主山莊〉（依原編次）、〈晚春〉。

【時人事跡】

　　劉伯芻，元和七年六月，以給事中出為虢州刺史。（《冊府元龜》卷48）

　　李絳，六年十二月拜相，九年春罷相。

　　孟郊，仍居洛。六十四歲。

　　張籍，在長安為太祝。

　　李翱，四十歲，在浙東為觀察判官。有〈答皇甫湜〉書自謂不得齒於朝廷，故欲削國史成不刊之書，用仲尼褒貶之心，取天下公是公非為本。

　　竇常，春，新除朗州刺史後赴任，寒食日，途次湖北松滋渡，作詩寄劉禹錫得，有詩酬答。

　　柳宗元，四十一歲，在永州司馬任。游黃溪（游黃溪記）。在永州，務記覽，為文深博無涯。後學之士，或以人來，或以書進，皆欲奉以為師，然柳宗元患之不肯為。是年，柳宗元作〈天說〉，與韓愈論天人之關係。

　　劉禹錫，四十二歲，在朗州。曾以為柳宗元之言，非所以盡天人之際，作〈天論〉三篇辯之。柳宗元有〈答劉禹錫天論書〉，謂禹錫所論乃〈天說〉之注疏云。

　　賈島，三十五歲。居長安。

　　白居易，服徐，仍居下邽金氏村。二月二十五日，遷前權窆外祖母陳夫人、季弟幼美之靈柩，改葬於下邽義鄉北岡祔葬先塋。

薛存誠卒。

元稹，三十五歲。爲江陵府曹參軍。患瘧疾。杜甫之子嗣業遷父遺柩歸葬河南府偃師縣，稹撰〈杜工部墓係銘〉，抑揚李杜。

李賀，二十四歲。春，以病辭歸昌谷。冬十月，復入京。與皇甫湜別。

張署，五十六歲。在虔州刺史任。

崔立之，轉藍田縣尉，冬十月，有詠雪詩贈韓。昌黎酬詩兩首。

【詩文考辨】

唐憲宗元和九年甲午（814）四十七歲

【朝廷時事】

正月，李絳罷爲禮部尙書。詔以吐突承璀爲神策中尉。

五月，復置宥州。

六月，詔以張弘靖同平章事。

七月，詔以歧陽公主適司議郎杜悰。

閏八月，吳少陽死。子元濟匿喪，以病聞，自領軍務。自稱知軍事。詔以烏重胤爲汝州刺史。

九月，吳元濟不迎弔祭使，發兵四出屠舞陽，焚葉、襄城。

十月，李吉甫卒。

十二月，有詔追叔文黨赴都。

十二月，詔以韋貫之同平章事。

是年進士及第，張又新、殷堯藩、陳商等二十六人；諸科，十一人；上書拜官，一人；禮部侍郎韋貫之知貢舉。

【韓愈事跡】

元和九年，昌黎四十七歲。在比部郎中、史館修撰任；十月十一日，爲考功郎中，依前史館修撰；十二月十五日，以考功郎中、知制誥。

> 〈行狀〉：「改比部郎中、史館修撰，轉考功郎中，修撰如故。數月，以考功知制誥。」

> 《新唐書・本傳》：「執政覽之，奇其才，改比部郎中，史館修撰，轉考功知制誥，進中書舍人。」

> 《洪譜》「元和九年」引《實錄》：「九年十月甲子，韓愈考功郎中，依前史館修撰；十二月戊午，以考功知制誥。」

去年六月，昌黎有〈答劉秀才論史書〉，正月廿一日，柳宗元聞而非之，致書箴其失。

> 柳宗元〈與韓愈論史書〉：「前獲書言史事，云具〈與劉秀才書〉，及今乃見書薰。」

> 《洪譜》「元和九年」：「知公答劉在去年六月，宗元書在今年正月也。」

工部尙書馬暢薨於元和五年，後二年，夫人亦薨，年四十六。九年正月，合祔其夫人之封。其長子繼祖以其狀來請銘，昌黎爲作墓誌。

八月，孟郊卒，年六十四。十月，葬於洛陽北邙山。樊宗師經營其家事。張籍建言謚曰：「貞曜先生」，昌黎從其議。並爲作墓誌銘。

鄭餘慶關切孟郊喪事，既畢，昌黎馳書於鄭，提及樊宗師，有推薦之意。

九月，去年元稹在江陵爲法曹參軍。曾以書言甄濟父子事，

丐求韓愈筆之於史，今年昌黎有書答之，同意爲殷濟立傳，譽其
能「樂道人善」。

〈答元侍御書〉：「前歲辱書，論殷逢父濟，蚤識安祿山
必反，即詐爲瘖棄去。祿山反有名號，又逼致之，濟死執
不起，卒不汙祿山父子事。又論逢知讀書，刻身立行，勤
己取足，不干州縣，斥其餘以救人之急。」

《洪譜》「元和九年」：「〈與微之書〉云：『濟、逢父
子自吾人發。』《唐史》云：甄濟不污祿山，拜太子舍人。
來瑱辟爲陝西襄陽參謀，拜禮部員外郎。宜城楚昌王廟墭
地廣九十畝，濟立墅其左。子逢耕宜城墅，自力讀書，以
父名不見史，欲詣京師自言。元和中荊南節度袁滋表濟節
行，有詔贈秘書少監。卽公所云『追爵其父第四品』者。
甄氏居宜城，見〈宜城驛記〉。」

是年九月，袁滋初鎮荊南，昌黎有書論薦樊宗師。

劉昌裔，去年十一月卒，今年九月葬。其孤縱請銘於韓愈，
昌黎作碑文及墓誌。

十月三日，李吉甫卒，年五十七歲。卒後，昌黎於其宅中取
得《順宗實錄五卷》舊本，重新刊正。

胡證以是年十一月爲振武軍節度使，抵所治後，與昌黎有酬詩。

大理評事王適疾卒。年四十四，十一月葬，昌黎爲考功郎中，
有墓誌。

冬，以狀舉薦之樊宗師於朝。

【詩文編年】

（比部郎中、史館修撰時）

正月廿五日，作〈扶風郡夫人墓誌銘〉。

春，作〈飲城南道邊古墓上逢中丞過贈禮部衛員外少室張道士〉。

八月，作〈與鄭相公書〉

閏八月十五日，作〈祭薛中丞文〉。

九月，五日作〈答元侍御書〉、〈與袁相公書〉。

九月，作〈唐故檢校尙書左僕射兼御史大夫龍武統軍贈潞州大都督彭城劉公墓碑〉、〈唐故檢校尙書左僕射右龍武統軍劉公墓誌銘〉。

秋，作〈送張道士詩並序〉、〈答道士寄樹雞〉（考辨）、〈廣宣上人頻見過〉（考辨）。

此時期，作〈祭裴太常文〉、〈江漢一首答孟郊〉。

（考功郎中，依前史館修撰時）

十月十七日，作〈貞曜先生墓誌銘〉。

（考功郎中、史館修撰時）

十一月，作〈奉酬振武袁十二丈大夫〉、〈試大理評事王君墓誌銘〉。

（考功郎中、知制誥時）

十一月十五日後，作〈答魏博田僕射書〉。

十二月廿五日，作〈爲韋相公讓官表〉。

是年多作〈酬王二十舍人雪中見寄〉、〈薦樊宗師狀〉。

是年作〈答劉正夫書〉（考辨）。

【時人事跡】

孟郊，八月卒。本年三月，鄭餘慶以太子少傅，檢校右僕射、興元尹、山南西道節度觀察使，辟孟郊爲其軍參謀，試大理評事。孟有〈贈韓郎中詩〉，昌黎有答詩。孟郊聞命自洛遂行，以暴疾，卒于河南之閿鄉。年六十四歲。十月，葬於洛陽東。昌黎爲作墓

誌。張籍建言私諡為：貞曜先生。昌黎從其議。

柳宗元，四十二歲，在永州司馬任。除游覽山水外，亦喜種植花木。

李翱，四十一歲，為浙東觀察判官。九月，浙東觀察使李遜入朝為給事中，李翱亦罷任歸京師。

張籍，在長安為太祝。白居易有〈讀張籍古樂府〉詩，推譽之。

白居易，四十三歲，仍居下邽金氏村。春，病眼。秋，李顧言來訪，留宿相語。八月，遊藍田悟真寺。冬，召授太子左贊善大夫入朝，居昭國里。

劉禹錫，四十三歲，在朗州九年不得遷，憂鬱感傷，有啓上宰相李絳、武元衡陳情，請求內召。

李賀，二十五歲。自京師歸昌谷。秋，至潞州（今山西長治縣），依張徹。時張徹初效潞幕。

元稹，三十六歲。守江陵法曹參軍。三月，妾安氏卒於江陵。閏八月，淮西叛。嚴綬拜山南東道節度使，以招撫之。元稹為從事。十月，嚴綬兼充申、光、蔡等州招撫使，崔潭峻為監軍，元稹居戎幕，司章奏。

賈島，三十六歲，陳商及第，將遊遠府，有詩送之。八月，孟郊卒，有詩哭之。

崔能，是年，為永州刺史。

王涯，四十七歲，拜中書舍人。

樊宗師，孟郊猝逝於閿鄉，宗師經理其後事。葬孟於洛陽其先人墓左。以鄭餘慶賻其家而供祀。

【詩文考辨】

〈答道士寄樹雞〉（《韓集》卷十）

方世舉《箋注》以為即前詩之張道士，

錢雖認為方世舉所言並無確據，類繫於元和九年，〈送張道士〉後。

張繫於元和九年冬，云：「以此詩與〈送張道士〉詩並序對析，有可能所指的張道士為一人。（中略）因二人有交往，或張從長安回嵩山後寄來，時當在九年冬。」

屈說：「此詩作年，未詳。」

謹按：韓氏交往之道士，計有廖道士、張道士兩人。廖道士「學於衡山，氣專而容寂，多藝而善遊」，韓於贈序中惋惜，說他「魁奇而迷溺」，期待他還俗報國。之後，有無往來，不可考。至於張道士，則譽之「通古今學，有文武長材」。元和九年，「聞朝廷將治東方諸侯貢賦之不如法者，三獻書不報，長揖而去」，韓愈有〈送張道士〉並序，末句勸以「但當勵前操，富貴非公誰？」這是韓氏一向對僧道人士的寫作主旨。再按，韓另有一首贈張道士，題為〈飲城南道邊古墓上逢中丞過贈禮部衛員外、少室張道士〉，此少室張道士，王元啟以為「意即是人」，錢據《舊書‧憲宗紀》及白居易〈送張山人歸嵩陽〉詩考之，謂張道士：「於元和六年已到京，則此詩繫諸七年八年春亦可。茲姑與〈送張道士〉詩同繫於九年。」由此而觀，張道士由元和七年到京，至元和九年離京，欲獻「平賊策」，惜朝庭不能用，可見是熱心報國之人，兩人意氣相投，別後，彼此有來往，或張回嵩山後寄木耳來，亦甚有可能。再說詩中「割乖龍右耳」句與詩中「平賊策」

之意氣相類，氣氛亦同。今繫元和九年。

〈廣宣上人頻見過〉（《韓集》卷十）

方崧卿《舉正》繫於元和十二年，〈年表〉繫於元和十一年。

小方《年譜》列為「無年考」。

方世舉《箋注》引《國史補》：「韋相貫之為尚書右丞入內，僧廣宣贊門曰：竊聞閣下不久拜相。」云：「此詩未能定其年月，但貫之為尚書右丞入相事在九年，而公在朝已久，是年十月，以考功郎中掌制誥。廣宣以詩為名，意實在於趨炎，則奔走長安街時時見過，或即在此時也。」

錢據之繫於元和九年。

張繫於元和九年深秋，云：「由詩題〈頻見過〉與詩句『三百六旬長擾擾』、『空愧高僧數往來』，知廣宣在長安活動之多以及韓愈對其厭煩態度。以《國史補》所記與《舊唐書・憲宗紀下》：『元和九年十二月戊辰，制以中大夫、守尚書右丞、上騎都尉，賜紫金魚袋韋貫之本官同中書門下平章事。』此詩寫於貫之入相前不久，尚任尚書右丞。又詩裏有『天寒古寺游人少，紅葉窗前有幾堆。』知詩寫於元和九年深秋。」

屈繫於「疑年」。

謹按：據魏本引《集注》：「廣宣，蜀僧，有詩名。元和中住長安安國寺，白樂天所云：『廣宣上人，詔許居安國寺紅樓院，以詩供奉』是也。宣有詩號《紅樓集》。《唐書・藝文志》又有宣與令孤楚《唱和》一卷。《劉夢得集》中亦有〈因呈廣宣上人〉二詩。其在中都，與公數往來，無足怪也。」方世舉據《國史補》知「廣宣乃奔走於公卿之門」，但「未能定其年月」，張則據《舊

書‧憲宗紀下》韋貫之拜相年月，推測爲元和九年深秋，仍未定論。因爲廣宣以詩唱酬於公卿間，韓氏「甚厭之也」，此一時期可由元和九年至元和十二年，今繫元和九年。

　　另，張籍有〈贈廣宣〉詩，羅《張籍年譜》繫長慶元年，可參。

〈答劉正夫書〉（《韓集》卷十八）

　　方崧卿繫於元和十年，云：「閣與杭本作『正夫』，《蜀》作『齒夫』，此書謂『賢尊給事』者，劉伯芻也。伯芻三子，寬夫、端夫、巖夫。巖夫第於元和十年，端夫十一年。蜀本以劉三子無名正夫者，刊作齒夫，然又安知端夫不先名正夫邪？姑從舊本。此書作於十年間。」

　　樊汝霖《譜注》：「正夫或作岩夫。書云：愈于足下忝同道而先進者，又嘗同游于賢尊給事。給事，劉伯芻也。公詩有〈和虢州劉給事使君新題二十一咏〉，即其人。伯芻三子：寬夫、端夫、岩夫。岩夫，字子耕，登元和十年進士第。」（《魏本》引）

　　劉正夫其父爲劉伯芻，在朝爲官，曾從事翻譯佛經工作，載見《舊唐書‧憲宗紀上》：「六年正月丙申，敕諫議大夫孟簡、給事中劉伯芻、工部侍郎歸登、右補闕蕭俛等於豐泉寺翻譯《大乘本生心地觀音經》。」

　　屈據方說，繫元和十年。

　　張繫於元和七年，云：「《舊唐書‧孟簡傳》同。時愈正與伯芻游，而正夫問文，亦當公在博士任上。縷析比對時事，當寫於元和七年。此書是公論文的重要文章。」

　　謹按：此文繫年兩說：元和七年、元和十年。

　　據《校注》文題下注：「正，或作齒。此書謂賢尊給事者劉

伯芻也。伯芻三子：寬夫、端夫、嚴夫，無名正夫者，故蜀本刊作㟅，豈正夫即㟅夫邪？今且從舊。」據《樊譜》云：「正夫或作岩夫」，岩夫同嚴夫；查《登科記考》卷十八，元和十年，嚴夫登進士第；今書中首句「愈白進士劉君足下」，究竟登第與否？尚可斟酌。據《登科記考》凡例：「舉進士而未第者曰進士、曰舉進士」，則劉正夫尚未登第。又云：「新舊唐書於初唐人傳，多但言舉進士，而不言第；即中葉詳載某年登第，亦有未可盡據者」，則劉正夫或已登第。

　　如樊汝霖《譜注》所言，昌黎詩有〈和虢州劉給事使君新題二十一咏〉，即劉伯芻。此詩方崧卿繫於元和八年，方成珪繫於元和九年，則昌黎與劉伯芻交往酬唱始於其時。劉正夫從韓問學，當在其後。文末，是故昌黎云：「愈於足下忝同道而先進者，又常從游於賢尊給事，既辱厚賜，又安得不進其所有以爲答也。」

　　張繫於元和七年，未免稍前；繫元和十年，則已第進士；是故，應繫元和八年至九年間爲宜。今繫元和九年。

唐憲宗元和十年乙未（815）　四十八歲

【朝廷時事】

正月，吳元濟反，制削元濟官爵，命宣武等十六道兵進討。

二月，詔鄂岳觀察使柳公綽以五千兵授安州刺史李聽，使討吳元濟。公綽即奏請自行，公綽至安州，選卒六千以屬聽。於是號令整肅，區處軍事，諸將無不服。

三月，詔以柳宗元爲柳州刺史、劉禹錫爲連州刺史。

田弘正遣其子布將兵助討淮西。盜焚河陰轉運院。

五月，遣御史中丞裴度宣慰淮西行營，察用兵行勢。及還，言淮西必可取之狀。韓愈上〈論淮西事宜狀〉，以爲蔡可立破，「所未可知者，在陛下斷與不斷矣。」因條陳用兵利害。

六月三日，盜殺中書侍郎、同平章事、武元衡，擊傷裴度首。京城大駭。八日，詔中外所在搜捕，獲賊者賞錢萬緡，官五品。十日，神策軍王士則等捕獲張晏等八人。二十五日，詔以裴度同平章事。二十八日，斬張晏等五人，殺其黨十四人，李師道客竟遣潛匿亡去。

王士則等捕賊，朝庭未給賞錢。韓愈以爲號令不信，上〈論捕賊行賞表〉，言：「方竊據未平，宜示人以信，趣給賞」。盜殺武元衡，白樂天上疏請急捕，執政惡其先臺諫而言，貶江州司馬。

七月，詔絕王承宗朝貢。

八月，己亥朔日食。

李師道遣兵襲東都，捕得伏誅。

九月，詔以韓弘爲淮西諸軍都統。

十一月，嚴綬爲太子少保。

是年進士及第，沈亞之、劉巖夫、李干等三十人；諸科，十四人；上書拜官，一人；禮部侍郎崔羣知貢舉。

【韓愈事跡】

元和十年，昌黎四十八歲。在考功郎中知制誥、依前史館修撰任。

二月，有〈與鄂州柳公綽書〉，意在鼓舞書生之氣，以羞壯

夫之顏。

〈與鄂州柳公綽書〉：「淮右殘孽，尚守巢窟，環寇之師殆且十萬，瞋目語難，自以為武人不肯循法度，頡頏作氣勢，竊爵位自尊大者，肩相磨地相屬也。不聞有一人援桴鼓誓衆而前者，……。閣下書生也，詩書禮樂是習，仁義是修，法度是束。一旦去文就武，鼓三軍而進之，陳師鞠旅，親與為辛苦，慷慨感激，同食下卒，將二州之牧，以壯士氣，斬所乘馬，以祭踶死之士，雖古名將，何以加茲？此由天資忠孝鬱於中，而大作於外；動皆中於機以取勝於當世，……。愈誠怯弱，不適於用，聽於下風，竊自增氣，誇於中朝稠人廣集之中，所以羞武夫之顏，令議者知將國兵，而為人之司命者，不在彼而在此也。……。」

《通鑑》卷239「元和十年」條：「九年閏八月，少陽卒。其子元濟自領軍務。十年春，吳元濟縱兵侵掠，及於東畿。己亥，制削元濟官爵，命宣武等十六道進軍討之。……詔鄂岳觀察使柳公綽以兵五千授安州刺史李聽，使討吳元濟。公綽曰：『朝廷以吾書生不知兵邪！』即奏請自行，許之。公綽至安州，李聽屬櫜鞬迎之。公綽以鄂岳都知兵馬使、先鋒行營兵馬都虞候二牒授之，選卒六千以屬聽，戒其部校曰：『行營之事，一決都將。』聽感恩畏威，如出麾下。公綽號令整肅，區處軍事，諸將無不服。士卒在行營者，其家疾病死喪，厚給之，妻淫泆者，沉之於江，士卒皆喜曰：『中丞為我治家，我何得不前死！』故每戰皆捷。公綽所乘馬，踶殺圉人，公綽命殺馬以祭之，或曰：『圉人自不備耳，此良馬，可惜！』公綽曰：『材良性駑，

何足惜也！』竟殺之。」

《洪譜》「元和十年」：「公〈與鄂州柳公綽中丞〉二書，云：『計已與裴中丞相見，行營事宜，不惜時賜示及』。當在今年。公綽以鄂岳兵五千隸安州刺史李聽，率赴行營。公綽曰：『朝近以吾儒生不知兵耶！』卽日上奏願行，許之。抵安州，選卒六千屬聽，戒其部校曰：『行營之事，一決都將。』聽感恩畏威，如出麾下。鄂軍既在行營，公綽時令省問其家疾病，養生送死，必厚廩之，故鄂人戰每剋捷。」

五月，憲宗先命御史中丞裴度使諸軍，察用兵形勢。及還，奏兵可用，賊勢可以滅。

《通鑑》卷 239「元和十年」條：「五月，上遣中丞裴度詣行營宣慰，……度還，言淮西必可取之狀，且曰：『觀諸將，惟李光顏勇而知義，必能立功。』上悅。」

五月，昌黎上〈論淮西事宜狀〉，以爲蔡可立破，「所未可知者，在陛下斷與不斷矣。」因條陳用兵事宜六條。

〈論淮西事宜狀〉：「今諸道發兵各二三千人，勢力單弱，羈旅異鄉，與賊不相諳委，望風慴懼。將帥以其客兵，待之既薄，使之又苦。或分割隊伍，兵將相失，心孤意怯，難以有功。又其本軍各須資遣，道路遼遠，勞費倍多。聞陳、許、安、唐、汝、壽等州與賊連接處，村落百姓悉有兵器，習於戰鬥，識賊深淺，比來未有處分，猶願自備衣糧，保護鄉里。若令召募，立可成軍。賊平之後，易使歸農。乞悉罷諸道軍，募土人以代之。……蔡州士卒皆國家百姓，若勢力窮不能爲惡者，不須過有殺戮。」

《通鑑》卷 239「元和十年」條：「五月，上遣中丞裴度詣行營宣慰，……度還，言淮西必可取之狀，……上悅。考功郎中、知制誥韓愈上言，以為：『淮西三小州，殘弊困劇之餘，而當天下之全力，其破敗可立而待。然所未可知者，在陛下斷與不斷耳。』因條陳用兵利害。」

《方考》「元和十年」條：「洪載〈淮西便宜狀〉（按：應作〈事宜狀〉），已經辨正。然公〈行狀〉載之甚明，固不必考之《通鑑》也。但《通鑑》附見裴度察形勢西歸之日，併載之五月。以〈行狀〉考之，公論實在〈捕賊行賞〉後也。察其事勢，亦當然也。《洪譜》附於六月之前，姑從《通鑑》耳，而實非也。〈墓誌〉與《新傳》又併繫於遷中書舍人之後，而樊從之，蓋又差一年也。」

孫傳〈跋洪慶善年譜〉：「獨〈淮西事宜狀〉有可疑者。按《通鑑》，元和九年閏八月丙辰，少陽薨，其子元濟匿喪，以病聞，自領軍務。九月，元濟不迎弔祭使，發兵四出屠舞陽，焚葉、襄城。十年春正月縱兵侵掠，及於東畿。己亥，制削元濟官爵，命宣武等十六道兵進討。其後師久未有功。五月，上遣中丞裴度詣行營察用兵形勢。度還，言淮西必可取之狀。考功郎中、知制誥韓愈上言，謂『克淮西，在陛下斷與不斷』，則是裴度察形勢還後，退之方有事宜狀。狀中云「去年春夏已來」，蓋謂少陽未死前爾。恐宜從《通鑑》。六月九日，孫傳伯野父題。」（見《洪譜》）

《程記》「貞元十二年」條：「請遣諸道兵募土人，以足兵數，又請分為四道，擇要地屯聚，量勢俱發；又言蔡士卒本皆迫脅，若形勢已窮，宜勅諸軍貸以生命；又言賞罰

不可不明；又請下詔淄青、恒冀，使無自疑。」

《朱校》：「今按：〈行狀〉、《通鑑》、《洪譜》謂：
〈淮西事宜狀〉，在去年知制誥時。而〈神道碑〉、《新
史》，則在遷中書舍人之後。但〈行狀〉言：公所論有殺
宰相事，乃在去年六月。而狀中，實無此語。若狀果在六
月之後，則不應不言及。則是此狀不惟不在十一年正月之
後，亦不在十年六月之後也。故《通鑑》直以繫於五月之
下。〈行狀〉敘事雖實，而記言則誤。碑文、新史固為失
之，今當以《通鑑》為正。」

謹案：昌黎上〈論淮西事宜狀〉，究為五月，抑為七月？作
於為考功郎中、知制誥時？抑為中書舍人時？今以《通鑑》為正。

當時宰相為韋貫之，去年十二月拜相。當時分主和、主戰兩
派。宰相為主和派，恬於所安，以不用兵為貴。主戰派為裴度、
韓愈。朝議多欲罷兵。

〈行狀〉：「上將平蔡州，先命御史中丞裴公度使諸軍以
視兵。及還，奏兵可用，賊勢可以滅，頗與宰相意忤。……
朝廷之賢，恬於所安，以苟不用兵為貴，議多與裴丞相異。
唯公以為盜殺宰相而遂息兵，其為懦甚大，兵不可以息。
以天下力取三州，尚何不可？」

六月，淄青節度使李師道派刺客殺武元衡，裴度受傷，京師
大駭。詔中外搜捕，獲賊者賞錢萬緡，官五品。十日，神策軍將
士王士則捕獲張宴等五人，廿八日斬張宴等五人，殺其黨十四人，
李師道刺客竟得亡去。

《通鑑》卷239「元和十年」條：「六月，癸卯，天未明，
元衡入朝，出所居靖安坊東門。有賊自暗中突出射之，從

者皆散去，賊執元衡馬行十餘步而殺之，取其顱骨而去。又入通化坊擊裴度，傷其首，附溝中，度氈帽厚，得不死。傔人王義自後抱賊大呼，賊斷義臂而去。京城大駭。賊遺紙於金吾及府、縣，曰：『毋急捕我，我先殺汝。』故捕賊者不敢甚急。兵部侍郎許孟容見上言：『自古未有宰相橫屍路隅而盜不獲者，此朝廷之辱也！』因涕泣。又詣中書揮涕言：『請奏起裴中丞為相，大索賊黨，窮其奸源。』戊申，詔中外所在搜捕，獲賊者賞錢萬緡，官五品；敢庇匿者，舉族誅之。於是京城大索，公卿家有復壁、重檽者皆索之。」

《舊唐書・憲宗紀下》：「十年六月，鎮州節度王承宗遣盜……刺宰相武元衡，……又刺裴度，傷首而免。……乃詔京城諸道，能捕賊者賞錢萬貫，仍與五品官，……乃積錢貳萬貫於東西市。京城大索。……神策將士王士則、王士平以盜名上言，且言王承宗所使，乃捕得張晏等八人誅之。」

王士則等捕賊，朝廷未給賞錢，昌黎以為號令不信，六月，因上〈論捕賊行賞表〉。

羅聯添《韓愈研究》：「案武元衡實為李師道將訾嘉珍門察等所害。而時人皆指王承宗客張宴輩所為。宰相張弘靖嘗疑張宴之冤，屢於憲宗前言之，憲宗不聽。張宴誅斬後，憲宗未賜王士則等賞錢，或已悟其所獲非人，而韓愈尚未之知也。」

今夏進實錄。三年前，即元和八年，十一月，韓愈取得韋處厚所撰《順宗實錄三卷》舊本，未云周悉，奉監修李吉甫令重修。

於是，昌黎與沈傳師、宇文籍共加採訪、尋檢詔敕，修成《順宗實錄五卷》，削去常事，助其繫於政者，比之舊錄，十益六七。九年十月，李吉甫卒。昌黎又從其宅第得舊本。自冬及夏刊正，六月二十九日畢，進實錄。翌月四日，宰臣以間有錯誤，重令修改。昌黎添改迄，復進舊本，有〈進順宗實錄表〉。

〈進順宗實錄狀〉：「去八年十一月，臣在史職，監修李吉甫授臣以前史官韋處厚所撰先帝實錄三卷，令臣重修。吉甫慎重其事，欲更研討，比及身歿，尚未加功。臣於吉甫宅取得舊本，自冬及夏，刊正方畢。」

《洪譜》「元和十年」：「按吉甫九年十月卒，則進《實錄》在此年夏也。」

《舊唐書・本傳》：「愈撰實錄，繁簡不當，敍事拙於取舍頗為當代所非。穆宗、文宗嘗詔史臣添改，時婿李漢、蔣係在顯位，諸公難之，而韋處厚別撰《順宗實錄》三卷。」

《洪譜》「元和十年」：「按退之作史詳略各有意，削去常事，著其繫於政者，其褒善貶惡之旨明甚，當時議者非之，卒竄定無全篇，良可惜也。史又云：『愈說禁中事頗切直，內官惡之，往往於上前言其不實。』此言是也。」

羅聯添《韓愈研究》：「案〈進實錄表〉云：『削去常事，著其繫於政者。……忠良姦佞，莫不備書。』則韓愈作史詳略各有用意，而褒善貶惡之旨，亦甚明，舊傳謂其『繁簡不當，拙於取捨』，實非篤論。又韓愈《順宗實錄五卷》係就韋處厚三卷本增益而成，舊傳乃云：『韋處厚別撰順宗實錄三卷』，大謬。」

劉真倫〈順宗實錄考實〉：「今傳《實錄》為略本，學

界對此並無異議。但略本是否為韓愈所撰，前人頗有疑慮。……今傳《實錄》為略本，沈氏的判斷並無問題，但以略本歸之韋氏，則僅屬想象之詞。……與沈氏的推測剛好相反，證實今本《實錄》為韓愈所撰的證據，卻是確鑿不移。……至如今本《實錄》的文字是否為後人所竄亂添改，兩《唐書》的記載確實使人疑或。但前引〈路隨傳〉已經說明，文宗詔令史官刪削的，只有貞元末數事，『其他不要更修』。則刪削後的《實錄》，仍然是韓愈的手筆。」（《韓愈集宋元傳本研究》第五編）

謹案：有關《順宗實錄》的評價，《洪譜》說良是。又羅聯添斥舊史：「韋處厚別撰《順宗實錄》三卷」，大謬，甚諦。

去年十月，亡友虞部員外郎張季友病卒於東都，年五十四。今年，兄子塗與其弟護柩歸葬長安。兄子塗以父遺書進韓門伏哭庭下，乞銘。昌黎為作墓誌。韓愈與王涯、崔羣有祭文。

十二月，衛之玄卒於南海，年五十三。歸葬河南。其弟中行與韓愈善，請銘，昌黎作〈衛府君墓誌〉。

房啓卒於官，年五十九。其子越能輯父事無失，謹謹致孝，既葬，請銘於韓，昌黎作墓碣銘。

是年，妻盧氏恩封高平郡君。其年，多購得靖安里宅第，並於城南購買別墅 —— 韓莊。

〈示兒〉：「主婦治北堂，膳食適戚疏；恩封高平君，子孫從朝裾。」

〈墓誌銘〉：「夫人高平郡君范陽盧氏。」

是年，李干進士及第。娶昌黎姪孫女李氏，疑在今年。

【詩文編年】

（考功郎中、知制誥、依前史館修撰時）

正月元日，作〈奉和庫部盧四兄曹長元日朝迴〉。

春，作〈寒食直歸遇雨〉、〈題百葉桃花〉、〈戲題牡丹〉、〈芍藥〉、〈春雪〉、〈盆池五首〉。

二月，作〈爲宰相賀雪表〉、〈與華州李尚書書〉。

五月初二，作〈唐故祕書少監贈絳州刺史獨孤府君墓誌銘〉。

五月，作〈與鄂州柳中丞書〉、〈再答柳中丞書〉。

五月，作〈論淮西事宜狀〉（考辨）

六月，作〈爲裴相公讓官表〉。

六月，作〈論捕賊行賞表〉。

夏，作〈進順宗實錄表狀〉五卷（考辨）。

九月，作〈唐故清河郡公房公墓碣銘〉。

十月，作〈送李尚書赴襄陽〉、〈祭唐故清河郡公虞部張員外文〉

十二月九日，作〈徐偃王廟碑〉。

十二月，作〈唐故監察御史衛府君墓誌銘〉、〈除崔群戶部侍郎制〉。

是年冬作〈示兒〉（考辨）。

是年作〈藍田縣丞廳壁記〉、〈唐故虞部員外郎張君墓誌銘〉、〈送李六協律歸荊南〉、〈山南鄭相公樊員外酬答爲詩其末咸有見及語樊封以示愈依賦十四韻以獻〉（考辨）、〈晚寄張十八助教周郎〉（考辨）。

【時人事跡】

李遜，拜襄州刺史，充山南東道節度觀察使。

張籍，爲太常寺太祝，十年不遷。

寶鞏，方從事江陵尹袁滋幕下，有詩贈劉禹錫。

白居易，四十四歲，在長安，居昭國里。爲太子左贊善大夫。六月，盜殺武元衡，白樂天上疏請急捕，執政惡其先臺諫而言，八月，貶江州司馬。十二月，有〈與元九書〉討論作文要旨。

柳宗元，四十三歲，正月，得詔赴長安。二月，至長安。三月，出爲柳州刺史。六月至柳州。隨柳宗元至柳者，有宗元從弟宗直、宗一。七月，從弟宗直死。柳宗元至柳州，有謝表。柳州民俗，貧者以兒女爲質，富者沒爲奴婢。柳宗元既至，遂設方計，悉令贖歸。柳民迷信巫鬼，桀傲而好殺牲，柳宗元以爲浮圖可佐教化，因逐淫神，修佛寺。後二年十月寺修成，有文記事。十月十三日，有詔至嶺南，追諡曹溪第六祖慧能爲「大鑒禪師」，柳宗元撰〈曹溪第六祖諡大鑒禪師碑〉。

吳武陵，是年，自永州北還，曾爲裴度言遷宗元於近地。

張籍，十年不遷，白樂天有贈詩，王建來長安，有贈詩。

李翶，四十二歲，在洛陽，爲河南府掾。

劉禹錫，四十四歲，正月，赴都。沿途有詩。二月，抵京師，閒遊玄都觀，有〈戲贈看花諸君子〉詩。或以看花詩有涉譏刺，當道不悅，三月，出爲播州刺史。劉赴連州，偕子厚首途至衡陽，臨湘水爲別，有篇詠酬贈。經桂嶺（在今湖南郴縣西），至郴州（今湖南郴縣），患瘴癘，扶策南行。蒞郡後，有〈謝上連州刺史表〉，〈謝門下武相公啓〉，〈謝中書張相公啓〉。

元稹，三十七歲。正月，奉詔回朝。二月，抵長安，居靖安里舊宅。三月，出爲通州司馬。

賈島，三十七歲。在長安。

李賀，二十六歲。在潞州。依張徹。

劉禹錫妻父，福建都團練觀察使薛謇卒。

張署，五十八歲。在澧州刺史任。

崔立之，時在藍田縣丞任。昌黎為作〈藍田縣丞廳壁記〉。

周況，時為四門博士。昌黎有詩招之攜手來遊。

【詩文考辨】

〈論淮西事宜狀〉（《韓集》四十卷）

方崧卿指此文：「元和十年作。」

《樊譜》云：「（韓愈）元和十一年正月二十日拜中書舍人，五月十八日坐廷議伐蔡與執政意忤，以它事降太子右庶子。見本傳及《憲宗實錄》。」

屈繫元和十一年，云：「廷議伐蔡，當即此狀也。」

張繫於元和十一年，辯云：「元和九年『淮西節度使吳少陽卒，其子元濟匿喪，自總兵柄，乃焚劫舞陽等四縣』，十年正月，制削奪吳元濟在身官爵。而韓愈〈狀〉云：『自少陽疾病，去年春夏已來，圖為今日之事。』當指唐軍與吳元濟戰及裴度視師事。今日則指今年的元和十一年。又云：『臣謬承恩寵，獲掌綸誥。地親職重，不同庶寮，輒竭愚誠，以效裨補。』正指為中書舍人時而上此〈狀〉，與〈狀〉首所說，十、十一年形勢正合。」

黃於「元和十年乙未」條下云：「五月，諸軍討淮西久未有功，憲宗遣中丞裴度詣行營宣慰，察用兵形勢。度還，言淮西必可取之狀，上悅。韓愈有〈論淮西事宜狀〉。」

謹按：此狀繫年有兩說：元和十年、元和十一年。

據〈狀〉中，韓愈云：「臣謬承恩寵，獲掌綸誥，地親職重，不同庶寮，輒謁愚誠，以效裨補。謹條次平賊事宜，一一如後。」

查韓愈在元和九年十二月至元和十一年正月十九日以考功郎中知制誥。文中謂「獲掌綸誥」即寫於此時。

　　案《通鑑》卷 239「憲宗元和十年」條：考功郎中、知制誥韓愈上言云云，即為此〈狀〉，時在裴度還朝，言淮西必可取之後。故知此〈狀〉寫於元和十年，五月間。

〈順宗實錄五卷〉（《韓集・外集》卷六至十）

〔宋〕程俱《韓文公歷官記》繫於元和八年。

洪興祖《韓子年譜》繫於「元和十年」下。

屈云：「據以上二表，知《實錄》之修撰，實三易其稿。其事始於元和八年十一月，至元和九年冬十月李吉甫卒時，初稿已修成。吉甫卒後，韓愈取舊稿刊正，在元和九年冬至元和十年夏，此為第二稿，隨〈表〉進上者即此稿。憲宗宣示此稿尚有錯誤，並遺漏順宗建中末年隨駕至奉天一段事迹，詔令添改。次月，韓愈添改訖，此為第三稿，即隨〈表〉二進上者，其時當在元和十年夏或初秋。參與修撰者，以韓愈為首，沈傳師、宇文籍亦任採事詮次之責。」

張於「元和十年乙未」條下云：「是夏，《順宗實錄》成，進呈，並作〈進順宗皇帝實錄表狀〉。」辯云：「吉甫授愈等《實錄》三卷稿在八年，初步修成送給吉甫是九年，吉甫卒于元和九年十月，而愈從吉甫宅拿回實錄稿在此後。又『自冬及夏，刊正方畢』，指自九年冬至十年夏。《實錄》之進，表、狀是呈當在此時。」

黃於「元和十年乙未」條下云：「夏，完成《順宗實錄》，獻上於憲宗，有進〈順宗皇帝實錄表狀〉。」論云：「案李吉甫

卒於元和九年冬十月。此文有『自冬及夏』，當在元和十年夏作。」

謹按：此文繫年有兩說：元和八年、元和十年。

《順宗實錄》乃爲合撰。論寫作時間由元和八年十一月至元和十年夏秋間，論完成，則在元和十年夏，韓愈〈進狀〉亦呈於此時。

〈示兒〉（《韓集》卷七）

方崧卿《舉正》：「〈示兒〉、〈庭楸〉二詩，元和十三年。」

樊汝霖繫於元和十二年，曰：「公自貞元二年始來京師，至元和十一年三十年矣。公時爲中書舍人。十二年十二月爲刑部侍郎，此詩爲刑部時作，而言三十年者，舉其凡也。」（《魏本》引）

王鳴盛認爲侍郎時作，云：「《新唐書・百官志》：『刑部侍郎一人，正四品。』〈車服志〉：『三品，金玉帶銙十三。景雲中，詔衣紫者魚袋以金飾之。』詩云：『玉帶懸金魚』，想必是爲侍郎時作。」

王元啓繫於元和十一年，曰：「詩言『辛勤三十年，以有此屋廬』，公自貞元二年丙寅入京，至元和十一年丙申爲中書舍人，適三十年。此詩欲令兒輩無忘往日辛勤，必係初得此屋時作。樊謂十二年爲刑部侍郎作，恐係妄說。」

方成珪《昌黎先生詩文年譜》認是元和十年冬作，云：「公自貞元二年入京，至是適三十年，故曰：『辛勤三十年，以有此屋廬』也。」

錢繫元和十年，曰：「元和十一年、十二年、十三年諸說，皆逾三十年之說。『玉帶懸金魚』句，指來客言，王鳴盛說亦非是。茲從《方譜》。」

屈據方成珪《年譜》，繫於元和十年。

黃據方成珪《年譜》，繫於「元和十年」條下。

張繫元和十三年，云：「錢雖駁了十一、十二、十三年之說，而從方十年之說，然對詩中『主婦治北堂，膳服適戚疏，恩封高平君，子孫從朝裾』一段詩意未細味，韓愈夫人封高平郡夫人，皇甫湜〈韓公墓誌銘〉曰：『夫人高平郡范陽盧氏。』」（按：經查原文郡作君。）凡母及夫人賜封郡君者，其官四品，時韓愈官正四品下階。《舊唐書・職官二》：『四品母妻，爲郡君。』正合唐制。故詩當寫於十三年韓愈任刑部侍郎時。」

謹按：此詩繫年有四說：（一）元和十年，方成珪、錢仲聯、黃埕喜、屈守元主之；（二）元和十一年，王元啓主之；（三）元和十二年，樊汝霖主之；（四）元和十三年，王鳴盛、張清華主之。

關鍵點在於詩中：「辛勤三十年，以有此屋廬」、「玉帶懸金魚」、「恩封高平君」三句。韓氏自貞元二年入京，至元和十年，適「三十年」，錢仲聯以爲「元和一十、十二年、十三年諸說，皆逾三十年之說。」至於「玉帶懸金魚」，不必指是韓愈官服，可指「來客」之官服，於是，錢指出「王鳴盛說非是」。至於「元和十年」說，張引述詩中「恩封高平君」及據皇甫湜〈墓誌銘〉曰：「夫人高平君范陽盧氏」以爲是封「高平郡夫人」作質疑。惟據《舊唐書・職官二》：「一品及國公母妻，爲國夫人；三品已上母妻，爲郡夫人；四品母妻，爲郡君；五品若勳官三品有封，母妻爲縣君。」元和十年韓氏官拜考功郎中知制誥，考功郎中爲從五品上階，其妻恩封爲「高平縣君」，不必如張所言之「郡君」；故繫元和十年之說，其說較長。

〈山南鄭相公樊員外酬答為詩其末咸有見及語樊封以示愈依賦十四韻以獻〉（《韓集》卷七）

方世舉《箋注》：「《舊書·憲宗紀》：『九年三月，以太子少傅鄭餘慶為山南西道節度使。』」

《新唐書·樊宗師傳》：「宗師，字紹述，始為國子主簿，歷絳州刺史，進諫議大夫，未拜卒。韓愈稱宗師議論平正有經據，嘗荐其材云。」

錢繫元和九年，係據韓集〈薦樊宗師狀〉：「攝山南西道副使前檢校水部員外郎樊宗師。」

張據韓愈〈薦樊宗師狀〉，論云：「知樊曾隨鄭餘慶節度山南西道為副。二人職事行跡與此詩正合；詩當寫於是年三月以後樊攝山南西道節度副使入山南西道，最早當在孟郊葬後。」

黃繫於「元和九年」條下，所據為〈薦樊宗師狀〉所云：「攝山南西道節度副使前檢校水部員外郎樊宗師」，認為此時樊宗師已為員外。

屈繫於元和十年，據《舊唐書·憲宗紀》載：「元和九年三月至十一年十月，鄭餘慶為山南西道節度使。」及韓愈〈貞曜先生墓誌〉載：元和九年十月，樊宗師尚在洛陽經營孟郊葬事，云：「其為鄭辟為副使當在十年。則韓愈此詩當作在十年或十一年也。今姑系在十年。」

謹按：此詩繫年有二說：（一）元和九年，錢、張、黃主之；（二）元和十年，屈主之。此詩之觀察點在於詩集「樊員外」三字，亦即樊宗師任山南西道節度副使，檢校水部員外究在何時？

查《舊唐書·憲宗紀》，鄭餘慶拜山南西道節度使時間在元

和九年二月至元和十一年一月。據華忱之《唐孟郊年譜》及《韓愈研究》「孟郊」條，「鄭辟孟郊為其軍參謀。孟聞命，挈妻自洛西行，至閿鄉，八月，暴疾卒。十月葬孟郊於洛北邙山」，整個喪葬之事即由樊宗師經營。葬事結束後，韓氏修書復鄭氏，言及樊宗師「經營孟家事，不啻如己」，（〈與鄭相公書〉），有薦樊於鄭之意。（按：在此之前，韓氏又有〈與袁相公書〉，書中極力稱譽樊氏之德智文章。）大抵因此之薦，樊氏其後逐得任職於鄭幕下。其時間「最早當在孟郊葬後」，這段時間可在元和九年年底，也可能是元和十年年初。至於鄭、樊作詩唱酬，韓氏再答，則勢必在其後，詩中還提及「日延講大訓，龜判錯袞黻，樊子坐賓署，演孔刮老佛」，想必是在興元學廬，養生徒，行教化，演儒家之學，評佛老之說，以此而觀，以在元和十年或十一年為宜。

〈晚寄張十八助教周郎博士〉（《韓集》卷七）

方崧卿《舉正》繫於元和十年，〈年表〉繫於元和十一年。

方成珪《年譜》繫於元和十一年春夏間作。

錢繫於元和十一年冬，云：「詩有『歲將淹』語，是十一年冬所作，公時已為太子右庶子矣。」

張據詩云：「晴雲如擘絮，新月似磨鐮」、「吾生可攜手，嘆息歲將淹」，云：「知是歲末十二月的月初。」

黃於「元和十一年」條下云：「歲末，有〈晚寄張十八助教周郎博士〉。」

屈論云：「詩情極平和，方崧卿謂元和十年作近是。」

謹按：此詩繫年有二說：元和十年，元和十一年。

　　若從「元和十年」說，韓氏任考功郎中知制誥，年冬，在長安靖安里始購自宅，撰〈示兒〉詩。詩中云：「凡此座中人，十九持鈞樞。又問誰與頻，莫與張樊如，來過亦無事，考評道精粗。」「十九持鈞樞」與任官「知制誥」合；「莫與張樊如」，張指張籍，樊指樊宗師，王元啓云：「二人雖不持鈞樞，但從公考道」，故以詩招張籍而順及於姪女婿周況，亦合情理。

　　若從「元和十一年」說：此年正月二十丙戌，韓氏自考功郎中知制誥遷中書舍人，五月癸未，降太子右庶子。春或夏間，作〈祭周氏姪女文〉及〈韓妤墓誌銘〉，此時周況正在喪妻期內，招之宴遊，恐甚不宜。以此而論，以繫元和十年爲勝。

唐憲宗元和十一年丙申（816）　四十九歲

【朝廷時事】

正月，張弘請罷翰林學士、知制誥；錢徽，蕭俛罷翰林學士。
　　詔削王承宗官爵，命河東、幽州等六道軍進討。
　　韓愈遷中書舍人。
二月，詔以李逢吉同平章事。
三月，莊憲皇太后王氏崩。
四月，詔以司農皇甫鎛判度支；鎛始以聚斂得幸。
六月，唐鄧節度使高霞寓爲淮西兵所敗，僅以身免。憲宗始悟，於是獨用裴度之言。
八月，韋貫之罷爲吏部侍郎。
　　皇太后王氏祔葬豐陵。

九月，李光顏、烏重胤拔淮西凌雲柵。加李師道檢校司空。

十一月，詔以柳公綽為京兆尹。加李光顏等檢校官。

十二月，詔以李愬為唐鄧節度使。

　　初置淮潁水運使。

十二月，詔以王涯為中書侍郎、同平章事。

是年進士及第，鄭澥、姚合、皇甫曙等三十三人；諸科，十四人；茂才異等科，杜元穎；中書舍人李逢吉知貢舉。

【韓愈事跡】

元和十一年，韓愈四十九歲。任考功郎中、知制誥；正月丙戌（二十日），遷中書舍人。丙申（三十），賜緋魚。五月癸未（十八日），降太子右庶子。

> 《洪譜》「元和十一年」引《實錄》云：「十一年正月丙戌，考功郎中、知制誥韓愈中書舍人；丙申，賜服緋魚。」

去年，袁氏先廟既成。袁滋自荊南回朝，二月六日春分日祭祀，既畢，欲屬篤古而達於詞者著先人之名跡，以命韓愈，昌黎謝以非人，不獲命，則謹條袁氏之世系里居，以為教於後，可謂大孝；作〈袁氏先廟碑〉。

五月十八日，降職。昌黎主戰，不為宰相所喜。於是，摭其舊事毀之。言愈前左降為江陵掾曹，荊南節度使裴均館之頗厚。均子鍔凡鄙，近者鍔還省父，愈為序餞鍔，仍呼其字。此論喧於朝列，坐是降為太子右庶子。

> 〈行狀〉：「朝廷之賢，括於所安，以苟不用兵為貴，議多與裴丞相異；唯公以為盜殺宰相而遽息兵，其為懦甚大，兵不可以息，……故兵遂用。而宰相有不便之者。月滿，遷中書舍人，賜緋魚袋，後竟以他事改太子右庶子。」

〈神道碑〉：「廷議蔡叛可誅，與眾意違，改右庶子。」

《新唐書・本傳》：「轉考功，知制誥，進中書舍人。初，憲宗將平蔡，命御史中丞裴度使諸軍按視。及還，且言賊可滅，與宰相議不合。愈亦奏言：（略）。執政不喜。會有人詆愈在江陵時為裴均所厚，均子鍔素無狀，愈為文章，字命鍔謗語囂暴，由是改太子右庶子。」

《舊唐書・本傳》：「俄有不悅愈者，摭其舊事，言愈前左降為江陵掾曹，荊南節度使裴均館之頗厚，均子鍔凡鄙，近者鍔還省父，愈為序餞鍔，仍呼其字。此論喧於朝列，坐是改太子右庶子。」

《洪譜》「元和十一年」引《實錄》：「五月癸未，降為太子右庶子。」

六月，從姪登請求借閱《科斗文孝經》及《漢衛宏官書》，留月餘，張籍因命進士賀拔恕鈔寫二書，以贈韓愈。正本還歸氏。昌黎有文記之。

秋至冬，昌黎與張籍有詩酬贈。

七月，莊憲皇太后之弟，今天子之舅，王用薨，年四十七。十一月葬，其妹婿京兆尹李脩請銘於右庶子韓愈，昌黎因作神道碑文。

曹成王李皋，貞元八年三月卒。後二十五年，即元和十一年，其子李道古自黔中來朝；時詔命伐蔡，泣請昌黎作碑；因作〈曹成王碑〉。

冬，薦殷侑堪任御史太常博士，有狀。

張籍眼疾初癒，隨韓退之遊城南。作〈患眼〉、〈閑遊〉等詩。

張籍仍居長安西街西明寺後延康里。夏末，昌黎有〈題張十八所居詩〉，稱張籍「詩文齊六經」；張籍有〈酬韓庶子〉詩。

秋冬，韓張有詩相酬。

韓雲卿孫、韓俞之女、四門博士周況之妻韓好好卒，年二十七。韓有〈祭周氏姪女文〉、〈墓誌〉。

> 《洪譜》「元和十一年」：「〈周況妻韓氏墓誌〉云：『開封卒，愈時為博士，乞分教東都生，以收其孥於開封界中教畜之，而歸其長女于周氏況。韓氏嫁九年而死，其從父愈於時為中書舍人。』」

【詩文編年】

（考功郎中知制誥時）

正月，作〈人日城南登高〉、〈遊城南十六首〉。

（中書舍人時）

二月十六日，作〈唐荊南節度使袁氏先廟碑〉（考辨）。

三月，作〈感春三首〉。

春，作〈和席八十二韻〉。

是時，作〈祭周氏姪女文〉、〈四門博士周況妻韓氏墓誌銘〉。

（太子右庶子時）

六月四日，作〈科斗書後記〉。

八月，作〈大行皇太后挽歌詞三首〉、〈梁國惠康公主挽歌二首〉（考辨）。

秋，作〈酬馬侍郎寄酒〉、〈符讀書城南〉、〈奉酬盧給事雲夫曲江荷花行〉、〈和錢七兄曹長盆池所植〉、〈早赴街西行香贈盧李二中舍人〉（考辨）。

十一月十日，作〈唐故銀青光祿大夫檢校右散騎常侍兼右金吾衛大將軍贈工部尚書太原郡公神道碑文〉。

十一月，十一日作〈進王用碑文狀〉、〈謝許受王用男人事

物狀〉。

是年冬，作〈晚寄張助教博士〉、〈冬薦官殷侑狀〉、〈薦樊宗師狀〉（考辨）。

是時，作〈題張十八所居〉、〈庭楸〉、〈聽穎師彈琴〉、〈曹成王碑〉、〈記夢〉（考辨）。

【時人事跡】

張籍，五十一歲，爲國子監廣文館助教，疑在本年。眼疾初癒，隨昌黎遊城南。作〈患眼〉〈閑遊〉等詩。

李翶，四十三歲。在洛陽河南府掾任。

元稹，三十七歲，在通州司馬任。是年憂復患瘧疾，赴興元醫治。繼娶妻裴淑。

劉禹錫，四十五歲，在連州刺史任。與柳子厚有詩唱酬。

四月，戶部侍郎楊於陵貶郴州刺史，柳宗元有詩酬贈。

白居易，四十五歲，在江州司馬任。二月，赴廬山，遊東林、西林寺，訪陶潛舊宅。秋，送客湓浦口，夜聞舟彈琵琶者，作〈琵琶引〉。是年，女阿羅生。

王建去長安，有詩留別張籍。

柳宗元，四十四歲，在柳州刺史任。長子周六生。從弟宗一離柳州。

李賀，自潞州歸昌谷，卒。年二十七歲。

道州刺史薛伯高，八月，修文宣王廟成，柳宗元爲作廟碑。

皇甫湜，四十歲，從事於裴武荊州幕。裴武自元和十一年七月至十五年鎮荊州，辟皇甫爲從事。

賈島，三十八歲，在長安。

姚合，登進士第。

【詩文考辨】

〈袁氏先廟碑〉（《韓集》卷二十七）

《資治通鑑》卷二三九載：「元和十一年二月，荊南節度使袁滋父祖墓朗山，請入朝，欲勸上罷兵。行至鄧州，聞蕭俛、錢徵貶官。及見上，更以必克勸之，僅得還鎮。」及〈碑〉云：「袁公滋既成廟，明歲二月，自荊南以旄節朝京師，留六日得壬子春分，率宗親子屬用少牢於三宮。」

方成珪《詩文年譜》繫十一年，云：「袁滋以去年立廟京師，是年二月自荊南來朝。」

屈繫於元和十年，論云：「既事，請愈為此碑。則袁滋以蔡州吳元濟反，而其祖墓在蔡州，乃於京師建先廟以祭。其以荊南節度朝京師，即元和十一年二月也。是年二月丁酉朔，壬子為十六日，則碑作在是月中、下旬。」屈繫於元和十一年。

黃於「元和十一年」條下云：「二月，為袁滋作袁氏先廟碑。」

張繫於元和十年，論稱：「按碑文云：『袁公滋既成廟，明歲二月，自荊南以旄節朝京師。』明歲，指十一年，此碑文當成於十年廟成時。」

謹按：此文繫年有兩說：元和十年、元和十一年。

此篇文意，是袁公率宗親子屬祭廟後，既事，退議「必屬篤古而達於詞者」撰文紀德，「遂以命愈」；愈辭不獲，乃有此作，故應寫於元和十一年二月之後。張謂寫於元和十年廟成時，若此，則十年時韓愈焉能預寫明年（十一年）之情事耶？今繫元和十一年。

〈早赴街西行香贈盧李二中舍人〉（《韓集》卷七）

方崧卿云：「盧汀、李逢吉。元和十年（815）作。」

朱熹釋詩題云：「盧汀、李逢吉。」

方世舉繫於元和九年秋。

方成珪《詩文年譜》從之，亦繫元和九年

王鳴盛曰：「李逢吉，元和九年改中書舍人，至十一年二月，同平章事。」

沈欽韓《補注》：「中書舍人無稱中舍人者。《唐六典》有太子中舍人，正五品以上，雖系高班，只是冗員，故詩云『寂寥二三子』也，非盧汀、李逢吉矣。」

錢指此詩：「當是公降官太子右庶子時作。」

屈繫於元和十一年秋，云：「按：《舊唐書‧憲宗紀》及〈李逢吉傳〉載，逢吉以元和九年改中書舍人，十一年二月為相。則方、朱皆釋『中舍人』為中書舍人也，故以元和十年作。《新唐書‧百官志四上》：『東宮右春坊，右庶子二人，正四品下；中舍人二人，正五品下。』韓愈以元和十一年五月十八日坐廷議伐蔡，由中書舍人降為右庶子，則『盧、李二中舍人』，乃右春坊韓愈之同僚，故詩云：『寂寥二三子』，非中書舍人之盧汀、李逢吉也。方、朱說誤。元和十一年秋作。」

張繫於元和九年，云：「盧汀，字雲夫，貞元元年進士，兩《唐書》無傳。以其與人交往文獻考查，其官歷虞部司門、庫部郎曹、遷中書舍人，為給事中，後莫知所終，時正任中書舍人。李逢吉，九年改中書舍人，權知禮部貢舉，賜緋魚袋李逢吉為門下侍郎，同中書門下平章事，賜紫金魚袋（事見唐書本傳及憲宗

紀）。又詩云：『月明御溝曉，蟬吟堤樹秋。』詩當寫於秋天，而十一年二月李已爲平章事，不當再稱中舍。錢說非是，當寫於九年，李遷中書舍人後。」

謹按：此詩繫年有三說：元和九年、元和十年、元和十一年。

大方、朱熹及張皆以爲詩題的盧、李二中舍人是「盧汀、李逢吉」，二人於元和九年皆任中書舍人，故此三家皆以此詩爲元和九年作。

錢、屈認爲是作於元和十一年降官太子右庶子時。前者，無說理由；後者，則以爲「中舍人」不同於「中書舍人」，據《新書・百官志》，「中舍人」爲「東宮右春坊」的同僚，又由此認爲「盧李二中舍人」另有其人，「非盧汀、李逢吉也。」

查《唐六典》右庶子之職掌「侍從左右，獻納啓奏，宣傳令言」，「中舍人爲之貳，凡皇太子監國於宮內下令，書太子親畫。日至春坊則右庶子宣傳之，中舍人奉之，舍人行之。」沈說「中書舍人無稱中舍人者」，詩云「寂寥二三子」，與「中舍人」之職掌情境亦似。

再查本詩，句云：「月明御溝曉，蟬鳴堤樹秋。」寫的是秋天。若是元和十二年秋，昌黎從征淮西，情景不合。今繫元和十一年秋。

〈記夢〉（《韓集》卷七）

大小方俱繫元和十一年。

方世舉繫於元和二年，其《箋注》卷六云：「此詩謂不服神仙，僅得形貌。即謂因忤執政降右庶子有所託諷而作，亦於詩意遼隔；大抵爲鄭絪耳。公自江陵歸，見相國鄭絪，絪與之坐語，

索其詩書,將以文學職處之。有爭先讒愈於絪,又讒之於翰林舍人李吉甫、裴垍,或以告公。公曰:愈非病風而妄罵,不當如讒者之言。因作〈釋言〉以自解。終恐及難,遂求公司東都。詩中神官與言,謂鄭絪也。三人共追,謂爭先者也。護短憑愚,謂其信讒。『安能從汝巢神山』,言不媚絪以求文學之職也。詩意顯然,而悠謬其辭,亦憂讒畏譏之心耳。」

　　錢繫於元和二年,云:「元和二年作爲近,特不必如方注之穿鑿比附耳。」

　　張辯云:「從詩中『我聽其言未云足』云,頗似〈釋言〉『有來謂愈者曰』的口氣。以是年爲宜,當在去洛前。」

　　黃於「元和二年」條下云:「既知有人讒之,又作詩以解其心。有〈記夢〉、〈三星行〉、〈剝啄行〉」,云:「以上三首詩,皆有遇讒而恐及難之心。」

　　屈置爲「疑年詩」,據〈行狀〉云:「元和二年,公權知國子博士,宰相有愛公文者,將以文學職處公,會有構公飛語者,公恐及難,遂求分司東都。又元和十一年知制誥,以忤執政,降爲太子右庶子。其此兩時所作歟?」

　　謹按:此詩繫年有兩說:元和二年、元和十一年。

　　方世舉、錢、張、黃俱繫元和二年,大小方俱繫元和十一年,屈意乃在兩者之間,不能決定,故作「疑年」。

　　查韓愈以主用兵淮西爲主和宰相所不喜,主和派之宰相及其同黨遂藉韓愈餞送裴鍔序而黜出之,時爲元和十一年,觀詩意有「不能俯仰隨人之意」,當作於左遷之時,以時衡之,以元和十一年爲勝。

〈梁國惠康公主挽歌二首〉（《韓集》卷九）

大方《舉正》繫於元和七、八年。

小方《年譜》列為「無年考」。

方世舉《箋注》：「《新唐書‧公主傳》：「梁國惠康公主始封普寧，帝特愛之，下嫁于季友。元和中，徙永昌。薨，追進封及謚。」據《舊唐書‧于頔傳》：「憲宗即位，頔以第四子季友尚公主，憲宗以長女永昌公主降焉。元和二年十二月也。」頔自襄陽入覲，冊拜司空平章，故云台室。至八年正月，頔貶恩王傅，季友以誑罔公主、藏隱內人，削奪所任官，是公主猶未薨也。」（卷九）

錢繫於元和八年後，云：「其年月不可考，類繫於此。」

張繫元和十一年，據《新唐書‧公主傳》、《舊唐書‧于頔傳》及《舊書‧憲宗紀》，知道公主下嫁于季友在元和二年十二月，元和八年于季友「誑罔公主」、「傷風黷禮」、被「削奪所任官，在家修省」，時公主尚在。又據何焯《義門讀書紀》卷 30，疑「于季友去官修省後公主身孕得子，以此推斷，時當在九、十年間。」又據詩句「夫族迎魂去，宮官會葬歸」，「疑指會葬父族之墓，豈與皇太后同時否？」

屈據《新唐書‧于頔傳》云：「此詩元和八年後作。」

謹按：此詩繫年有三說：元和七、八年、元和八年後、元和十一年。

如方世舉言，元和八年間公主猶未薨，故《舉正》、屈說可以排除。

據《新唐書‧憲宗紀》：「十一年三月庚午，皇太后（莊憲

皇后）崩，八月庚申，葬於豐陵。」而此〈梁國惠康公主挽歌〉
其一云：「龍輔非厭翟」，可以揆酌。

　　據《新唐書・卷 14・車服志》：「凡天子之車：曰玉路者，
祭祀、納後所乘也，……；金路者，饗、射、祀還、飲至所乘也，……；
象路者，行道所乘也，……；革路者，臨兵、巡守所乘也，……；
木路者，蒐田所乘也，……。」又云：「五路皆重輿，左青龍，
右白虎，金鳳翅，畫苣文鳥獸，黃屋左纛。金鳳一、鈴二在軾前，
鸞十二在衡。龍輔前設鄣塵。青蓋三層，繡飾。上設博山方鏡，
下圓鏡。樹羽。輪金根、硃班、重牙。左建旗，十有二旒，畫升
龍，其長曳地，青繡綢杠。右載闟戟，長四尺，廣三尺，戟文。
旗首金龍銜錦結綬及綏帶，垂鈴。金鍐方釳，插翟尾五焦，鏤錫，
鞶纓十二就。旌旗、蓋、鞶纓，皆從路質，唯蓋裡皆用黃。五路
皆有副。」

　　詩云：「龍輔」，疑爲天子所謂「五路」車，觀其「左青龍，
右白虎，金鳳翅，畫苣文鳥獸，黃屋左纛。金鳳一、鈴二在軾前，
鸞十二在衡。」故謂之龍輔。

　　至於皇后亦有六車，據《新唐書・卷 14・車服志》所載，就
是：「重翟車者，受冊、從祀、饗廟所乘也，……。厭翟車者，
親桑所乘也，……。翟車者，歸寧所乘也，……。安車者，臨幸
所乘也，制如金路，……。四望車者，拜陵、臨喪所乘也，……。
金根車者，常行所乘也，……。」平時，夫人以下至公主、王妃，
據《新唐書・卷 14・車服志》所載，其乘車之制爲：「夫人乘厭
翟車，九嬪乘翟車，婕妤以下乘安車。外命婦、公主、王妃乘厭
翟車。」

　　詩中云：「非厭翟」，是說當時喪車用的不是皇后六車的重

翟車、厭翟車，而是天子的「玉路」車，可知皇帝對此喪禮的重視；與史載其尊重皇太后（莊憲皇后）及特愛之梁國惠康公主相合。由此以觀，公主之喪，不乘厭翟車，而坐龍輀；可爲與皇太后葬於同時之證。總上言，因爲皇太后是祔葬豐陵，用天子的規格；反映了梁國惠康公主之喪是附之而葬的事實，今繫元和十一年。

〈薦樊宗師狀〉（《韓集》卷三十八）

韓醇云：「宗師字紹述，公薦之屢矣。因東野之葬稱其經營如己，薦之於鄭餘慶，後又薦之於故相袁滋，今又以狀薦於朝，其於朋友，可謂信矣。」

方崧卿云：「元和十一、二年作。」

屈繫於元和十二年，云：「鄭餘慶以元和九年（814）三月除山南西道節度使，其辟樊宗師爲副使，當在是年冬或明年。十一年十月，權德輿代鄭餘慶爲節度使。此狀似作在鄭餘慶去鎮後，姑繫在十二年。」

張繫於元和十三年，謂：「此狀云：『攝山南西道節度副使朝議郎前檢校水部員外郎兼殿中侍御史賜緋魚袋樊宗師』，又韓愈〈紹述墓志銘〉說他以金部郎中告哀南方，後出爲綿州刺史，一年，征拜左司郎中，又出刺絳州的情況看，此薦當在元和十三年。故暫繫此年。」

黃姑繫於「元和九年」，云：「案觀此文知樊宗師已被鄭餘慶辟爲山南節度副使，然何時作此狀則不可考知。」

謹按：此文繫年有四說：（一）元和九年，黃主之；（二）元和十一、二年，方崧卿主之；（三）元和十二年，屈主之；（四）元和十三年，張主之。

　　查「東野之葬」，事在元和九年（814）八月，據《舊唐書・卷158・鄭餘慶傳》，其年，鄭餘慶，拜檢校右僕射，兼興元尹，充山南西道節度觀察使，奏孟郊為軍參謀、試大理評事，孟郊攜眷赴任，次于閿鄉，八月己亥，以暴疾卒。孟之喪葬，概由樊經營。其後韓復書於鄭，有〈與鄭相公書〉，文中言及樊宗師，此即「薦之鄭餘慶」也。因此之故，樊遂為山南西道節度副使，大概是由鄭氏所徵辟；元和十一年十月，鄭任期任滿。之後，由權德輿接任。又據《舊唐書・卷148・權德輿傳》，權德輿以檢校吏部尚書，兼興元尹，充山南西道節度使。因韓氏與權氏亦為舊識。韓氏有無再薦於權氏？不可知。而權德輿卒於元和十三年八月。以此言之，若無再薦，則樊之副使任職到元和十一年十月；若有再薦，則可繼續任職至元和十三年八月。

　　再查《新唐書・卷159・樊宗師傳》及韓氏所撰之《南陽樊紹述墓誌》及其內文舊注，樊於「元和十五年正月，憲宗崩，曾以金部郎中告哀南方」，自此之後，「出為綿州刺史」，「一年，徵拜左司郎中，又出刺絳州」，又「以為諫議大夫，命且下，遂病以卒。」如此以觀，則樊無官職之時間，可能即在元和十一年十月後或元和十三年八月後這兩段時間，而韓薦狀之寫作亦可能作於此時。再查韓氏的仕履。元和十一年，韓氏五月降為子右庶子，元和十三年八月韓任刑部侍郎。

　　按《韓集》，韓薦樊於鄭有書，（《校注》卷三）若薦樊於權氏似不應無書，現既無書薦樊於權氏，則元和十三年八月之說可以排除。

　　再查《唐會要》卷82「多薦」條：「元和七年八月，中書門下奏：『諸州府五品已上大官，替後，委本道觀察使及長吏量其

材行幹能，堪獎用者，具人才資歷，每年冬季，一度聞薦。其罷
使郎官御史，委中書門下兩省，御史、尚書省常參官，及諸司職
事三品已上文官、左右庶子、詹事、諸司少卿監……等，每年冬
准此聞薦。』從之。」元和十一年十月後，鄭任滿，樊亦離職，
韓時爲右庶子，故此以爲「冬薦」。

　　若以上述四說而論，則以元和十一年冬和元和十二年冬說較
長。對於「元和九年」說，是年爲韓致書鄭氏之時，不可能在此
年；至於「元和十三年」之說，又覺太遠，坐令樊宗師由元和十
一年十月後至元和十三年凡一年多時間空白等待，故可以排除。
姑繫元和十一年冬。

唐憲宗元和十二年丁酉（817）　五十歲

【朝廷時事】

二月，置淮西行縣。回鶻屢請尚公主，遣回鶻摩尼僧等歸國。
　　命宗正少卿李誠使回鶻諭意，以緩其期。
三月，淮西文城柵，降。
五月，罷河北行營，專討淮蔡。
　　李愬擒淮西將李祐。
六月，吳元濟上表請罪。
七月，大水。
　　詔以孔戣爲嶺南節度使。
七月丙辰，詔以裴度兼彰義節度使、充淮西宣慰招討使出征，
　　度乃奏刑部侍郎馬總爲副使，右庶子韓愈爲行軍司馬，都

官員外郎馮宿、禮部員外郎李宗閔兼節度觀察判官掌書
記。詔以郾城行蔡州治所。軍出潼關，愈請乘遽先入汴，
說韓弘使協力。甲申，裴度至郾城。

詔以崔群同平章事。

九月，李逢吉罷相，爲劍南東川節度使。

李愬攻吳房，入其外城。

十月，李愬夜襲蔡州擒吳元濟，檻送京師。

裴度入蔡州，淮西平。王承宗大恐，上表割德棣二州以獻，
遣子入侍。

十一月，帝御興安門受俘，誅吳元濟。

賜李愬爵涼國公，韓弘等遷官有差。

詔以宦者爲館驛使。

十二月，賜裴度爵晉國公，復入知政事。韓愈遷爲刑部侍郎。

是年進士及第，蕭傑、崔龜從等三十五人；諸科，十四人；
博學鴻辭科，張又新；中書舍人李程知貢舉。

【韓愈事跡】

元和十二年，昌黎五十歲，在太子右庶子任。七月二十九日，
裴度自請督戰，以裴丞相請，以右庶子從征，兼御史中丞，賜三
品衣，充彰義軍行軍司馬；十二月二十一日，遷刑部侍郎。

二月，李孝誠使回鶻，殷侑副之。朝中士大夫餞行，昌黎有
序送殷侑。

三月，試大理評事胡明允卒，年五十七。其弟胡證時爲御史
大夫，爲乞銘；時昌黎爲行軍司馬，爲作墓誌。

七月廿九日，以裴度請，兼御史中丞，賜三品衣，爲行軍司
馬。八月三日發營，廿七日至郾城。

〈行狀〉：「元和十二年秋，以兵老久屯，賊未滅，上命裴丞相為淮西節度使以招討之，丞相請公以行。於是以公兼御史中丞，賜三品衣魚，為行軍司馬，從丞相居於郾城。」

《舊唐書‧本傳》：「元和十二年八月，宰臣裴度為淮西宣慰處置使，兼彰義軍節度使，請愈為行軍司馬，仍賜金紫。」

《洪譜》「元和十二年」：「時裴度拜門下侍郎平章事、彰義軍節度、淮西宣慰招討處置使，度表刑部侍郎馬摠為副，愈為行軍司馬，司勳員外李正封、都官員外郎馮宿、禮部員外郎李宗閔兼侍御史、節度觀察判官、掌書記，以郾城為蔡州治所。八月三日庚申，度赴行營，天子御通化門勞遣之。八月二十七日甲申，至郾城。」

八月八日，東過華陰，禮於嶽廟，裴度為帥，馬總等以下八人實備將佐以從，題名華嶽。

昌黎請先至汴州說韓弘，一齊協力討賊。

〈神道碑〉：「十二年七月，詔御史中丞、司彰義軍討元濟。出關趨汴，說都統弘，弘悅用命。」

《新唐書‧本傳》：「及度以宰相節度彰義軍，宣慰淮西，奏愈行軍司馬。愈請乘遽先入汴，說韓弘使協力。」

淮蔡精兵屯於洄曲，及四面固守；守州城者，皆羸老之卒，可承虛而抵其城擒吳元濟：

《通鑑》卷 240：「李祐言於李愬曰：『蔡之精兵皆在洄曲，及四境拒守，守州城者，皆羸老之卒，可以乘虛直抵其城。比賊將聞之，元濟已成擒矣。』愬然之。冬十月，甲子，遣掌書記鄭澥至郾城，密白裴度。度曰：『兵非出

奇不勝，常侍良圖也。』」

〈行狀〉：「公知蔡州精卒悉聚界上以拒官軍，守城者率
老弱，且不過千人，亟白丞相，請以兵三千人間道以入，
必擒吳元濟。丞相未及行。」

〈神道碑〉：「遂至郾城，審賊勢虛實，請節度使裴度曰：
『某領精兵千人，取元濟。』度不聽察。……三軍之士為
先生恨。」

羅聯添《韓愈研究》：「案韓愈自請將兵擒吳元濟，裴度
不聽察，蓋不欲其與諸將爭功，而受人疑忌。行狀云，『丞
相未及行』，恐非事實。」

十月十六日李愬入蔡，生擒吳元濟；十七日平蔡，淮西平。

〈行狀〉：「李愬自唐州文城壘以夜入蔡州，果得元濟。」

《洪譜》「元和十二年」：「〈平淮西碑〉云：『十月壬
申，愬用所得賊將自文城，因天大雪，疾馳百二十里，用
夜半到蔡，破其門，取元濟以獻。』壬申，十六日也。

段文昌云：『十月既望，愬遣其將一夕卷旆，凌晨破關。』
然則入蔡十六日，平蔡十七日也。《舊史》云：己卯（二
十三）入蔡，又〈裴度〉、〈吳元濟傳〉皆曰十日愬夜至
蔡，十一日擒元濟，皆誤矣。」

《洪譜》「元和十二年」：「十月十七日癸酉，平蔡。自
受命東伐至平蔡凡七十餘日。」

謹案：入蔡、平蔡時間，有十日、十一日，十六日、十七日，
己卯（二十三日）三說，今從〈平淮西碑〉繫於十六日、十七日。

蔡州既平，從柏耆計以書諭王承宗，承宗恐懼，割二州以獻。

〈行狀〉：「蔡州既平，布衣柏耆以計謁公，公與語，奇

之，遂白丞相曰：『淮西滅，王承宗膽破，可不勞用眾，宜使辯士奉相公書，明禍福以招之，彼必服。』丞相然之。公令柏耆口占為丞相書，明禍福，使柏耆袖之以至鎮州。承宗果大恐，上表請割德、棣二州以獻。」

〈神道碑〉：「復謂度曰：『今藉聲勢，王承宗可以辭取，不煩兵矣。』得柏耆，先生受詞，使者執筆書之，持以入鎮。承宗恐懼，割德、棣以降，遣子入侍。」

羅聯添《韓愈研究》：「二者並以為韓愈獻策，而舊書一五四〈柏耆傳〉，又謂柏耆直接以畫干裴度，似皆未得其實。」

十一月廿八日起蔡州，翌月十六日還京，二十一日，以功遷刑部侍郎。

〈行狀〉：「蔡州既平，……丞相歸京師，公遷刑部侍郎。」

〈神道碑〉：「遂平蔡方。……還拜刑部侍郎。」

《新唐書‧本傳》：「元濟平，遷刑部侍郎。」

《舊唐書‧本傳》：「淮、蔡平，十二月隨度還朝，以功授刑部侍郎，」

舉錢徽自代。

【詩文編年】

（太子右庶子時）

二月，作〈送殷員外序〉。

春夏，作〈閒遊二首〉。

七月，作〈贈刑部馬侍郎〉。

是時，作〈唐故河南令張君墓誌銘〉。

（從征淮西時）

八月，作〈華嶽題名〉、〈過鴻溝〉、〈送張侍郎〉、〈奉

和裴相公東征途經女几山下作〉。

　　八月，作〈為宰相賀白龜狀〉（考辨）、〈祭河南張員外文〉。

　　九月，作〈晚秋郾城夜會聯句〉。

　　十月，作〈郾城晚飲奉贈副使馬侍郎及馮李二員外〉。

　　十一月，作〈酬別留後侍郎〉。

　　十二月，作〈同李二十八夜次襄城〉、〈同李二十八員外從裴相公野宿西界〉、〈過襄城〉、〈宿神龜招李二十八馮十七〉、〈次硤石〉、〈和李司勳過連昌宮〉、〈桃林夜賀晉公〉、〈次潼關先寄張十二閣老使君〉、〈次潼關上都統相公〉、〈晉公破賊回重拜台司以詩示幕中賓客愈奉和〉。

　　是時，作〈唐故試大理評事胡君墓銘〉。

　　（刑部侍郎時）

　　十二月二十三日，作〈舉錢徽自代狀〉。

【時人事跡】

　　李翱，四十四歲。為河南府掾。後以言事於宰相，罷職在家。秋，東川節度使（今四川梓潼）盧坦，召為從事。李翱承命以行。十月，西行至陝郊，聞盧坦已卒。即止於京師。其為國子博士史館修撰，疑在是年冬。

　　張籍，五十二歲，在長安，為國子監廣文館助教。有〈和開州刺史韋處厚盛山詩十二首〉。

　　元稹，三十九歲。守通州司馬。家寓興元。

　　柳宗元，四十五歲。在柳州刺史任。因俗施教，多所興革。尤著重在解放奴隸。作龍城石刻。

　　柳宗元岳父楊憑卒。姊夫裴瑾卒。裴行立，為桂管觀察使。

　　賈島，三十九歲，寄詩太子右庶子錢徽，當在本年或稍後。

又，赴襄陽謁蜀僧悟達國師。遊荊州，寄詩武功主簿姚合，疑在本年前後。

白居易，四十六歲。在江州司馬任。廬山草堂成，閏五月，兄幼文卒。

劉禹錫，四十六歲。在連州刺史任。

席夔，是年春，卒。

賈島，三十九歲。赴襄陽遊荊州。

張署，六十歲。在河南令任。與河南尹不合，辭歸，閉門不出，卒。

馮宿，四十九歲。時為都官員外郎。從裴度征淮西。

【詩文考辨】

〈為宰相賀白龜狀〉（《韓集》卷三十八）

屈繫於元和十二年，云：「《舊唐書·憲宗紀》載：『元和十二年七月，以宰相裴度為彰義軍節度，充淮西宣慰處置使，統諸道兵伐蔡，韓愈為其行軍司馬。八月甲申（二十七日）度至行營，十月克蔡州，擒吳元濟以獻。』狀云：『今始入賊地而獲龜』，當作於九月也。」

張繫元和十一年，據〈狀〉云：「鄂岳觀察使所進白龜」，論稱：「明係李道古授鄂岳觀察使後所進。道古此任在十一年。時宰為李逢吉、韋貫之、裴度。逢吉十一年二月拜相，貫之是年八月罷相。此白龜之進當在二月後八月前。繫十一年為宜。」

黃於「元和十一年丙申」條下云：「李道古為鄂岳觀察使，得白龜以獻，有〈為宰相賀白龜狀〉。」

謹按：此文繫年有二說：（一）、元和十一年，張、黃主之；

（二）、元和十二年，屈主之。前者的觀察點爲「李道古授鄂岳觀察使後所進」，後者的觀察點爲「今始入賊地而獲龜」。

查《舊唐書・憲宗紀》，裴度以宰相爲彰義節度，充淮西宣慰處置使，統諸兵代蔡，韓愈爲行軍司馬。八月甲申（二十七日）「裴度至郾城行營，十月克蔡，擒吳元濟。」據〈平淮西碑〉，當時討淮西諸將有：李光顏、烏重胤、韓公武、李文通、李道古、李愬。

再查《校注》卷八本狀「鄂岳觀察使所進白龜」，《舊注》云：「元和十一年，以李道古爲鄂岳觀察使，會平淮西，得白龜以獻。」所謂「會平淮西」即〈狀〉中所言之：「今始入賊地而獲龜」。裴度大軍「始入賊地」應是元和十二年八月甲申（二十七日）以後至十月壬申（十六日）李愬入蔡之前。屈繫於當年九月，近是。

至於「元和十一年」說，黃無繫月份，較疏略；張則與李逢吉、韋貫之拜相、罷相連繫而言，殊爲不必。今繫元和十二年。

唐憲宗元和十三年戊戌（818）　五十一歲

【朝廷時事】

正月朔，赦天下。

　李師道奉表納質，并獻三州。

　韓愈奉詔撰〈平淮西〉碑，以多敘裴度事，李愬不平，憲宗命段文昌重撰勒石。

二月，前劍南西川節度使李夷簡爲御史大夫，旋拜相。

三月，修麟德殿、浚龍首池、起承暉殿。

四月，王承宗納質請吏，復獻德、隸二州，詔復其官爵。

　始賜六軍辟仗使印。

七月，詔諸道兵討李師道。山南西道節度使權德輿卒。

八月，王涯罷。

八月，詔以皇甫鎛、程异同平章事。

十一月，詔以柳泌爲台州刺史，合丹藥。

十二年，田弘正將兵渡河逼鄆州。

　是年進士及第，獨孤樟、柳仲郢、劉軻、陳彤等三十二人；諸科，十三人；中書舍人庾承宣知貢舉。

【韓愈事跡】

　元和十三年，昌黎五十一歲，爲刑部侍郎。四月，詔以鄭餘慶爲詳定禮樂使，奏韓愈、李程爲副。

　淮西既平，羣臣請紀聖功，被之金石，正月十四日，皇帝敕昌黎撰文。三月二十五日進〈進平淮西碑文表〉。

　　〈進平淮西碑文表〉：「臣某言，伏奉正月十四日勅牒，以收復淮西，羣臣請刻石紀功，明示天下，為將來法式，陛下推勞臣下，允其志願，使臣撰平淮西碑文者。」

　　《洪譜》「元和十三年」：「〈進平淮西表〉『奉正月十四日勅牒。』一本表後云『三月二十五日』。自奉勅至進碑凡七十日矣。」

　其後，以碑文多序裴度事，李愬不平，憲宗命段文昌重撰勒石。

　　《舊唐書‧本傳》：「淮、蔡平，十二月隨度還朝，以功授刑部侍郎，仍詔愈撰《平淮西碑》，其辭多敘裴度事。時先入蔡州擒吳元濟，李愬功第一，愬不平之。愬妻出入

禁中，因訴碑辭不實，詔令磨愈文。憲宗命翰林學士段文昌重撰文勒石。」

《新唐書・卷 214・藩鎮・吳元濟傳》：「既還奏，群臣請紀聖功，被之金石。皇帝以命臣愈，愈再拜稽首而獻文曰：（略）。愈以元濟之平，繇度能固天子意，得不赦，故諸將不敢首鼠，卒禽之，多歸度功，而愬特以入蔡功居第一。愬妻，唐安公主女也，出入禁中，訴愈文不實。帝亦重愔武臣心，詔斫其文，更命翰林學士段文昌為之。」

此倒碑重撰事，後人有論。

李商隱〈韓碑〉：「帝曰汝度功第一，汝從事愈宜為辭；句奇語重喻者少，讒之天子言其私。長繩百尺拽碑倒，麤沙大石相磨治。」

蘇軾〈記臨江驛詩〉：「『淮西功德冠吾唐，吏部文章日月光。千載斷碑人膾炙，不知世有段文昌。李白當年流夜郎，中原無復漢文章。納官贖罪人何在，志士臨風泣數行。』紹聖間，臨江軍驛壁上得此詩，不知誰氏子所作也。」（《東坡題跋》卷六）

《洪譜》「元和十三年」：「東坡嘗於邸舍壁間見一詩云：『淮西功德冠吾唐，吏部文章日月光。千載斷碑人膾炙，不知世有段文昌。』或曰此詩東坡作，蓋東坡嘗作〈上清宮記〉，蔡元度磨之，別自書撰，故云耳。」

四月，鄭餘慶為詳定禮樂使，奏昌黎與李程為副。

《洪譜》「元和十三年」引《實錄》：「十三年夏四月，鄭餘慶為詳定禮儀使，奏韓愈、李程為副。」

八月，答書殷侑侍御，請求開示《公羊春秋》。

　　故相權德輿，八月戊寅卒，葬河南北山。既葬，其子璩纍然服喪來有請，乃作銘文。

　　李惟簡，五月戊子薨，年五十四，十一月十六日葬，其昆弟四人請銘，謂先人嘗有託於夫子也，昌黎為作墓誌。

【詩文編年】

（刑部侍郎時）

　　正月，作〈送李員外院長分司東都〉。

　　三月廿五日，作〈進撰平淮西碑文表〉、〈平淮西碑〉。

　　四月，一日作〈奏韓弘人事物表〉、作〈謝許受韓弘物狀〉。

　　八月，作〈獨釣四首〉、〈答殷侍御書〉、〈唐故相權公墓碑〉。

　　十一月十六日，作〈唐故鳳翔隴州節度李公墓誌銘〉。

　　是年作〈改葬服議〉、〈讀皇甫湜公安園池詩書其後〉。

【時人事跡】

　　李翱，四十五歲。為國子博士史館修撰。十月，李師道違命，詔五鎮討之，歷二月，未平。時傳言宰相裴度請親征，李翱以為不可，上書裴度，後裴度果未親征。

　　張籍，五十三歲，在長安為國子監廣文館助教任。妻父，胡珦卒，年七十九歲。張籍撰行狀。

　　白居易，四十七歲。在江州司馬任。春，弟白行簡自梓州至。時至廬山，宿草堂。十二月廿日，代李景儉為忠州刺史。

　　元稹，四十歲。在通州司馬任，春末或夏初，權知州務。十二月，移虢州長史。有〈連昌宮詞〉等詩。

　　賈島，四十歲。赴鳳翔，疑在本年前後。

　　劉禹錫，四十七歲。在連州刺史任。有〈與刑部侍郎韓退之書〉。有啓上裴度，請求援引。

　　柳宗元，四十六歲。在柳州刺史任。生一女。桂管觀察使裴行立作訾家洲亭，宗元嘗預其游宴。柳宗元與部將魏忠、謝寧等飲酒驛亭，自謂明年將死。

　　皇甫湜，四十二歲。從事於荊南幕，奉命至公安縣。有詩寄韓，昌黎有酬詩。

　　故相權德輿，年六十歲，去年十三年八月道薨，其葬之月日未詳。

唐憲宗元和十四年己亥（819）　五十二歲

【朝廷時事】

　　正月，遣中使迎佛骨至京師，韓愈極諫，貶爲潮州刺史。

　　二月，平盧都將劉悟執李師道，斬之。詔以劉悟爲義成節度使。

　　四月，詔諸道支郡兵馬，並令刺史領之。

　　　裴度罷，出爲河東節度使。宰相程异卒。

　　七月，群臣上尊號，赦天下。

　　　宣武節度使韓弘入朝。

　　　魏博節度使田弘正入朝。

　　　詔以令狐楚同平章事。

　　八月，詔以韓弘爲司徒兼中書令，張弘靖爲宣武節度使。魏博節度使田弘正入朝。庫部員外郎李渤病死。

　　十月，安南遣將楊清討黃洞蠻。楊清作亂，殺都護李象古。

　　　吐蕃圍鹽州。

　　　貶裴潾爲江陵令。

十二月，崔羣罷爲湖南觀察使。

詔以狄兼暮爲左拾遺。

是年進士及第，韋諶、章孝標、韋中立等三十一人；諸科，十二人；中書舍人庾承宣知貢舉。

【韓愈事跡】

元和十四年，昌黎五十二歲。正月十四日，上〈論佛骨表〉，觸憲宗怒，貶潮州刺史。十月廿四日，量移袁州刺史。

正月十三日昌黎上諫表，翌日被貶潮州。

〈行狀〉：「歲餘，佛骨自鳳翔至，傳京師諸寺，時百姓有燒指與頂以祈福者。公奏疏言：『自伏羲至周文、武時，皆未有佛，而年多至百歲有過之者。自佛法入中國，帝王事之，壽不能長。梁武帝事之最謹，而國大亂。請燒棄佛骨。』疏入，貶潮州刺史。」

〈神道碑〉：「憲宗盛儀衛迎佛骨，士女縱觀傾城。先生大懼，遂移典校上章極諫。貶潮州刺史。」

〈墓銘〉：「常惋佛老氏法，潰聖人之隄，乃唱而築之。及為刑部侍郎，遂章言憲宗迎佛骨非是。任為身耻，震怒天顏。先生處之安然，就貶八千里海上。嗚呼！古所謂非苟知之，亦允蹈之者邪！」

《舊唐書・本傳》：「鳳翔法門寺有護國真身塔，塔內有釋迦文佛指骨一節，其書本傳法，三十年一開，開則歲豐人泰。十四年正月，上令中使杜英奇押宮人三十人，持香花赴臨泉驛迎佛骨。自光順門入大內，留禁中三日，乃送諸寺。王公士庶，奔走捨施，唯恐在後。百姓有廢業破產、燒頂灼臂而求供養者。愈素不喜佛，上疏諫曰：『略』。

> 疏奏，憲宗怒甚。間一日，出疏以示宰臣，將加極法。裴
> 度、崔群奏曰：『韓愈上忤尊聽，誠宜得罪，然而非內懷
> 忠懇，不避黜責，豈能至此？伏乞稍賜寬容，以來諫者。』
> 上曰：『愈言我奉佛太過，我猶為容之。至謂東漢奉佛之
> 後，帝王咸致天促，何言之乖剌也？愈為人臣，敢爾狂妄，
> 固不可赦！』於是人情驚惋，乃至國戚諸貴，亦以罪愈太
> 重，因事言之，乃貶為潮州刺史。」

疏奏，因昌黎與馮宿善，宰相疑為馮宿所擬，亦外貶。時宰
相皇甫鎛、程异也。

> 《舊唐書・馮宿傳》：「元和十二年，從裴度東征，為彰
> 義軍節度判官。淮西平，拜比部郎中。會韓愈論佛骨，時
> 宰疑宿草疏，出為歙州刺史。」

既貶。即日上路，曾回家一轉，與家人別。時四女女挐患病。

> 〈祭女挐文〉：「昔汝疾極，值吾南逐；蒼黃分散，使女
> 驚憂；我視汝顏，心知死隔；汝視我面，悲不能啼。」

南貶途中，過藍關時，韓湘、韓滂已跟上隨侍；昌黎感懷，
賦詩以明「除弊事」之志。

> 〈左遷至藍關遇姪孫湘〉：「一封朝奏九重天，夕貶潮州
> 路八千州；欲為聖明除弊事，肯將衰朽惜殘年。雲橫秦嶺
> 家何在？雪擁藍關馬不前。知汝遠來應有意，好收吾骨瘴
> 江邊。」

自藍田，道商洛，至武關，適遇流配吐蕃；次鄧州界，有詩
抒懷，期盼內移：

> 〈武關西逢配流吐蕃〉：「嗟爾戎人莫慘然，湖南地近保
> 生全；我今罪重無歸望，直去長安路八千。」

　　〈次鄧州界〉：「潮陽南去倍長沙，戀闕那堪又憶家；……

早晚王師收海嶽，普將雷雨發萌芽。」

二月二日，過宜城，有〈記宜驛城〉。

三月十五日，下昌樂瀧，至曲江，有〈瀧吏〉詩借瀧吏之口，

以為懲創自新：

　　〈瀧吏〉：「南行逾六旬，始下昌樂瀧；險惡不可狀，船

石相春撞；往問瀧頭吏，潮州尚幾里；行當何時到，土風

復何似；瀧吏垂手笑，官何問之愚；……潮州底處所，有

罪乃竄流；儂幸無負犯，何由到而知；官今行自到，那遽

妄問為；不虞卒見困，汗出愧且駭；史曰聊戲官，儂嘗使

往罷；嶺南大抵同，官去道苦遠；下此三千里，有州始名

潮；惡溪瘴毒聚，雷電常洶洶；鱷魚大於船，牙眼怖殺儂；

州南數十里，有海無天地；颶風有時作，掀簸真差事；聖

人於天下，於物無不容；比聞此州囚，亦有生還儂？官無

嫌此州，固罪人所徙；官當明時來，事不待說委；官不自

謹慎，宜即引分徙；胡為此水邊，神色久懍慌；缸大餅甖

小，所任自有宜；官何不自量，滿溢以取斯；……工不知

官在朝，有益國家不；得無虱其間，不武亦不文；仁義飾

其躬，巧姦敗羣倫；叩頭謝吏言，始慙今更羞；歷官二十

餘，國恩竝未酬；凡吏之所訶，嗟實頗有之，不即金木誅，

敢不識恩私；潮州雖云遠，雖惡不可過；於身實已多，敢

不持自賀。」

至宣溪，韶州刺史張端公惠書敘別，昌黎有詩酬之：

　　〈晚次宣溪辱韶州張端公使君惠書敘別酬以絕句二章〉：

「韶州南去接宣溪，雲水蒼茫日向西；客淚數行元自落，

鷗鴣休傍耳邊啼。」「兼金那足比清文，百首相隨愧使君；
俱是嶺南巡管內，莫欺荒僻斷知聞。」

至始興江，此時家眷已追及，遂使昌黎感懷起童年往事：

〈過始興江口感懷〉：「憶作兒童隨伯氏，南來今只一身
存；目前百口還相逐，舊事無人可共論。」

桂管觀察使裴行立，遣從事元集虛攜藥物及書信勞問於途
次，與昌黎同食同宿旬日，將歸桂林，昌黎賦詩六首贈別，以表
友情永固：

〈贈別元十八協律六首〉：「知識久去眼，吾行其既遠；
瞢瞢莫訾省，默默但寢飯；子兮何為者，冠珮立憲憲；何
氏之從學，蘭蕙已滿畹；於可飫其光，以至歲向晚；治惟
尚和同，無俟於譽譽；或師絕學賢，不以藝自軏；子兮獨
如何，能自媚婉娩；金石出聲音，宮室發關楗；何人識章
甫，而知駿蹄踠；惜乎吾無居，不得留息偃；臨當背面時，
裁詩示繾綣。」（之一）

「勢要情所重，排斥則埃塵；骨肉未免然，又況四海人；
嶷嶷桂林伯，矯矯義勇身；生平所未識，待我逾交親；遺
我數幅書，繼以藥物珍；藥物防瘴癘，書勸養形神；不知
四罪地，豈有再起辰；窮途致感激，肝膽還輪囷。」（之四）

自廣州至增城，夜宿曾江口，遇江水暴漲，淹沒民居，問之，
知為歲中常事，念及民生艱難，昌黎有詩關切，體現仁民濟物的
胸襟：

〈宿曾江口示姪孫湘〉：「雲昏天奔流，天水漭相圍；三
江滅無口，其誰識涯圻；暮宿投民村，高處水半扉；犬雞
俱上屋，不復走與飛；篙舟入其家，暝聞屋中唏；問知歲

常然，哀此為生微；……仰視北斗高，不知路所歸。」

四月二十五日，至潮州，有表謝上：

〈潮州謝上表〉：「蒙恩除潮州刺史，卽日奔馳上道，經涉嶺海，水陸萬里，以今月二十五日到州上訖。」

《朱校》引《洪譜》云：「公以（十四年己亥）正月癸巳貶潮州刺史。公之被謫，卽日上道。便道取疾，以至海上。據〈宜城驛記〉，則以二月二日過宜城。據〈瀧吏〉詩，則以三月幾望至曲江。據〈謝表〉，則以三月二十五日至潮州。據〈祭文〉，則以四月二十四日逐鱷魚。其自曲江至潮，以十許日行三千里，蓋瀧水湍急故也。《方考》乃云：『謝表及祭神文皆止云今月，而逐鱷魚文，正本皆但云年月日。則公之到郡，實不知何月日也。況自韶至廣，雖為順流。而自廣之惠，自惠之潮，水陸相半，要非旬日可到。故公表亦云：自潮至廣，來往動皆經月，則公到郡決非三月，而逐鱷魚亦未必在四月二十四日也。今按道里行程，則方說為是。但與大顛第一書。石本乃云四月七日，則又似實以三月二十五日到郡也。未詳其說。闕之可也。」

清鄭珍〈書韓集與大顛三書後〉云：「韓文公元和十四年〈潮州謝表〉云，……以今月二十五日到州，今月無實證。洪興祖沿韓集或本鱷魚文年月日作元和十四年四月二十四日之說，定為三月。方崧卿辨其決非三月，朱子深然之。……謝表云，臣所領州，去廣州雖云才二千里，然來往動皆經月，此公初到郡據新歷以上告天子者，程期明白可據。由廣至潮已須經月方到，韶之距廣，又一千里，其至亦必經旬日，公之到潮，為四月二十五日，確無可疑。」（《巢

經巢文集》卷六）

〈墓銘〉：「遂章言憲宗迎佛骨非是。任為身恥，震怒天顏。先生處之安然，就貶八千里海上。嗚呼！古所謂非苟知之，亦允蹈之者邪！」

《新唐書・本傳》：「既至潮，以表哀謝。帝得表，頗感悔，欲復用之，持示宰相曰：『愈前所論是大愛朕，然不當言天子事佛乃年促耳。』皇甫鎛素忌愈直，即奏言：『愈終狂疏，可且內移。』乃改袁州刺史。」

謹案：昌黎到潮日，《洪譜》以為在三月廿五日，方崧卿辨其決非三月，朱子亦認同其說。清人鄭珍據〈謝表〉的期程，定為四月廿五日。今從鄭說。

有文祭鱷魚。

《新唐書・本傳》：「初，愈至潮州，問民疾苦，皆曰：『惡溪有鱷魚，食民畜產且盡，民以是窮。』數日，愈自往視之，令其屬秦濟以一羊一豚投溪水而祝之，是夕，暴風震電起溪中，數日水盡涸，西徙六十里。自是潮無鱷魚患。」

二月，有司即令昌黎家人隨貶。韓愈有五女，其四名挐。女挐飲食失節，死於商南層峰驛，得年十二歲。

〈祭女挐文〉：「我既南行，家亦隨譴；扶汝上輿，走朝至暮；天雪冰寒，傷汝羸肌；撼頓險阻，不得少息；不能食飲，又使渴飢；死于窮山。實非其命；不免水火，父母之罪。」

〈女挐壙銘〉：「愈既行，有司以罪人家，不可留京師，迫遣之。女挐年十二，病在席，既驚痛，與其父訣，又輿

致走道。撼頓失食飲節，死于商南層峰驛，即瘞道南山下。」

五月有牒，推薦趙德為師，攝海陽縣尉，為衙推官，專勾當州學，以授生徒，以興愷悌之風，刺史出己俸百千以為舉本，收其贏餘，以給學生廚饌。

〈潮州請置鄉校牒〉：「孔子曰：道之以政，齊之以刑，則民免而無恥，不如以德禮為先，而輔以政刑也。夫欲用德禮，未有不由學校師弟子者。此州學廢日久，進士明經百十年閒，不聞有業成，貢於王庭，試於有司者，……今此州戶萬有餘，豈無庶幾者邪？刺史縣令不躬為之師，里閭後生無所從學爾。趙德秀才；沈雅專靜，頗通經，有文章，能知先王之道，論說且排異端，而宗孔氏，可以為師矣。請攝海陽縣尉，為衙推官。專勾當州學，以督生徒，興愷悌之風。刺史出己俸百千，以為舉本，收其贏餘，以給學生廚饌。」

蘇軾稱譽昌黎此舉，功在潮州文化，為潮人感念。其後潮人因建韓文公祠，至今香火不替。

蘇軾〈潮州韓文公廟碑〉：「始，潮之人未知學，公命進士趙德為之師。自是潮之人篤於文行，延及齊民，至于今號稱易治。」

昌黎治潮，關心民瘼，革其弊病，歸其奴婢。

〈神道碑〉：「貶潮州刺史。大官謫為州縣，簿不治務，先生臨之，若以資邊。洞究海俗，海夷陶然，遂生鮮魚稻蟹，不暴民物。掠賣之口，計庸免之，未相計直，輒與錢贖，及還，著之赦令。」

七月二十七日，廣州刺史、嶺南節度孔戣，致書昌黎，考慮

「州小俸薄，慮有闕乏，每月別給錢五十千，以送使錢充者。」
昌黎答書婉謝。

> 〈謝孔大夫狀〉云：「伏奉七月二十七日牒，以某貶授刺
> 史，特加優禮，以州小俸薄，慮有闕乏，每月別給錢五十
> 千，以送使錢充者。開緘捧讀，驚榮交至，顧己量分，慚
> 懼益深。欲致辭為讓，則乖伏屬之禮；承命苟貪，又非循
> 省之道。進退反側，無以自寧。某妻子男女并孤遺孫姪奴
> 婢等尚未到官，窮州使賓罕至，身衣口食，絹米足充，過
> 此以往，實無所用。積之於室，非廉者所為，受之於官，
> 名且不正。恃蒙眷待，輒此披陳。」

夏秋，與大顛法師來往，有書三篇。及移袁州，留衣為別。

> 《程記》「元和十四年」條：「有僧大顛者，聰明識道理，
> 外形骸，不為事物侵亂。愈召留守署十數日，與往來，及
> 祭神海上，造其廬，既行，留衣服為別。不知者傳愈稍信
> 奉佛氏。」

> 〈與孟尚書書〉：「潮州時，有一老僧號大顛，頗聰明，
> 識道理，遠地無可與語者，故自山召至州郭，留十數日。
> 實能外形骸，以理自勝，不為事物侵亂。與之語，雖不盡
> 解，要自胷中無滯礙，以為難得，因與來往。及祭神至海
> 上，遂造其廬。及來袁州，留衣服為別，乃人之情，非崇
> 信其法，求福田利益也。」

有關〈大顛三書〉的真偽問題，聚訟紛紜，歐陽修主真，蘇
軾主偽。

> 《洪譜》「元和十五年」：「東坡云：『退之喜大顛，如
> 喜文暢、澄觀之意，而世妄撰退之與顛書，其詞凡鄙。有

一士人又於其末題云歐陽永叔謂此文非退之莫能及。此又
誣永叔也。近世所傳《退之別傳》載公與大顛往復之語，
深詆退之，其言多近世經義之說，又於其末作永叔跋，云
使退之復生，不能自解免。吾友吳源明云，徐君平見介甫
不喜退之，故作此文耳。』」

《方考》「元和十五年」：「公與大顛手簡三刻石，在潮
州靈山院，慶曆中袁世弼得其墨本，疑之，以質歐公，歐
公云：『實退之語，佗意不及也。』手簡上二簡皆招速常
語耳。第三簡最後云：『愈聞道無凝滯，行止繫縛，苟非
所戀著，則山林閒寂，與城隍無異。大顛師論甚宏博，而
必守山林，不至州郭，自激修行立空曠無累之地者，非通
道也。勞於一來，安于所識道，故如是。』故歐公謂其以
繫辭為大傳，謂著山林與著城郭無異，謂宜為退之言者，
此也。近世妄撰公別傳，以為孟簡所纂，純載公與大顛答
問佛法語，故世儒與前簡併廢之。然公上三手簡固無它語
也。以孟簡書質之，公固嘗邀之至州郭也。歐公跋語見於
《集古錄》，豈洪亦未之考耶？。」

朱熹《韓集考異》卷九〈與大顛書〉條：「以余考之，所
傳三書，最後一篇實有不成文理處，但深味其間，語意一
二、文勢抑揚，則恐歐、袁、方意，誠不為過，但意或是：
舊本亡逸，僧徒所記不真，致有脫誤。歐公特觀其大概，
故但取其所可取，而未暇及其所可疑；蘇公乃覺其所可疑，
然亦不能察其為誤，而直斥以為凡鄙，所以其論，雖各有
以，而皆未能無所未盡也。若乃後之君子，則又往往不能
究其本根，其附歐說者，既未必深知其所以為可信；其主

蘇氏者，亦未必果以其說為然也，徒幸其言。可為韓公解
紛，若有補於世教，故特表而出之耳。皆非可與實事而求
是者也。」

朱熹：「退之〈與大顛書〉，歐公云：『實退之語』；東
坡却罵，以為『退之家奴，亦不肯如此說。但是陋儒為之，
復假托歐公語以自盖。』然觀《集古錄》，歐公自有一跋，
說此書甚詳。東坡應是未見《集古錄》耳。看得来，只是
錯字多，歐公是見它好處，其中一両段不可曉底，都略過
了。東坡是只將他不好處來說。」（《朱子語類》卷 137）

清・鄭珍〈書韓集與大顛三書後〉：「余謂此書之偽，但
觀其詞鄙衙謬，已可斷為庸妄人所假託，朱子雖監與彌縫，
而第一書之四月七日萬萬不能彌縫也。」（《巢經巢文集》
卷六）

羅聯添《韓愈研究》：「韓愈與大顛三書，宋以來聚訟頗
紛紜，歐陽修《集古錄跋尾》謂『宜為退之之言』，蘇軾
〈雜說〉以為『其詞凡鄙，雖退之家奴僕亦無此語。』朱
子作《韓文考異》定為退之之筆，謂『舊木亡逸，僧徒所
記不真，致有脫誤。』陸游《老學菴筆記》卷六謂：『點
僧所造，投歐公之好。』清陳澧《東塾集》二〈書偽韓文
公與大顛書後〉謂：責韓公不當與大顛往來則可，必欲以
偽為真，則雖歐公、朱子不可掩後人耳目。明楊慎《升菴
外集》四九舉李漢韓集序，『無有失墜』，以為此書既在
集外，其偽可知。清鄭珍《巢經巢文集》〈書韓昌黎與大
顛三書後〉以為韓愈至潮在四月二十五日，書稱『孟夏漸
熱』則絕非其所作。案韓愈知制誥，李漢竟未收，柳宗元

〈天說〉引昌黎論天之文，劉禹錫《柳集序》舉韓愈遠弔之書皆在散逸，韓集失墜實多，不可妄信李漢之言；楊慎以三書在外集，而定其偽，其誤不待辨。至鄭珍之說，言之頗成理，然朱子既云『舊本亡逸，僧徒所記不真』，則『孟夏』之語，可能為僧徒所補綴。執此一端，以定其偽，理亦不足。」

七月十三日，羣臣上尊號，赦天下。昌黎上〈賀冊尊號表〉。

《通鑑》卷 241：「元和十四年，七月己丑，群臣上尊號，赦天下。」

〈元和十四年冊尊號赦〉：「自元和十四年七月十三日昧爽已前，大辟罪已下，已發覺、未發覺，已結正、未結正，繫囚見徒，罪無輕重，咸赦除之；唯故殺人及官典犯贓，不在此限。左降官量移近處，已經量移者，更與量移……。」

十月廿四日，量移袁州。

〈袁州刺史謝上表〉：「臣某言。臣以去年正月上疏論佛骨事，先朝恕臣愚直，不加大罪。自刑部侍郎貶授潮州刺史。伏遇其年七月十三日恩赦。至其年十月二十四日准例量移，改授袁州刺史。」

《洪譜》「元和十四年」：「是年七月己丑，羣臣上尊號曰元和聖文神武法天應道皇帝，御宣政樓，受冊禮畢，御丹鳳樓，大赦天下。己丑，七月十三日也。《實錄》云：『十月己巳，韓愈袁州刺史。』己巳，十月二十四日也。」

十二月初離潮，除夕到韶州。

賈島有詩，寄潮州刺史韓愈及韓愈姪孫湘。

張籍妻父胡珦卒，年七十九歲。元和十三年病卒，今年葬，

八月十四日，葬於京兆奉先縣，夫人趙氏祔焉。其子逞、遒、巡、遇、述、遷、造，與公婿張籍，以公之族出、行治、歷官、壽年為書。使人自京師，南走八千里至潮州，請昌黎作神道碑。

　　《洪譜》「元和十三年」：「是年有〈胡珦碑〉。」

　　《方考》「元和十四年」：「〈胡珦碑〉云：『為書使人自京師南走八千里，至閩南兩越之界上，請為公銘刻之墓碑於潮州刺史韓愈。』則十四年作也。不知洪何以附之今年。」

　　案：〈胡珦碑〉，《洪譜》繫元和十三，今從《方考》繫元和十四年。

【詩文編年】

（刑部侍郎時）

正月，元日作〈元日酬蔡州馬十二尚書去年蔡州元日見寄之作〉、作〈華山女〉（考辨）、〈論佛骨表〉。

（貶謫潮州時）

正月中旬，作〈左遷至藍關示姪孫湘〉。

二月二日，作〈記宜城驛〉、〈題楚昭王廟〉。

二月至四月，作〈武關西逢配流吐蕃〉、〈路傍堠〉、〈次鄧州界〉、〈食曲河驛〉、〈過南陽〉、〈瀧吏〉、〈題臨瀧寺〉、〈晚次宣溪辱張端公使君惠書敘別酬以絕句二章〉、〈過始興江口感懷〉、〈初南食貽元協律〉、〈贈別元十八協律六首〉、〈宿曾江口示姪孫湘二首〉、〈答柳柳州食蝦蟆〉。

四月廿五日，抵潮後作〈潮州刺史謝上表〉、〈祭鱷魚文〉。

五月，作〈潮州請置鄉校牒〉。

六月，作〈與大顛師書〉（考辨）〈題秀禪師房〉（考辨）。

六月六日，先後作〈潮州祭神文五首〉。

七月，作〈賀冊尊號表〉。

八月，作〈潮州謝孔大夫狀〉。

八月十四日，作〈唐故中散大夫少府監胡良公墓神道碑〉、

是時，作〈琴操十首〉。

（赴任——袁州刺史時）

十一月中旬，作〈量移袁州張韶州端公以詩相賀因酬之〉、
〈別趙子〉。

十二月，作〈將至韶州先寄張端公使君借圖經〉（考辨）。

【時人事跡】

張籍，五十四歲。在長安為國子監廣文館助教。

李翱，四十六歲。為國子博士史館修撰。因韓愈貶潮事，李
翱上書宰相崔羣，以時宰未盡諫諍之責。秋，上〈論事表〉，條
疏六事，以興太平。

柳宗元，四十七歲。在柳州刺史任。二月，平淄青，赦天下，
有賀表、賀狀。又有代桂管觀察使裴行立撰賀表、賀狀。七月，
憲宗再加尊號，宗元作〈賀冊尊號表〉。十一月八日，卒於柳州。
病重時，嘗詒書劉禹錫、韓愈，託以編集撫孤諸事。遺腹子周七生。

劉禹錫，四十八歲。冬，丁母憂，罷連州刺史。北歸至衡陽，
得子厚訃聞及遺書。

白居易，四十八歲。春，離江州赴忠州刺史任。弟行簡隨行。
途中會鄂岳觀察使李程於武昌。時元稹離通州赴虢州長史任，三
月十一日相遇於黃牛峽口石洞中，停舟夷陵，置酒賦詩，三日而
別。二十八日抵忠州。有謝上表。

元稹，四十一歲，在虢州長史任。秋，女樊殤。冬，召還，授
膳部員外郎。

賈島，四十一歲。有詩〈寄潮州韓退之〉。尋元稹自虢州入拜膳部員外郎，又以舊文呈獻。

馮宿，五十三歲。昌黎上書貶潮州，時相皇甫鎛以馮與昌黎同年進士，又同時討淮西，疑爲馮宿所草，坐貶歙州刺史。後入爲刑部郎中。

【詩文考辨】

〈華山女〉（《韓集》卷六）

《韓醇》云：「詩雖記當時所記，然意蓋指一時佛老之盛，排斥之意寓於詩云。」

《舉正》云：「當爲元和十一、二年間作。」〈年表〉無收。

方成珪〈年譜〉列爲「無年考」。

錢繫於元和十四年，云：「方說無的據。詩中所云『撞鐘吹螺鬧宮庭』者，正十四年正月憲宗迎佛骨時事。〈諫佛骨表〉云：『今聞陛下令羣僧迎佛骨於鳳翔，御樓以觀，舁入大內。』《舊史》云：『是年正月丁亥，上令中使押宮人持香花逢佛骨，留禁中三日』與詩語合。茲繫本年。」

張認爲寫於八日迎佛骨後上表前，云：「據詩『撞鐘吹螺鬧宮庭』，『天門貴人傳詔召，六宮願識師顏形。玉皇頷首許歸去，乘龍駕鶴來青冥。』和〈論佛骨表〉：『今聞陛下令群僧迎佛骨於鳳翔，御樓以觀，舁入大內，又令諸寺遞迎供養。……傷風敗俗，傳笑四方，非細事也。』所寫事看，詩當寫於八日迎佛骨後，上表前。」

黃於「元和十四年」條下云：「正月憲宗遣使者往鳳翔迎佛骨入禁中，留三日，乃令諸寺遞迎供養，王公士庶，奔走捨施，

唯恐在後，時有〈華山女〉詩以敘之。」

屈論云：「方氏以舊本編次推斷，恐未必然。」故置於「疑年」。

謹按：此詩大方《舉正》繫於元和十一、二年，〈年表〉無收；小方〈年譜〉列「無年考」。到錢仲聯開始繫於元和十四年，張、黃從之。以下試從另一角度論述。

韓愈生於代宗大曆三年（768），卒於穆宗長慶四年（825），在這一段時期內，據近人張遵驪：〈隋唐五代佛教大事年表〉（范文瀾《唐代佛教》附錄）記載，有大型佛教活動的，計為：德宗和憲宗。德宗貞元六年（790）詔迎歧州無憂王寺佛指骨入禁中供養，之後詔葬佛骨於歧陽。「初置佛骨於禁中精舍，後送京師佛寺，傾都瞻禮，施財巨萬。」（《通鑑》卷 233）憲宗元和十四年（819）正月命中使杜英奇領禁兵押宮人三十人持香花與僧徒赴臨皋驛迎佛骨，開光順門迎入大內，留禁中三日，乃送京城佛寺。據《冊府元龜》載：「憲宗登勤政樓，觀都人設僧齋之會。陳雅樂百戲；日入而罷。」（卷五十二）德宗時只是「傾都瞻禮，施財巨萬」，到憲宗則是廣與同樂，而且「陳雅樂百戲」，〈華山女〉詩中有「街東街西講佛經，撞鐘吹螺鬧宮庭，廣張罪福資誘脅，聽眾狎恰如浮萍」等句，當係指「俗講」言，乃概括於「雅樂百戲」中，故以史事而論，則〈華山女〉作於元和十四年迎佛骨時，應為可信。

〈與大顛師書〉（《韓集·外集》卷二）

朱熹云：「此書諸本皆無，唯嘉祐小杭本有之，（中略）杭本注云：『唐元和十四年（819）刻石，在潮陽靈山禪院。宋慶曆丁亥（1047），江西袁陟世弼得此書，疑之，因之滁州謁歐陽永

叔，覽之曰：實退之語，它意不及也。』（中略）而東坡《雜說》
乃云：『韓退之喜大顛，如喜澄觀、文暢，意非信佛法也。而或
者妄撰退之與大顛書，其詞凡鄙，雖退之家奴僕，亦無此語也。
（中略）以余考之，所傳三書，最後一篇實有不成文理處，但深
味其間語意，一二文勢抑揚，則恐歐、袁、方意誠不爲過，但意
或是舊本亡逸，僧徒所記不真，致有脫誤。』（《韓集考異》卷9）

　　屈置爲「存疑」文中，云：「此三書，朱熹疑其『舊本亡逸，
僧徒所記不真』，近是。」

　　羅聯添：《韓愈研究》對此曾有詳論，云：「韓愈與大顛三
書，宋以來聚訟頗紛紜，歐陽修《集古錄》跋尾謂：『宜爲退之
之言』，蘇軾《雜說》以爲：『其詞凡鄙，雖退之家奴僕亦無此
語。』朱子作《韓文考異》（按：應爲《韓集考異》）定爲退之
之筆，謂『舊本亡逸，僧徒所記不真，致有脫誤。』陸游《老學
菴筆記》卷6謂：『黜僧所造，投歐公之好。』清・陳澧《東塾
集》二〈書僞韓文公與大顛書後〉謂：『責韓公不當與大顛往來
則可，必欲以僞爲真，則雖歐公朱子不可掩後人耳目。』明・楊
慎《升菴外集》四九舉李漢韓集序，無有失墜，以爲此書既在集
外，其僞可知。清・鄭珍《巢經巢文集》〈書韓昌黎與大顛三書
後〉以爲韓愈至潮在四月二十五日，書稱「孟夏漸熱」則絕非其
所作。」

　　羅辯之云：「案韓愈知制誥，李漢竟未收，（中略）韓集失
墜實多，不可妄信李漢之言。楊慎以三書在外集，而定其僞，其
誤不待辨。至鄭珍之說，言之頗成理，然朱子既云：『舊本亡逸，
僧徒所記不真』，則『孟夏』之語，可能爲僧徒所補綴。執此一
端，以定其僞，理亦不足。韓愈自潮移袁州後有〈與孟簡書〉云

（中略），據此知韓愈與大顛交往乃爲不爭之事實，與大顛三書爲愈爲作，當無可疑（部分或經文竄易）。」

黃於「元和十四年己亥」條下云：「夏秋間，在潮州與大顛僧交往，有〈與大顛師書〉三篇。」所據爲〈與孟尚書書〉，曰：「據此知韓愈與大顛交往乃爲不爭之事實。然韓慕其『頗聰明』、『以理自勝』之優點，因此與之交。未有信奉佛教之念。」

謹按：羅說辯析甚詳，其說可從。今繫於元和十四年。

〈將至韶州先寄張端公使君借圖經〉（《韓集》卷十）

洪興祖曰：「此詩及下至〈韶州留別詩〉皆自潮移袁道中作。」（《魏本》引）

方成珪《昌黎先生詩文年譜》，繫於元和十五年，云：「是年正月作。」

近人岑仲勉認是謫潮時作，其《唐史餘瀋》云：「余以爲應是謫潮時作，蓋來往皆道出於韶，則謫潮日曾經其地，何此時猶云：『曲江山水聞來久，恐不知名訪倍難』耶？如以兩詩同署張端公爲疑，則愈兩度經韶，前後約祇八月，其南下之際可能張端公已上韶任也。姑識之以待質諸方志，抑同卷更有詩題云：〈去歲自刑部侍郎以罪貶潮州刺史乘驛赴任〉，或來時乘驛，不得流連山水，故『聞來久』一句，仍無害其爲再度經過歟？」

錢、屈同據繫於元和十五年。

黃繫於元和十五年，引《韓愈研究》云：「元和六年韓愈嘗爲職方員外郎，掌天下之地圖，故於圖經頗爲諳悉。貶潮州，爲嚴程所迫，途中山水，皆未暇游眺，故寄韶守云。」

張繫元和十四年十二月下旬，云：「按韓愈〈袁州刺史謝上

表〉說他十四年十月二十四日，准例量移，改授袁州刺史……按
十月二十四日下詔，詔到潮二千五百多公里路程，韓愈去時用了
百日，此驛站傳遞，也得經月，到潮最早也得到十一月下旬或十
二月初，接詔出發，當在十一月底或十二月初，韓愈到韶州的時
間，以十四年十二月底爲宜，此詩當寫於將到韶州的途中，寫於
十二月下旬。諸譜云十五年，岑仲勉謂十四年春過韶而作，具（按：
疑爲俱之誤）未細察當時情勢，韓愈〈袁州謝表〉說他以今月八
日到袁州。『今月』當是十五年閏正月，不會是二月。如是由韶
至袁，六七百公里路，即如過嶺乘湘江船順流而下，也得近旬日。
故此尚未到韶時所寫詩，決不可能寫於十五年春。」

　　謹按：此詩繫年有三說：（一）元和十四年，謫潮時作，岑
仲勉主之；（二）元和十四、五年，「自潮移袁道中作」，洪興
祖主之；（三）元和十四年十二月下旬，張清華主之；（四）元
和十五年正月，方成珪、錢、屈、黃主之。

　　關於第一說，張清華已予駁斥，可以排除。至於第二說，基
本上是對的，惟是韓愈「自潮移袁道中作」，可以由元和十四年
十二月上旬至十五年正月。第三、四說，基本上是欲就前說加以
釐析，故出現諸說的分歧。

　　討論此詩繫年，有以下觀察點：（一）韓氏何時接赦書？（二）
何時離潮？（三）何時至韶？據韓愈〈袁州謝表〉，他是十四年
十月廿四日，准例量移，改授袁州刺史。十月二十四日下詔，詔
書到潮州究在何時？查《舊唐書・地理志》所載：袁州距京 3580
里，韶州距京 4932 里，廣州距京 5447 里，而潮州距京多少里，
則無記載。據韓氏〈潮州謝表〉：潮州「在廣府極東界上，去廣
府雖纔云二千里，然來往動皆經月。」馬其昶《補注》引沈欽韓

曰：「《明史‧志》：『潮州去廣東布政司千一百九十里』。」
因此，可知潮州距廣州一千一百九十里，一來一往要一個月。一
程則爲半個月。換言之，長安經廣州至潮州的路程，爲 5547 里加
1190 里，計共 6737 里。又查《集釋》卷三〈八月十五夜贈張功
曹〉詩：「赦書一日行萬里」句下注引陳景雲曰：「唐制日行五
百里」，則由長安至潮州 6737 里，即 14 日可達，亦即到達時爲
十一月初八日，他聞命即在此時。韓愈離潮即在本月或下月初。
假設他由十二月初出發，至廣州時約爲十二月中旬，到韶州時約
爲十二月下旬。此詩既云〈將至韶州先寄張端公使君借圖經〉，
則作於十二月上旬至中旬之間。中間，韓愈經廣州，有無停留，
不可知。故此詩仍以繫十二月上旬至中旬爲宜。（筆者另有〈韓
愈貶潮行跡兼論三詩繫年〉，請參閱。）

〈題秀禪師房〉（《韓集》卷十）

　　方崧卿《舉正》云：「元和十四年貶潮陽道間作。」

　　方世舉《箋注》卷以爲〈元日酬蔡州馬尙書〉以下十四首至
〈過始興江感懷〉，十四年春赴潮州時作。

　　陳景雲認爲離潮赴袁時作，云：「〈題驛梁〉詩題云：『貶
潮州刺史，乘驛赴任。』其時方爲嚴程所迫，途中山水，皆未暇
游眺，故後日移袁過韶，寄詩韶守，有欲借圖經開看佳處之語。
則到僧家把漁竿，必非赴潮時事，定量移後過其地而留題也。」

　　錢繫於元和十五年正月，云：「《舉正》以此詩爲元和十四
年貶潮陽道中作，方世舉《編年》亦然。今從陳說，改繫本年正
月。南方氣暖，竹床莞席，乃四時常御也。」

　　屈繫於元和十五年正月。

　　張繫於元和十四年十二月下旬，云：「秀禪師何人？尙難曉。所在地在由潮至韶途中，還有在韶州，甚或由韶至袁州途中，皆難定。因此其作時或在十四年十二月，或在十五年正月，殊難定。以『竹床莞席』、『魚竿釣沙』句考之，其地當在韶州南，或在韶州。過韶越嶺北上已無此氣候特徵。當寫於在韶州或到韶州前，時在十二月下旬。」

　　謹按：此詩繫年有三說：元和十四年、元和十四年十二月下旬、元和十五年正月。關鍵點是「赴潮過韶」？移袁過韶時？

　　此詩寫於移袁過韶時，《舉正》、《箋注》均認爲是「赴潮過韶」時，其說非是。陳景雲已予指正。惟秀禪師不知何人，其地難考，其時亦難定。陳景雲繫此詩於元和十五年正月，錢從之。張則認爲是十二月下旬。查：韶州緯度約爲 25°，與台灣省台北市同，地屬山區氣候，四時清陰，若爲廣州，緯度爲 23°與台灣省台南市同，則氣候較燠熱，在此情況下，則「竹牀莞席，乃四時常御也」，疑此詩爲韓氏移袁赴韶時經廣東所作，或在潮陽時夏天閒遊之作，則時間仍在元和十四年。

　　近閱劉昭民：《中國歷史上氣候之變遷》，（台北：臺灣商務印書館，1994 年七月修訂版）。從中國氣象學史研究、考古學的發現、古籍的記載，看出中國歷史上的氣溫確有一系列的升降波動，大致分爲五個暖期、四個冷期。（頁 26-27）而隋初至宋初，氣候比較暖濕，爲中國歷史上第三個暖期，（頁 99）由此推證當時年平均溫度要比現在高出 2℃，一月平均溫要比現在一月平均溫高出 3°-5℃ 之多。（頁 42）可作旁證。

唐憲宗元和十五年庚子（820）　五十三歲

【朝廷時事】

正月二十七日，憲宗暴崩於中和殿。

閏正月，太子即位，是爲穆宗。右神策中尉梁守謙等立之。

　殺左神策中尉吐突承璀，貶皇甫鎛爲崖州司戶參軍。詔以
　蕭俛、段文昌皆爲同平章事。

　柳泌伏誅，貶李道古爲循州司馬。

　尊貴妃郭氏爲皇太后。

　上與羣臣皆釋服從吉。

　宰相令狐楚爲憲宗山陵使。元稹爲判官。

二月，赦天下。詔以柳公權爲翰林學士。

五月，詔以元稹爲祠部郎中、知制誥、賜緋魚袋。

六月，憲宗葬景陵。詔以崔羣爲吏部侍郎。太后居興慶宮。

七月，令狐楚罷爲宣歙池觀察使，再貶衡州刺史。

八月，浚魚藻池。

九月，重陽大宴。拾遺李珏帥同僚上疏諫，不聽。

十月，王承宗卒。詔以田弘正代之。王承元爲義成節度使。

　吐蕃寇涇州。

　帝幸華清宮。

十一月，檢校司徒鄭餘慶卒。

　冬，白居易自忠州召拜尙書門員外郎。十二月，轉主客郎
　中知制誥。

是年進士及第，盧儲、鄭亞、盧戡、施肩吾等二十九人；諸科，十三人；太常少卿李建知貢舉。

【韓愈事跡】

元和十五年，韓昌黎五十三歲。閏正月八日，到袁州任。九月廿二日，召拜國子祭酒。十二月抵京師，復其章綬。

閏正月八日到袁州，上〈袁州刺史謝上表〉。

> 〈袁州刺史謝上表〉：「臣某言。臣以去年正月上疏論佛骨事，……貶授潮州刺史。……至其年十月二十四日准例量移，改授袁州刺史，以今月八日到上訖。」

在袁州，百姓以男女為人隸者，昌黎皆計傭以償其直，出而歸之。

> 〈行狀〉：「移袁州刺史，百姓以男女為人隸者，公皆計傭以償其直，而出歸之。」
>
> 〈神道碑〉：「轉刺袁州。治袁州如潮，徵拜國子祭酒。」
>
> 《新唐書・本傳》：「袁人以男女為隸，過期不贖，則沒入之。愈至，悉計庸得贖所沒，歸之父母七百餘人。因與約，禁其為隸。」
>
> 《舊唐書・本傳》：「袁州之俗，男女隸於人者，逾約則沒入出錢之家。愈至，設法贖其所沒男女，歸其父母。仍削其俗法，不許隸人。」

韓滂，韓愈侄孫，老成之子，卒於袁州，年十九，未嘗入仕；韓有祭文及墓誌。

九月，召授國子祭酒。十月去袁，經洪州，次石頭驛，賦詩寄王仲舒；次江州，遊廬山，訪蕭穎士舊居；道鄂州，次溠城，賦詩寄李程；取安州，次安陸，寄詩周君巢；過襄州，醉中留別

李逢吉。冬暮至京師。

《洪譜》「元和十五年」:「〈次石頭驛寄江西王十中丞閣老〉云:『憑高試回首,一望豫章城。』王仲舒自中書舍人除御史中丞、觀察江西,公北歸,寄詩別之。　〈至江州寄鄂岳李大夫〉云:『故人辭禮闈,旌節鎮江圻。』李程自禮部侍觀察鄂岳。又云『別來已三歲』,蓋程十三年出鎮,與公別於京師,今三歲矣。又云『年皆過半百』,時公年五十三。又云『公其務貰過,我亦請改事』,然則二公嘗以事相失也。〈題西林故蕭二郎中舊堂〉,注云:『公有女為尼在江州。』詩云:『中郎有女能傳業,伯道無兒可保家。偶到匡山曾住處,顧行衰淚落煙霞。』一云:『今日匡山過舊隱,空將衰淚對煙霞。』《因話錄》云:『蕭穎士子存字伯誠,為金部員外郎,惡裴延齡之為人,棄官歸廬山,以山水自娛,終于檢校倉部郎中。』公少時嘗受金部嘗知,及自袁州入為祭酒,途經江州,因遊廬山,過金部山居,訪知諸子凋謝,唯二女在焉,因賦此詩,留百縑以拯之。〈行次安陸先寄隨州周員外〉云:『行行指漢東,暫喜笑言同。雨雪離江上,蒹葭出夢中。』」

過吉州時,得孟簡手書,入秋後,昌黎復之:「來示云,有人傳愈近少信奉釋氏,此傳之妄也。」自言與大顛交往事,「非崇信其法,求福田利益也。」

〈與孟尚書書〉:「愈白。行官自南迴,過吉州。欣悚兼至。未審入秋來,眠食何似,伏惟萬福。來示云:有人傳愈近少信奉釋氏者,此傳者之妄也。(略)何有去聖人之道,捨先王之法而從夷狄之教以求福利也。」

　　處州刺史鄮侯李繁至官，新作孔子廟，致講座，教之行禮，廟成。躬親率吏及博士弟子入學行釋菜禮，乃作歌詩，昌黎作〈處州孔子廟碑〉頌其事。

　　柳子厚以去年十一月八日卒，年四十七。今年靈柩歸葬故鄉，五月，路過袁州，昌黎有祭文；七月十日歸葬萬年先人墓側，昌黎應遺命作墓誌銘。

　　十二月，過商州，在商南層峯驛，四女挐瘞葬處祭奠，有詩題驛梁：案，去歲，二月，昌黎南貶，女挐已病，不堪貶徙，卒於途中。

　　〈去歲自刑部侍郎以罪貶潮州刺史乘驛赴任其後家亦謫逐小女道死殯之層峯驛旁山下蒙恩還朝過其墓留題驛梁〉：「數條藤束木皮棺，草殯荒山白骨寒；驚恐入心身已病，扶舁沿路眾知難；繞墳不暇號三匝，設祭惟聞飯一盤；致汝無辜由我罪，百年慙痛淚闌干。」

　　十二月，還朝。昌黎上〈應所在典貼良人男女狀〉於朝，令有司依法放免天下各州典押奴婢。

　　〈應所在典貼良人男女狀〉：「應所在典貼良人男女等。右准律不許典貼良人男女作奴婢驅使。臣往任袁州刺史日，檢到州界內，得七百三十一人，並是良人男女，准律：計傭折直一時放免。原其本末，或因水旱不熟，或因公私債負，遂相典貼，漸以成風。名目雖殊，奴婢不別，鞭笞役使，至死乃休。既乖律文，實虧政理。袁州至小，尚有七百餘人。天下諸州，其數固當不少。今因大慶，乞令有司重舉舊章，一皆放免。仍勒長吏，嚴加檢責，如有隱漏，必重科懲。則四海蒼生，孰不感荷聖德。」

〈神道碑〉：「貶潮州刺史。……掠賣之口，計庸免之，未相計直，輒與錢贖，及還，著之赦令。轉刺袁州，治袁州如潮，徵拜國子祭酒。」

《樊譜》：「公之為袁州也，袁人以男女為質，過期不贖，則沒入之。公至，悉計庸，得所沒歸之父母七百餘人，因與約禁。其為〈行狀〉、〈神道碑〉新舊傳皆書之，新傳所謂：沒歸父母七百餘人，則出公此狀。〈神道碑〉又云：『及還，請著之赦令』則公此狀所云，今因大慶，乞令有司，重舉舊章，一皆放免。」

又上〈黃家賊事宜狀〉，建議朝廷寬赦，擇經略使招撫之。

《通鑑》卷 241，「元和十五年十二月」條：「癸未，容管奏破黃少卿萬餘眾，拔營柵三十六。時少卿久未平，國子祭酒韓愈上言，上不能用。」

〈黃家賊事宜狀〉：「臣去年貶嶺外，熟知黃家賊事。其賊無城郭可居，依山傍險，自稱洞主，尋常亦各營生，急則屯聚相保。比緣邕管經略使多不得人，德既不能綏懷，威又不能臨制，侵欺虜縛，以致怨恨。遂攻劫州縣，侵暴平人，或復私仇，或貪小利，或聚或散，終亦不能為事。近者征討，本起裴行立、陽旻，此兩人者本無遠慮深謀，意在邀功求賞。亦緣見賊未屯聚之時，將謂單弱，爭獻謀計。自用兵以來，已經二年，前後所奏殺獲計不下二萬餘人，倘皆非虛，賊已尋盡。至今賊猶依舊，足明欺罔朝廷。邕、容兩管，經此凋弊，殺傷疾疫，十室九空，如此不已，臣恐嶺南一道未有寧息之時。自南討已來，賊徒亦甚傷損，察其情理，厭苦必深。賊所處荒僻，假如盡殺其人，盡得

其地，在於國計不為有益。若因改元大慶，赦其罪戾，遣
使宣諭，必望風降伏。仍為選擇有威信者為經略使，苟處
置得宜，自然永無侵叛之事。」

《洪譜》「元和十五年」：「又論夷獠請因改元大慶，遣
使宣諭，仍擇經略使撫之。」

昌黎自潮州還朝後，文章造詣已達爐火純青之境。

《洪譜》「元和十五年」引黃魯直（按：黃庭堅）云：「退
之自潮州還朝後文，不煩繩削而自合。」

【詩文編年】

（袁州刺史時）

正月，作〈韶州留別張端公使君〉（考辨）；廿七日作〈慰
國哀表〉、〈憲宗崩慰諸道狀〉。

閏正月三日，作〈賀皇帝即位表〉、〈皇帝即位賀宰相啓〉、
〈皇帝即位賀諸道狀〉、〈憲宗崩賀諸道狀〉；五日，作〈賀赦
表〉；閏正月十日，作〈袁州刺史謝上表〉、〈舉韓泰自代狀〉
（考辨）；閏正月二十七日，作〈賀冊皇太后表〉、二月二十四
日，作〈皇帝即位降赦賀觀察使狀〉。

五月五日，作〈祭柳子厚文〉（考辨）。

六月十六日，袁州西北現五彩慶雲，作〈賀慶雲表〉。

夏，作〈袁州祭神文三首〉。

七月十日，作〈柳子厚墓誌銘〉。

秋，作〈與孟尚書書〉。

九月，上〈袁州申使狀〉。

十月，一日作〈南海神廟碑〉，五日作〈新修滕王閣記〉，
作〈祭湘君夫人文〉。

　　是時，作〈祭滂文〉、〈韓滂墓誌銘〉。

　　（還京，袁州—洪州—江州—鄂州—安陸—隋州—襄州—商州—長安）

　　十月，作〈次石頭驛寄江西王十中丞閣老〉、〈遊西林寺題蕭二郎中舊堂〉、〈除官赴闕至江州寄鄂岳李大夫〉、〈自袁州還京行次安陸先寄隨州周員外〉、〈又寄隨州周員外〉、〈題廣昌館〉、〈酒中留上襄陽李相公〉、〈留題層峰驛梁〉。

　　（國子祭酒時）

　　十二月，作〈舉張維素自代狀〉。

　　十二月，作〈黃家賊事宜狀〉。

　　多作〈賀張十八秘書得裴司空馬〉、〈處州孔子廟碑〉、〈詠燈花和侯十一〉（考辨）、〈送侯喜〉。

　　是時，作〈應所在典貼良人男女等狀〉、〈答侯生問論語書〉（考辨）。

【時人事跡】

　　柳子厚，去年卒，今年七月十日，歸葬于萬年人墓側。舅弟盧遵經理其喪事，桂管觀察使裴行立資助歸葬，昌黎為作墓誌。次子周六生。

　　李翱，四十七歲。六月，受考功員外郎兼史館修撰，旋坐與李景儉相善，七月，貶為朗州刺史。

　　劉禹錫，四十九歲。在洛陽，丁母憂。

　　張籍，五十五歲。五月，除秘書郎。

　　賈島，四十二歲。在長安。秋，有詩投祠部郎中元稹。秋冬間，臥病長安慈恩寺文郁院，有酬文郁師。遊嵩岳，有詩別李益；題詩國子博士張籍靖安坊新居。

元稹，四十二歲。在膳部員外郎任。五月，爲祠部郎中、知制誥賜緋魚袋。

白居易，四十九歲。在忠州刺史任。冬，召爲司門員外郎。十二月，轉主客郎中知制誥。

馮宿，五十四歲。判考功。

侯喜，由協律郎擢國子主簿。

【詩文考辨】

〈韶州留別張端公使君〉詩（《韓集》卷十）

方成珪曰：「是年（元和十五年）正月作。」

王元啓認爲作於元和十五年二月初旬。

徐震認爲：「此過韶當在十一月。」

錢仲聯認爲：「移袁過韶爲十五年閏正月」。

羅聯添認作於元和十五年正月。

張清華認爲此詩當作於「正月十日前後」。

陳克明繫於元和十五年。

謹案：經由論述，此詩當作於在韶州過春節後，離別張韶州之時，即是元和十五年正月七日左右。（詳參筆者〈試從唐律論韓愈三首貶潮詩繫年〉論文）

〈舉韓泰自代狀〉（《韓集》卷三十九）

《洪譜》、方崧卿《年譜》、方成珪《詩文年譜》俱繫元和十五年。

屈繫於元和十五年，云：「韓愈以元和十五年二月八日到袁州刺史任，到任三日後上此狀。」

　　黃繫元和十五年，據《校注》云：「公自潮州移刺袁州，舉泰以自代，時元和十五年春也。」

　　張繫於元和十四年，云：「寫於移袁前。《洪譜》、方崧卿《年譜》、方成珪《詩文年譜》繫十五年不妥。如〈狀〉云：『建中元年正月五日制：常參官及刺史授上訖，三日內舉一人自代者』，韓愈受命在是年十一月底許，上狀不當到十五年。」

　　謹按：此文繫年有兩說：元和十四年、元和十五年。

　　觀察點在於：對「授上訖」的解釋：一、授官上任後：如屈、黃。二、接受皇命之後三日：如張。

　　試以韓愈的五篇〈自代狀〉作為考察，所據文獻為《五百家注昌黎文集》和《東雅堂昌黎集註》：

篇名	官位變遷	寫作時間	主其說者
〈舉韓泰自代狀〉	由潮州刺史量移袁州刺史	時守袁州 元和十四年十月己巳（廿四日）因赦改授袁州刺史，聞命在十二月。 按：元和十五年二月八日到任	《祝本》小注
〈舉薦張維素狀〉	由袁州召為國子祭酒	時為國子監 元和十五年冬 按：元和十五年九月獲授，十月聞新命，十二月歸朝。	《祝本》小注 韓醇
〈舉韋顗自代狀〉	自國子祭酒除兵部侍郎	長慶元年七月 按：文題下注尚書兵部	韓醇
〈舉馬摠自代狀〉	由兵部侍郎遷京兆尹兼御史大夫	長慶三年六月 按：文題下注：京兆尹	孫汝聽
〈舉張正甫自代狀〉	自京兆尹除兵部侍郎	長慶三年十月 按：文題下注：尚書兵部。	韓醇 方崧卿訂作「尚書兵部」云：「十月自京兆除。」

　　〈舉韓泰自代狀〉、〈舉薦張維素狀〉，據《祝本》小注，皆為到任後作。其他〈舉韋顗自代狀〉、〈舉馬摠自代狀〉、〈舉張正甫自代狀〉，據韓醇、孫汝聽、方崧卿則作於長慶元年七月、長慶三年六月、十月。其文題下注或作「尚書兵部」、「京兆尹」、「尚書兵部」皆為新職。以此而觀，則作「授官到任」解釋為是。今繫元和十五年。

〈祭柳子厚文〉（《韓集》卷二十三）

　　方崧卿《年譜》繫元和十五年。

　　《文苑英華》卷九八七祭文，「維年月日」作「維元和十五年歲次庚子五月壬寅朔五日景午」。

　　方成珪繫于元和十五年五月五日。

　　屈繫於由潮州移刺袁州時，云：「元和十四年十月卒於柳州刺史任上。連州刺史劉禹錫受託訃告友朋，劉之〈祭柳員外文〉稱：『元和十五年歲次庚子正月朔日』，文云：『退之承命，改牧宜陽，亦馳一函，候於便道。』則愈之祭文，作於元和十四年冬由潮州刺史移袁州刺吏時也。」

　　黃於「元和十四年」條下云：「十一月八日柳宗元卒於柳州，宗元病篤時遺書劉禹錫、韓愈，託以編集撫孤之事。」

　　張於「元和十五年庚子」條下云：「聞柳宗元卒，作〈祭柳子厚文〉以吊，又作〈柳子厚墓志銘〉。」

　　謹按：《韓愈研究》「柳宗元」條云：「（元和十四年）十月，韓愈改授袁州刺史。十一月八日柳宗元卒於柳州。宗元病篤時遺書劉禹錫、韓愈，託以編集撫孤之事。元和十五年（820）正月，韓愈至袁州任。五月，宗元喪柩北歸，韓愈有〈祭文〉。七

月十日葬之於萬年縣，韓愈爲作墓誌。」

再據劉〈祭柳員外文〉：「退之承命，改牧宜陽」係指韓氏量移袁州之事；「候於便道」係指韓氏在柳之靈柩北歸時，在「便道」中等候以爲弔祭，〈祭文〉應寫於是時。故應繫元和十五年五月。

〈詠燈花同侯十一〉（《韓集》卷十）

方崧卿云：「以閣本校，侯十一，侯喜也。上四題（案：爲此首與〈獨釣〉、〈枯樹〉、〈元日酬蔡州馬十二尙書〉）皆十四年作。」

方世舉云：「公以多暮至京師，此乃初至京師之作。」

錢繫於元和十五年冬，云：「《舉正》以此詩爲十四年作。據三、四一聯，詩實作於多暮。而十四年冬，公尙在潮州，無緣與侯同詠。今從方世舉編。」

張繫元和十五年冬，稱：「按韓愈被貶後，無由與侯喜同咏，更不可能『花然錦帳中』。又『自能當雪暖，那肯待春紅』一聯，所云，明爲多日雪天，十四年冬在潮至韶間，無由『當雪暖』。實當寫于十五年冬。」

黃繫於元和十五年，據《韓愈研究》云：「侯喜由協律郎擢爲國子主簿，當在是年冬韓愈爲國子祭酒以後。」

屈繫元和十三年，云：「方、錢未知庫本《舉正》之訛，故繫於元和十五年潮州還京後。」

謹按：此詩繫年有三說：（一）元和十三年，屈守元據《䄃宋樓鈔本》、《殘宋乙本》。（二）元和十四年多，方崧卿主之；（三）元和十五年多，方世舉、方成珪、錢、張、黃主之。

關於「元和十三年」說，侯喜十一年任爲左右官協律，十五

年爲國子主簿，長慶三年卒。是年之前，韓愈自平淮西之後，元和十二年十二月丙子授刑侍郎。元和十三年，正月奉詔撰〈平淮西碑〉，是年冬仍在京師，兩人談詩論文有可能。在此之前，即元和十一年（816），五月韓因忤宰相意自中書舍人罷爲右庶子。侯喜有〈詠笋詩〉來慰，韓有詩和之。此〈詠燈花〉爲詠物詩，就詩末句「更煩將喜事，來報主人公」言，元和十三年似未見有喜事之報，此爲質疑之處。

關於「元和十四年冬」說，時韓愈正從潮移袁之中，侯喜亦未隨韓氏至潮，兩人無同吟詠，故可排除。

關於「元和十五年冬」說，此際韓氏由袁州召爲國子祭酒召回朝，抵京時爲十二月，而侯喜亦由協律律郎擢爲國子主簿，此升職當由韓氏薦引。此詩大抵作於侯喜擢爲國子主簿前後，加上韓氏亦得回朝，故詩句言「更煩將喜事，來報主人公」。以情境言，以元和十五年冬爲長。

〈答侯生問論語書〉（《韓集‧遺文》）

文讜辯侯生：「必喜也。」

屈曰：「此篇作年不詳。」

張於「貞元十七年」條〔韓愈事迹〕欄下云：「韓愈三十四歲，自去年冬赴長安調選，至今年三月在長安；因調選未成，三月後回洛陽。夏秋閑居洛陽，與諸友交游。冬又赴長安調選。」其間「與李景興、侯喜、尉遲汾等同游洛陽山林古迹，釣於洛北溫洛，夜宿惠林寺。有〈山石〉詩、〈贈侯喜〉詩、〈與汝州盧郎中薦侯喜狀〉……等。」

謹按：此文繫年有二說：一、貞元十七年，張主之；二、疑

年，屈主之。

　　此詩繫年於何時，不易考定。觀察點有二：（一）韓注論語於何時？（二）侯生問論語於何時？關於第一點：分兩項考察：

　　1.韓氏有無注《論語》？據《校註》載：李漢《昌黎先生集序》其末即云：「又有《注論語》十卷傳學者。」馬其昶「補注」引陳景雲曰：「張籍〈祭公詩〉云：『魯論未訖註，手跡猶微茫。』則此所云十卷者，未成之書也。今所傳《論語筆解》，出後人委託。」《四庫全書總目提要》云：「以意推之，疑愈注《論語》時，或先于簡端有所記錄，翱亦間相討論，附書其間。迨書成之後；後人得其稿本，采注中所未載者，別錄爲二卷行之。」（卷三五《經部・四書類》）近人孫昌武在〈關於《論語筆解》〉的一篇論文中說：「在新材料發現之前，最妥當的辦法是維持《四庫提要》提出的看法。《筆解》可能不出于韓愈之手，但傳承有據，確實反映了韓愈的意見。」（參《韓愈研究》第一輯，鄭州：中州古籍出版社，1996年）由李漢序、張籍詩、《四庫提要》等的記述，可知韓愈是有註《論語》的，只惜未完成而已。

　　2.何時註《論語》？對此問題，試據羅著《韓愈研究》及《李翱年譜》，以韓愈、李翱二人同時同地讀書論文爲考察：

　　若以韓、李二人同時同地讀書論文而論，則可能時間爲貞元十三年春至秋，貞元十五年春，貞元十六年春夏，貞元十八年，元和十年冬在長安，元和十二年七月前。

　　文中韓愈言：「愈昔註解其書」，則此「昔」意指何時，上述時間，也許可以提供線索。由貞元十三年至十八年，韓氏仕宦不定，或在汴幕，或在徐幕，至十八年始任四門博士，在此之前，兩人讀書論文的可能性爲長，張繫之於貞元十七年。即此之故，

　　（二）、侯生問論語於何時？以下據《韓愈研究》，考察韓、侯二人來往的時間：

　　1.貞元十六年，兩人始相識。

　　2.貞元十六年冬，侯謁盧虔，盧以侯為選首。

　　3.貞元十七年，侯以五月自關至洛，七月二十二日與韓釣魚。

　　4.貞元十八年，韓為四門博士，有〈與陸傪書〉薦侯喜等十人。

　　5.貞元十九年，侯登進士第。

　　6.元和元年夏六月，韓自江陵召入長安為國子博士，與孟郊、張籍、張徹會京師，同作聯句。十一月孟郊辟為東都水陸轉運判官，孟既去，侯喜始至長安，韓有〈喜侯喜至贈張籍、張徹詩〉。

　　7.元和七年，韓復為國子博士，侯喜為校書郎。

　　8.元和十一年五月，韓罷右庶子。侯喜作〈詠笋詩〉來慰韓有詩和之。

　　9.元和十五年，九月，韓自袁州召為國子祭酒，冬至長安，十二月有〈同侯喜詠燈花詩〉。侯由協律郎擢為國子主簿。

　　10.長慶元年至三年，韓氏在朝為官，歷任兵部侍郎、吏部侍郎、京兆尹兼御史大夫等職；侯則以國子主簿卒官。

　　以上時間可分三段：第一段為貞元十六年至貞元十九年；第二段由貞元二十年至元和六年。第三段由元和七年至長慶元年。第四段由長慶元年七月至長慶三年。

　　若以上述三段時間論，第一段時間，侯生基本上是求仕、應試、讀書、論學，他與韓氏認識、伴遊、同釣等等，有許多機會當面論學，不必致書「問論語」，故可排除。

　　第二段時間，基本上侯生是準備宏辭試以及求幕府徵辟，心情較鬱悶，未必會「問論語」於韓氏。

　　至於第三段時間，韓氏與侯生同在朝廷為官，職業有著落，心情較穩定。雖官職卑微，仍以聖人「踐形」之道自許，故有此書之問。元和七年同在長安，侯初為校書郎，問書可能即在此時；至於元和十一年兩人同在長安，韓為中書舍人以至右庶子，侯為左右官協律；元和十五年韓為國子祭酒，侯為國子主簿，侯是其僚屬，兩人交往論學方便，可能有此問。

　　第四段時間兩人論學已不像前段時間方便。

　　總言之，若以時間言，以第三段時間為宜；若再細論，則以元和七年侯初為校書郎及元和十五年韓自袁州召授國子祭酒回朝兩年為可能，元和十一年已有和〈詠笋詩〉故可排除。

　　再以韓氏的人生遭遇言，韓任途坎坷，屢躓屢起，惟以生死險惡而論，則莫過於諫迎佛骨，遠貶潮州的一段，韓氏由「懼以貶死」以至在潮時撰作〈琴操〉，「借古聖賢以自寫其性情」、「遇災害而不失其操也」，故以人生境界的歷練言，韓氏在潮州「憂深思遠」，經已體悟聖人「反身而誠」、「萬物皆備於我」的「踐形」境界。〈答侯生書〉云：「踐形之道無他，誠是也。」即此深刻體會。試觀韓氏貶潮後的作為以至回朝亦是誠而已。從此角度言，則作於元和十五年回朝後，明顯為長。今姑繫於此。容日再論。

唐穆宗長慶元年辛丑（821）　五十四歲

【朝廷時事】

正月，南郊禮畢，御丹鳳樓，大赦，改元大慶。

詔河北諸道各均定兩稅。

蕭俛罷相，爲右僕射。

盧龍節度使劉總棄官爲僧，詔以張弘靖代之。

二月，段文昌罷相，出爲西川節度使。詔以杜元穎同中書門下、平章事。

三月，詔以張弘靖爲幽州盧龍節度使，辟張徹爲判官。

四月，李宗閔婿等登進士第，李德裕、元稹與李宗閔有隙，上言以爲不公。經復試，黜十人。詔白居易與王起重試，黜朗等十人。錢徽、李宗閔、楊汝士皆遠貶。自是李德裕及李宗閔各分朋黨，相傾軋垂四十年。

四月，詔以前天平軍節度使馬總復爲天平軍節度使。

五月，遣使冊回紇崇德可汗。以太和長公主妻之。

六月，李逢吉拜相。

七月，盧龍軍亂，囚節度使張弘靖，推朱克融爲留後。殺幕僚等，張徹罵賊，遂遇害。

七月十八日，羣臣上尊號曰：文武孝德皇帝，赦天下。

七月廿六日，詔以國子祭酒韓愈爲兵部侍郎。

成德兵馬使王庭湊殺節度使田弘正。

八月，起復田布爲魏博節度使討之。詔諸道討王庭湊，以牛元翼爲深冀節度使，庭湊圍深州。

九月，吐蕃遣使來盟，詔以劉元鼎爲吐蕃會盟使。詔兩稅皆輸布絲纊。

十月，詔以王播同平章事。詔以裴度充鎮州四面行營都招討使。詔以魏弘簡爲弓箭庫使。元稹爲工部侍郎。

十一月二十八日，白居易充制策考官。崔龜從、龐嚴等十一
　人賢良方正能直言極諫科登第。

十二月，深州行營節度使杜叔良討王庭湊大敗，詔以李光顏
　代之。詔以朱克融爲平盧節度使。

是年進士及第，李躔、李款、盧錆、盧簡求、崔璵、崔瓌等
三十三人駮下十人，重試十四人；諸科，三十八人；賢良方正能
直言極諫科，龐嚴、沈亞之等十二人；博通墳典達於教化科，李
思元；詳明政術可以理人科，崔郢；軍謀深遠材任將帥科，吳思、
李商卿；禮部侍郎錢徽知貢舉。

【韓愈事跡】

長慶元年，昌黎五十四歲。在國子祭酒任。七月廿六日，轉
兵部侍郎。

正月三日，南郊改元大赦，詔頒〈南郊改元德音〉。

〈南郊改元德音〉謂：「天下諸色人中，有能精通一經堪
　爲師法者，委國子祭酒訪擇，具以名聞，將加試用。」（《全
　唐文》卷66）

昌黎據此赦文，上〈國子監論新注學官牒〉，請求非專通經
傳，博涉墳史，及進士五經諸色登科人，不以比擬。其新授官上
日，必加研試，然後放上。

〈國子監論新注學官牒〉：「國子監應今新注學官等牒。
　准今年赦文，委國子祭酒選擇有經藝堪訓導生徒者，以充
　學官。近年，吏部所注多循資叙，不考藝能。至今，生徒
　不自勸勵，伏請非專通經傳，博涉墳史，及進士五經諸色
　登科人，不以比擬。其新授官上日，必加研試，然後放上，
　以副聖朝崇儒尚學之意。具狀牒，上吏部。仍牒監者，謹牒。」

《程記》「長慶元年」條：「又牒吏部，國子監學官非通經博涉及進士、五經諸色登科人勿擬，新官上日必加研試，然後放上。」

為國子祭酒時，昌黎奏〈請復國子監生徒狀〉，請朝廷依六典為國子館、太學館、四門館收取生徒人數，以提振儒風。

〈請復國子監生徒狀〉：「國子監應三館學生等准六典。國子館學生三百人，皆取文武三品以上及國公子孫從三品以上曾孫補充；太學館學生五百人，皆取五品以上，及郡縣公子孫從三品以上曾孫補充；四門館學生五百人，皆取七品以上，及侯伯子男子補充。右國家典章，崇重庠序，近日趨競，未復本源。至使公卿子孫，恥遊太學。工商凡冗，或處上庠。今聖道大明，儒風復振，恐湏革正，以贊鴻猷。今請國子館並依六典，其太學館量許取常參官八品已上子弟充；其四門館，亦量許取無資廕有才業人充；如有資廕不補學生應舉者，請禮部不在收試限。其新補人有冒廕者，請牒送法司科罪。緣今年舉期已近，伏請去上都五百里內，特許非時收補。其五百里外，且任鄉貢，至來年春一時收補，其厨糧度支，先給二百七十四人。今請準新補人數量加支給。謹具如前，伏聽處分。」

《程記》「長慶元年」條：「又請國子監依《六典》置學生三百人，取文武三品已上及國公子孫從三品已上曾孫補充；太學館量取常參官八品以上子弟充；四門館量取無資蔭有才業人充；如有資蔭不補學生　應舉者，禮部勿收試。」

在國子祭酒任，日集生徒講說，生徒喜相走告；又能敬師，使豪族子不得輕視直講：

〈行狀〉：「入遷國子祭酒，有直講能說禮而陋於容，學官多豪族子，擯之不得共食。公命吏曰：『召直講來，與祭酒共食！』學官由此不敢賤直講。奏儒生為學官，日使會講，生徒多奔走聽聞，皆相喜曰：『韓公來為祭酒，國子監不寂寞矣。』」

〈神道碑〉：「其屬一奏用儒生，日集講說生徒，官人以藝學淺深為顧，倖品豪曹游益不留。」

正月十八日，婿李漢父李邠卒，享年七十三歲，葬以五月，昌黎有祭文、墓誌銘。

七月，有〈請上尊號表〉。

七月十八日，羣臣上尊號，朝廷頒赦文。

〈長慶元年冊尊號赦〉：「自長慶元年七月十八日……天下諸色人中，有能精通一經，堪為師法者，委國子祭酒訪擇；其有課績特除，堪任朝獎者，臺員官有闕，宜先選擇。」

（《唐大詔令集》卷十）

舉薦張籍為國子博士。

〈舉薦張籍狀〉：「登仕郎、守祕書省校書郎、張籍。右件官，學有師法，文多古風，沈默靜退，介然自守，聲華行實，光映儒林，臣當司，見闕國子監博士一員，生徒藉其訓導，伏乞天恩，特授此官，以彰聖朝，崇儒尚德之道。謹錄奏聞，伏聽勅旨。」

張籍〈祭退之〉詩：「我官麟臺中，公為大司成；念此委末秩，不能力自揚；特狀為博士，始獲升朝行。」

案：去年，張籍任國子監廣文館助教，昌黎任國子祭酒，即薦為廣文館博士。

七月廿六日，昌黎爲兵部侍郎。舉韋顗自代，有〈舉韋顗自代狀〉。

　　《舊唐書・穆宗紀》：「秋七月……庚申，以國子祭酒韓愈為兵部侍郎。」

八月廿四日，鄭羣卒，年六十。十一月廿二日葬。「其治官守身極謹慎，去官而人民思之，身死而親故無所怨議，哭之甚哀，又可尚矣。比之爲列莊等，所謂近道者。」昌黎爲作墓誌。

九月，昌黎上〈錢重物輕狀〉。自德宗定兩稅法以來，錢日重，物日輕，民所輸三倍其初，詔百官議革其弊。

　　《通鑑》卷 242：「自定兩稅法以來，錢日重，物日輕，民所輸三倍其初，詔百官議革其弊。戶部尚書楊於陵以為：『錢者所以權百貨，貿遷有無，所宜流散，不應蓄聚。今稅百姓錢藏之公府。又，開元中天下鑄錢七十餘爐，歲入百萬，今才十餘爐，歲入十五萬，又積於商賈之室，及流入四夷。又，大歷以前淄青、太原、魏博貿易雜用鉛鐵，嶺南雜用金、銀、丹砂、象齒，今一用錢。如此，則錢焉得不重，物焉得不輕！今宜使天下輸稅課者皆用穀、帛，廣鑄錢而禁滯積及出塞者，則錢日滋矣。』朝廷從之，始令兩稅皆輸布、絲、纊；獨鹽、酒課用錢。」

　　《洪譜》「元和七年」：「是年二月，有〈論錢重物輕狀〉，蓋自建中定兩稅，而物輕錢動，民以為患也。」

　　《方考》「元和七年」：「《唐書・食貨志》，穆宗卽位，兩稅外加率一錢者以枉法贓論。蓋自建中定兩稅，而物輕錢重，民以為患，至是四十年，當時絹二疋者為八疋，大率加三倍，豪家大商積錢以逐輕重，故農夫日困，末業日

增，帝亦以貨輕錢重，民困而用不充，詔百官議改其弊。
是歲，長慶元年也。《資治通鑑》載楊於陵議，亦在元年之
冬。洪載〈錢重物輕〉於今年，且以為二月，不知何所本也。」

謹案：〈論錢重物輕狀〉，《洪譜》繫元和七年二月，實誤；
今從《通鑑》、《方考》繫長慶元年九月。

九月，裴度守河東節度使，寄馬張籍，籍作詩以謝，度有酬
篇，昌黎亦有和詩。

九月，薛戎卒，享年七十五。十一月葬於河南偃師先人兆次，
昌黎既與戎諸昆弟友善，又嘗代戎為河南令，其弟薛放請銘，故
為作墓誌。

昌黎作〈黃陵廟碑〉。前年春，韓愈以言事得罪，黜於潮州。
過洞庭，遇大風，懼不得脫，過廟而祭之。明年拜國子祭酒，以
私錢十萬抵岳州刺史王堪，以為修廟。長慶初年，刺史張愉自京
師往任，韓丐一碑石，作〈黃陵廟碑〉，紀其事而刻之。

《洪譜》「長慶二年」：「是年有〈黃陵廟碑〉。」

《方考》：「按趙德父《金石錄》，〈黃陵廟碑〉實在長
慶元年。又碑云：『長慶元年刺史張愉自京師往，余謂曰：
『丐我一碑石，載二妃事。』愉既至州，曰碑謹具。遂篆
其事。』則固不應在二年也。」

謹案：〈黃陵廟碑〉，《洪譜》繫長慶二年，《方考》繫長
慶元年，今從《方考》。

長慶初，馬燧孫、馬暢子、繼祖卒，年三十七。昌黎作墓誌。

李道古，元和十三年九月三日卒於循州貶所。長慶元年獲赦，
還官以葬。昌黎有墓誌。

裴度守河東，寄馬張籍，籍作詩以謝，度有酬篇。昌黎亦有

和詩。

　　昌黎姪孫女李氏，嫁李干爲妻，生三子卒，疑爲長慶元年，昌黎爲撰祭文。

　　今年，朝廷恩封韓愈生母爲郡國夫人、生父仲卿爲吏部侍郎。

　　白居易〈韓愈等二十九人亡母，追贈國郡夫人制〉：「勑，王者有褒贈之典，所以施往而勸來也。其有淑順之德，標表母儀；聖善之制，照燭子道者；又有名高秩尊，祿養之不逮者；霜降露濡，孝思之罔極者；非是典也，則何以顯其教而慰其心焉？國子祭酒韓愈母某氏，蘊德累行，積中發外，歸于華族，生此哲人，爲我藎臣，率由茲訓，教有所自，恩不可忘。是用啟郡國之封，極哀榮之飾。嗚呼！歿而無知則已，苟有知者，則顯揚之孝，追寵之榮，可以達昊天而貫幽冥矣！往者來者，監予心焉！可依前件。」（《白居易集》卷50，中書制誥三）

　　元稹〈贈韓愈父仲卿尚書吏部侍郎敕〉：「國子祭酒韓愈父贈祕書少監仲卿等，子生則射桑弧蓬矢以告四方，三月而孩名之，十年出就外傳，孔丘雖欲遠於鯉也，而猶教以詩禮，所以相承先而重後嗣也。然而免水火之災，從師友之後，服軒冕以爲卿大夫，一族幾何人？惟爾愈雄文奧學，秉筆者師之，與緘等各用所長，列官朝右，榮則至矣。其父皆不及焉。歿而有知，能不望顯揚於地下？贈以崇秩，慰其幽魂。推吾永懷，示怛然於此。可依前件。」（《元氏長慶集》卷50）

【詩文編年】

（國子祭酒時）

正月，作〈國子監論新注學官牒〉（考辨）、〈請復國子監生徒狀〉（考辨）〈舉薦張籍狀〉。

三月，作〈杏園送張徹侍御歸使〉。

四月，作〈南山有高樹行贈李宗閔〉、〈奉和兵部張侍郎酬鄆州馬尚書〉。

五月，廿五日作〈祭故陝府李司馬文〉、作〈唐故中散大夫陝府左司馬李公墓誌銘〉。

七月，作〈請上尊號表〉。

夏，作〈朝歸〉、〈南內朝賀歸呈同官〉、〈雨中寄張博士籍侯主簿喜〉。

是時，作〈賀張十八秘書得裴司空馬〉。

（兵部侍郎時）

七月，作〈舉韋顗自代狀〉。

九月，〈錢重物輕狀〉。

十月，作〈詠雪贈張籍〉。

十一月二十二日，作〈唐故朝散大夫尚書庫部郎中鄭君墓誌銘〉。

十一月二十七日，作〈唐故朝散大夫越州刺史薛公墓誌銘〉。

是時，作〈黃陵廟碑〉。

是年作〈唐故昭武校尉守左金吾衛將軍李公墓誌銘〉、〈唐故殿中少監馬君監墓誌銘〉、〈贈廣宣詩〉、〈祭李氏二十九娘子文〉（考辨）。

【時人事跡】

白居易，五十歲，去年授尚書主客郎中、知制誥。今年正月一日上任。四月充重考試進士官。十月，轉中書舍人。妻楊氏授

弘農縣君,住新昌里宅。是年受戒持齋,與韋處厚結香火緣。

元稹,四十三歲,二月十六日,自祠部郎中知制誥,充翰林學士。十七日拜中書舍人,仍充翰林學士,賜紫金魚袋。元稹改革制誥,爲新體,白居易仿效之。十月,罷爲工部侍郎。

張籍,五十六歲,爲國子監廣文館博士。秋,張籍自長安寺中移居靜安里。張籍妻弟胡遇卒,有〈哭胡十八遇〉詩。七月,穆宗妹太和公主降回紇,張籍有〈送和蕃公主〉詩。冬,獲白樂天詩四十韻。

賈島,四十三歲。春,贈詩翰林承旨學士元稹。秋,賈島與朱慶餘、顧非熊、厲玄、僧無可,會宿萬年縣尉姚合宅。

李翱,四十八歲,爲朗州刺史。嘗至澧州藥山,謁惟儼禪師問道,有詩二首贈惟儼。十一月二十八日,移舒州刺史,十二月赴任,至湖州,第七女足娘子卒,十九日有〈別女足墓文〉。

劉禹錫,五十歲,除夔州刺史,由洛陽赴任所。

李商隱,十歲,喪父,奉母歸鄭州。

白行簡,授拾遺。

王建,自太府丞改官秘書郎。

李宗閔,因科舉案貶劍州刺史。昌黎有贈詩。

馮宿,五十五歲,以判考功郎知制誥。

張徹,三月,張弘靖既代盧龍節度使,辟張徹爲判官。後遷殿中侍御史。七月遇害。

【詩文考辨】

〈舉薦張籍狀〉(《韓集》卷三十九)

方崧卿《舉正》云:「長慶元年,任祭酒日作。」

屈繫於長慶元年。

張繫元和十五年，云：「方崧卿《年譜》、方成珪《詩文年譜》繫是年，謂是年冬為國子祭酒時作。（按：方崧卿《舉正》、《年表》俱繫於長慶元年，張誤記。）魏本引韓醇《全解》：『籍字文昌，蘇州吳人。貞元十五年進士。公時為祭酒，以狀薦籍。籍用是自校書郎除國子博士。』」張論云：「案以韓愈是冬所上〈國子監論新注學官牒〉云：『國子監應今新注學官等牒，准今年赦文，委國子祭酒選擇有經藝堪訓導生徒者，以充學官。』據此，韓愈又與籍為好友，深知其學藝為人，又憐其官職低微。故而薦之，當在是冬。此薦上後，籍未馬上獲任，然稍後即為博士。以《舊唐書‧張籍傳》可證。」

黃繫於元和十五年，據《校注》云：「公時為國子祭酒，以狀薦籍，藉用是自校書郎除國子博士，元和十五年也。」復云：「案張籍用此狀除為國子博士在長慶元年，蓋此狀作於元和十五年十二月韓愈初任時。」

謹按：此文繫年有二說：（一）元和十五年；（二）長慶元年。據《校注》卷八，該文題下注云：「籍字文昌，蘇州吳人，貞元十五年進士。公時為國子祭酒，以狀薦籍，籍用是自校書郎除國子博士。元和十五年也。」查韓氏元和十五年自袁州刺史召授國子祭酒，回朝時約為十二月。初任國子祭酒之時，韓氏有〈國子監論新注學官牒〉，即據「今年赦文，委國子祭酒選擇有經藝堪訓生徒者，以充學官」，於是，而有此狀之薦。

此狀繫年關鍵點為，就在「今年赦文」一句。韓氏為祭酒，由元和十五年九月廿二日至長慶元年七月二十六日前，計二年。惟此牒，乃據「今年赦文」提出。是故，「今年赦文」的內容，

便是關鍵所在。查穆宗即位，據《唐大詔令集》卷 2、卷 10，《全唐文》卷 66，有三道赦文。元和十五年，二月五日，有〈穆宗即位赦〉；長慶元年正月三日，南郊改元，有〈南郊改元德音〉；長慶元年七月十八日，羣臣上尊號，大赦，有〈長慶元年冊尊號赦〉。再查，此牒既云：「今年赦文，委國子祭酒選擇有經藝堪訓導生徒者，以充學官。」則以之比對上述三道赦文，發現第一道無此語句；只有第兩道相合，第兩道〈南郊改元德音〉謂：「天下諸色人中，有能精通一經堪爲師法者，委國子祭酒訪擇，具以名聞，將加試用。」第三道云：「天下諸色人中，有能精通一經堪爲師法者，委國子祭酒訪擇；其有課績特除，堪任朝獎者，臺員官有闕，宜先選擇。」則爲近似。故知，昌黎係據長慶元年正月三日〈南郊改元德音〉推薦，今繫長慶元年正月。

〈請復國子監生徒狀〉（《韓集》卷三十七）

程致道《歷官記》繫於長慶元年。

韓醇《全解》曰：「貞元十九年，公爲四門館博士時奏請。」（《魏本》引）

《洪譜》繫於元和元年，據狀云：「『今聖道大明，儒風復振。』當在此年。」

方氏《增考年譜》曰：「《洪譜》謂此狀在元和元年。謂《歷官記》恐誤，《樊本》以前後編次考之，作貞元十九年任四門博士日所請。洪之意，蓋以狀云：『今聖道大明，儒風復振，恐須革正，以贊皇猷』，謂本於憲宗即位也。然以穆宗即位言之，亦無不可。請復《六典》之舊制，非登科人勿擬學官，蓋皆一時事。公前後四官學省，然此二事非祭酒不可，要當以《歷官記》爲正。」

　　方成珪認同《增考》的說法：「按方氏《舉正》取《洪譜》元和元年之說，及《增考年譜》，則從《歷官記》，蓋《增考》乃晚年定論也。」（《箋正》卷五）

　　《東雅堂昌黎集註》卷 37 文題下注云：「貞元十九年，公爲四門館博士奏請也。」

　　屈亦據小方之說，繫於長慶元年。

　　黃繫於長慶元年，云：「文有『緣今年舉期已近』句，知今年春作。」

　　張繫貞元十九年，據案〈狀〉「緣今年舉期已近」語，云：「實爲十九年爲宜。」又云：「唐時科舉考試規定頭年秋各地舉選貢士，而春正月赴京匯考，公時未罷博士而上狀申奏，與時正合。如爲元和十五年冬，則舉期已過，不得云『舉期已近』。當與〈論今年權停舉選狀〉同時。」

　　謹按：此文繫年有三說：一、貞元十九年，韓氏任四門博士時作，如《舊注》、韓醇、張主之；二、元和元年，如洪興祖、《舉正》主之；三、長慶元年國子祭酒時作。如程俱、方崧卿《增考年譜》、方成珪等主之；各家皆有所據。

　　以內容而論，〈狀〉中所議：請復《六典》之舊制，非登科人勿擬學官，此二事誠如方成珪所言「非祭酒不可」。故一、二兩說排除。

　　以「舉期已近」句言，鄉貢進士考試在秋月，進士試則在正月，若以貢舉言，是「舉期已過」；若以進士試言，則是「舉期已近」，則此文作于長慶元年正月初。今繫長慶元年。

〈國子監論新注學官牒〉（《韓集》卷四十）

方崧卿《舉正》繫此牒於長慶元年。

韓醇認為祭酒時所論：「李翱之狀公行云：『其為國子祭酒也。奏儒生為學官，日使會講，生徒多奔走聽聞，皆曰：韓公為祭酒，國子監不寂寞矣。」（《魏本》引）

皇甫持正〈神道碑〉云：「此疏乃為祭酒時所論也。」

方成珪《詩文年譜》同韓醇說。

屈繫於長慶元年，云：「《全唐文》卷六十六穆宗〈南郊改元德音〉：『可大赦天下，改元和十六年為長慶元年。』此即韓文所謂『今年赦文』。〈南郊改元德音〉：『天下諸色人中，有能精通一經堪為師法者，委國子祭酒訪擇，具以名聞，將加試用。』此即韓文所謂『委國子祭酒選擇有經藝堪訓導生徒者，以充學官。』則方氏以作於長慶元年為是。」

黃繫於長慶元年，據《校注》云：「此疏公為祭酒時所論，元和十五年也。然此文有『今年赦文，委國子祭酒選擇有經藝堪訓導生徒者，以充學官』。《登科記考》十九『長慶元年』：『正月，（略）大赦改元制。三代致理皆重學官（略）國子祭酒訪擇具以名聞，將加試用天下諸色（略）委有司各舉所知限（略）。』」

張繫於元和十五年，據李翱〈韓公行狀〉曰：「『韓公入遷國子祭酒，奏儒生為學官，日使會講，生徒多奔走聽聞。』皆相喜曰：『韓公來為祭酒，國子監不寂寞矣。』」各譜皆據此繫十五年冬。」

謹按：《東雅堂本昌黎集註》卷四十，文題下注云：「李翱之狀公行曰：『其為國子祭酒也。奏儒生為學官，日使會講，生徒多奔走聽聞，皆喜曰：韓公來為祭酒，國子監不寂寞矣。』此疏公為祭酒所論，元和十二年也。（按：疑為十五年之誤）

《校注》題下注，則改爲「元和十五年也。」

綜上諸譜，《舉正》謂作於長慶元年，《魏本》引韓醇、《珪譜》謂作於爲祭酒時；《東雅堂本》及《校注》謂作於元和十五年，諸家之說，其實是說作於爲國子祭酒時。查昌黎自元和十五年九月廿二日召拜，冬暮回京，長慶元年七月始轉兵部，以時間長度言，跨有二年。惟此牒，乃據「今年赦文」提出。是故，「今年赦文」的內容，便是關鍵所在。查穆宗即位，據《唐大詔令集》卷 2、卷 10，《全唐文》卷 66，有三道赦文。元和十五年，二月五日，有〈穆宗即位赦〉；長慶元年正月三日，南郊改元，有〈南郊改元德音〉；長慶元年七月十八日，羣臣上尊號，大赦，有〈長慶元年冊尊號赦〉。再查，此牒既云：「今年赦文，委國子祭酒選擇有經藝堪訓導生徒者，以充學官。」以之比對上述三道赦文，發現第一道無此語句；只有第兩道相合，第兩道〈南郊改元德音〉謂：「天下諸色人中，有能精通一經堪爲師法者，委國子祭酒訪擇，具以名聞，將加試用。」第三道云：「天下諸色人中，有能精通一經堪爲師法者，委國子祭酒訪擇；其有課績特除，堪任朝獎者，臺員官有闕，宜先選擇。」則爲近似。今繫長慶元年正月。

〈祭李氏二十九娘子文〉（《韓集》卷廿三）

《五百家注昌黎文集》卷 23 文題下注：「樊曰：『公之姪孫女也，其李干妻歟？公嘗誌干墓曰：『李干，余兄孫婿也。長慶二年卒，穿其妻墓而合葬之。』其曰『合葬』，先干死也。則二十九娘子者干之妻明矣。』

方崧卿云：「李干妻也，干墓誌可考。」又據〈李干墓誌〉云：「長慶三年（823）正月五日卒，其月二十六日，穿其妻墓而

合葬之。」

屈置於「疑年」。

黃於「長慶二年壬寅」條下云：「是年，李干妻、韓愈姪孫女卒，有〈祭李氏二十九娘子文〉。」

謹按：查〈祭李氏二十九娘子文〉：「我哀汝母，孰慰窮嫠；我憐汝兒，誰與抱持。」可見李氏娘子卒時，上有老母，下有幼兒；年紀尚輕。再查〈故太學博士李君墓誌〉，「初，干以進士，爲鄂岳從事。」樊汝霖注云：「元和十年（815），李干登第，年四十。」《登科記》記同。長慶三年（823）正月五日卒，李干，得年四十八，可謂短壽。論其婚娶，依俗例，多爲進士後婚娶。則是元和十年娶李氏，結婚只九年；又查〈李干墓誌〉：「子三人，皆幼。」若翌年生子，則李干死時，大兒子才八歲，其次，六歲、四歲；或比此更小。今因其妻先卒，「我憐汝兒，誰與抱持」，疑其幼子尚在襁褓，還沒三歲。若隔年生子，則三子疑在元和十一、十三年、十五年出生；幼子尚在襁褓，則其妻卒年在長慶元年至二年間。今姑繫長慶元年。

查〈故太學博士李君墓誌〉（同書卷34）作「長慶三年正月五日卒」，則樊之言「長慶二年卒」，誤也。影響所及，黃誤亦同。

唐穆宗長慶二年壬寅（822）　五十五歲

【朝廷時事】

正月，盧龍兵陷弓高。魏博將史憲誠作亂，節度使田布死之。

詔以憲誠爲節度使。

二月，詔以王庭湊爲成德節度使。遣兵部侍郎韓愈宣慰其軍。

二月，詔以裴度爲司空、東都留守、平章事如故。崔植罷相，
　爲刑部尚書。元稹同平章事。

三月，詔以傅良弼爲沂州刺史；李寰爲忻州刺史。崔植罷。
　詔以元稹工部侍郎同平章事。裴度以司空同平章事。段文
　昌罷。詔以杜元穎同平章事。

　詔以李聽爲河東節度使。

　昭義監軍劉承偕，恃恩，陵轢節度使劉悟，又縱其下亂法，
　陰謀縛悟送闕下，悟知之，諷其軍士作亂，圍承偕，欲殺
　之，後囚之府舍。月餘，釋劉承偕。

三月，張平叔以鴻臚卿判度支爲戶部侍郎。

　詔內外諸軍將士有功者，奏與除官。

　武寧副使王智興作亂，詔以爲節度使。

　詔留裴度輔政，王播罷。

四月，詔免江州逃戶欠錢。

四月，張平叔爲戶部侍郎，上疏請官自賣鹽，可以富國強兵，
　陳利害十八條，詔下其說。令公卿詳議。韓愈與韋處厚詰
　之，事遂不行。

四月，王庭湊攻陷深州。河朔復成割劇之勢。

四月，秘書監嚴暮爲桂管觀察使。

四月，孔戣致仕。

六月，裴度罷爲右僕射。元稹罷爲同州刺史。詔以李逢吉同
　平章事。

七月，宣武押牙李齐作亂，討平之。

九月，韓愈轉吏部侍郎。

十一月，太后幸華清宮，上畋於驪山。

十二月，立景王湛爲太子。

初行宣明歷。

詔以馬總爲尙書右僕射，封扶風縣開國伯。

是年進士及第，白敏中、裴休等二十九人；諸科，十人；山人科；日試百篇科，田夷吾、曹璠；禮部侍郎王起知貢舉。

【韓愈事跡】

長慶二年，昌黎五十五歲。在兵部侍郎任。二月二日，宣撫鎭州；九月廿四日，轉吏部侍郎。

> 《洪譜》「長慶二年」：「長慶元年七月壬戌，鎭州亂，殺田弘正，立王廷湊，命深州刺史牛元翼節度深、冀以討之。十月丙寅，命裴度爲鎭州四面行營都招討使。戊辰，元翼爲廷湊所圍。」

二月，赦王廷湊，以爲成德節度使，遣韓愈宣慰其軍。眾皆危之。昌黎既至，辭情切至，廷湊畏重之；遂出牛元翼，歸朝，奏與廷湊及軍士之言，穆宗大悅，欲以爲相。

> 〈行狀〉：「改兵部侍郎。鎭州亂，殺其帥田弘正，征之不克，遂以王廷湊爲節度使。詔公往宣撫，既行，眾皆危之。元稹奏曰：『韓愈可惜。』穆宗亦悔，有詔令至境觀事勢，無必於入。公曰：『安有授君命而滯留自顧！』遂疾驅入，廷湊嚴兵拔刃弦弓矢以逆。及館，甲士羅於庭，公與廷湊、監軍使三人就位。既坐，廷湊言曰：『所以紛紛者，乃此士卒所爲，本非廷湊心。』公大聲曰：『天子以爲尚書有將帥材，故賜之以節。實不知公共健兒語未得，乃大錯。』甲士前奮言曰：『先太史爲國打朱滔，滔遂敗

走，血衣皆在，此軍何負朝廷，乃以為賊乎？』公告曰：
『兒郎等且勿語，聽愈言。愈將為兒郎已不記先太史之功
與忠矣，若猶記得，乃大好。且為逆與順利害，不能遠引
古事，但以天寶來禍福，為兒郎等明之。安祿山、史思明、
李希烈、梁崇義，朱滔、朱泚、吳元濟、李師道，復有若
子若孫在乎？』眾皆曰：『無。』又曰：『田令公以魏博
六州歸朝廷，為節度使，後至中書令，父子皆授旄節，子
與孫雖在幼童者，亦為好官。窮富極貴，寵榮耀天下。劉
悟、李祐皆居大鎮，王承元年始十七，亦杖節。此皆三軍
所耳聞也。』眾乃曰：『田弘正刻此軍，故軍不安，』公
曰：『然汝三軍亦害田令公身，又殘其家矣，復何道？』
眾乃歡曰：『侍郎語是。』廷湊恐眾心動，遽麾眾散出，
因泣謂公曰：『侍郎來，欲令廷湊何所為？』公曰：『神
策六軍之將，如牛元翼比者不少，但朝廷顧大體，不可以
棄之耳，而尚書久圍之何也？』廷湊曰：『卽出之。』公
曰：『若真耳，則無事矣。』因與之宴而歸。而牛元翼果
出。及還，於上前盡奏與廷湊言及三軍語。上大悅曰：『卿
直向伊如此道。』由是有意欲大用之。」

〈神道碑〉：「既除兵部侍郎，方鎮反，太原兵以輕利誘
回紇。召先生禍福，譬引虎齧臃血，直今所患，非兵不足，
遽疏陳得失。」

　謹案，《朱校》指上引〈神道碑〉云：「今按：此數語不可
曉？它書亦皆無之，未詳何謂，恐有誤也。」

　〈神道碑〉：「王廷湊屠衣冠，圍牛元翼，人情望之，若
大蚖虺。先生奏詔入賊，淵然無事行者。既至，召眾賊帥

前，抗聲數責，致天子命，詞辯而悅，悉其機情，賊眾俱伏。賊帥曰：『唯公指令。』乃約之出元翼，歸士大夫之喪，功可意而復。穆宗大喜，且欲相之。」

〈墓銘〉：「王廷湊反，圍牛元翼於深，救兵十萬，望不敢前。詔擇廷臣往諭，眾慄縮，先生勇行。元稹言於上曰：『韓愈可惜。』穆宗悔，馳詔無徑入。先生曰：『止，君之仁；死，臣之義。』遂至賊營，麾其眾責之，賊惶汗伏地，乃出元翼。春秋美臧孫辰告糴于齊，以為急病，校其難易，孰為宜褒？嗚呼！先生真古所謂大臣者耶！」

《新唐書・本傳》：「鎮州亂，殺田弘正而立王廷湊，詔愈宣撫。既行，眾皆危之。元稹言：『韓愈可惜。』穆宗亦悔，詔愈度事從宜，無必入。……遂疾驅入，廷湊嚴兵迓之，甲士陳廷。既坐，廷湊曰：『所以紛紛者，乃此士卒也。』愈大聲曰；『天子以公為有將帥材，故賜以節，豈意同賊反邪？』語未終，士前奮曰：『先太師為國擊朱滔，血衣猶在，此軍何負朝廷，乃以為賊乎？』愈曰：『以為爾不記先太師也，若猶記之，固善。……天寶來，……安祿山、史思明、李希烈……等有子若孫在乎？亦有居官者乎？』眾曰：『無。』愈曰：『田公以魏博六州歸朝廷，官中書令，父子受旗節；劉悟、李祐皆大鎮。此爾軍所其聞也。』眾曰：『弘正刻，故此軍不安。』愈曰：「然爾曹亦害田公，又殘其家矣，復何道？』眾言讙曰：『侍郎語是。』廷湊慮眾心動，疾麾使去。因……曰：『今欲廷湊何所為？』愈曰：『神策六軍之將，如牛元翼者為不少，但朝廷顧大體，不可棄之。公久圍之，何也？』廷湊曰：

『即出之。』愈曰：『若爾，則無事矣。』會元翼亦潰圍
出，延湊不追。愈歸奏其語，帝大悅。轉吏部侍郎。」

《舊唐書‧本傳》：「會鎮州殺田弘正，立王廷湊，令愈
往鎮州宣諭。愈既至，集軍民，諭以逆順。辭情切至，廷
湊畏重之。改吏部侍郎。」

昌黎出使鎮州，往返兩月，有詩；又與裴度唱酬。

《洪譜》「長慶二年」：「公〈使鎮州次壽陽驛〉詩云：
『風光欲動別長安，春半邊城特地寒。』〈鎮州初歸詩〉
云：『還有小園桃李在，留花不發待郎歸。』公以二月初
使鎮州，二月望次壽陽驛，比還春末矣。壽陽，太原之東
邑也。時裴度屯承天行營，有〈酬裴司空〉詩云：『竄逐
三年海上歸，逢公復此著征衣。』蓋公嘗從度討蔡，今復
使廷湊也。又〈鎮州路上酬裴重見寄〉詩云：『銜命山東
撫亂師，日馳三百自嫌遲。』公奉使往反纔兩月者以此。」

韓弘妻，楚國夫人，韓公武母，元和十四年十一月一日薨。
今年三月，葬於洛陽北山，昌黎作墓誌。以「莫尊於母，莫榮於
妻」譽之。

四月，戶部侍郎判度支張平叔，以曲承恩顧，上疏奏改鹽法
十八條。穆宗詔百官集議，昌黎上〈奏論變鹽法事宜狀〉，列舉
十三不可。中書舍人韋處厚隨條詰難，固言不可，事遂不行。

《舊唐書‧穆宗本紀》「二年三月」條：「以鴻臚卿、判
度支張平叔為戶部侍郎充職。平叔以曲承恩顧，上疏請官
自賣鹽，可以富國強兵，陳利害十八條。詔下其疏，令公
卿詳議。中書舍人韋處厚隨條詰難，固言不可，事遂不行。」

《通鑑》卷 242「長慶二年」條：「戶部侍郎、判度支張

平叔上言：『官自糶鹽，可以獲利一倍。』又請『令所由將鹽就村糶易。』又乞『令宰相領鹽鐵使。』又請『以糶鹽多少為刺史、縣令殿最。』又乞『檢責所在實戶，據口團保，給一年鹽，使其四季輸價。』又『行此策後，富商大賈或行財賄，邀截喧訴，其為首者所在杖殺，連狀人皆杖脊。』詔百官議其可否。兵部侍郎韓愈上言，以為：『城郭之外，少有見錢糶鹽，多用雜物貿易。鹽商則無物不取，或賒貸徐還，用此取濟，兩得利便。今令吏人坐舖自糶，非得見錢，必不敢受。如此，貧者無從得鹽，自然坐失常課，如何更有倍利！又若令人吏將鹽家至戶糶，必索百姓供應，騷擾極多。又，刺史、縣令職在分憂，豈可惟以鹽利多少為之升黜，不復考其理行！又，貧家食鹽至少，或有淡食動經旬月，若據戶給鹽，依時徵價，官吏畏罪，必用威刑，臣恐因此所在不安，此尤不可之大者也。』中書舍人韋處厚議，以為：『宰相處論道之地，雜以齪務，實非所宜。竇參、皇甫鎛皆以錢穀為相，名利難兼，卒蹈禍敗。又欲以重法禁人喧訴，夫強人之所不能，事必不立；禁人之所必犯，法必不得矣。』事遂寢。」

四月，張籍作〈朝日敕賜櫻桃詩〉，韓愈有酬詩。

六月甲子，李逢吉拜同平章事，彼此有唱酬。

竇牟，二月疾卒，享年七十四，八月某日葬河南鄠師先人兆次，昌黎為舊交，得其提攜，為作墓誌，譽為「篤厚文行君子」。

〈唐故國子司業竇公墓誌銘〉：「韓愈少公十九歲，以童子得見，於今四十年，始以師視公，而終以兄事焉。公視我一如朋友，不以要幼壯先後致異，公可謂篤厚文行君子

矣。」

穆宗立，以韋處厚爲翰林侍讀學士，今夏四月遷中書舍人。先是，憲宗時，處厚歷官考功員外郎，坐於韋貫之善，出爲開州刺史。韋在開州時有盛山詩十二篇，於是應和者十人，皆集闕下，大行於時，聯爲大卷，家有之焉。「韋侯俾余題其首」，於是昌黎作〈韋侍講盛山十二詩序〉紀其事。

九月，轉吏部侍郎。朝廷恩封其父韓仲卿贈尚書左僕射。

〈行狀〉：「父仲卿，皇任秘書郎，贈尚書左僕射。」

《洪譜》「長慶二年」條引《穆宗實錄》：「二年九月庚寅，兵部侍郎韓愈為吏部侍郎。」

在吏部，故事：尚書令史防禁不得出入，鎖之；昌黎下令凡令史皆不鎖，聽其出入。

〈行狀〉：「轉吏部侍郎，凡令史皆不鎖，聽出入。或問公，公曰：『人所以畏鬼者，以其不能見也。鬼如可見，則人不畏矣。選人不得見令史，故令史勢重，聽其出入，則勢輕。』」

七月，柳州羅池廟成。明年春，昌黎作廟碑。

十月，鄆州谿堂建成，昌黎爲作〈鄆州谿堂詩〉。

【詩文編年】

（兵部侍郎時）

二月二日，作〈早春與張十八博士遊楊尚書林亭寄第二閣老兼呈白馮二閣老〉

（宣撫鎮州之什）

〈奉使常山早次太原呈副使郎中〉、〈夕次壽陽驛題吳郎中詩後〉、〈奉使鎮州行次承天行營奉酬裴司空〉、〈鎮州路上謹

酬裴司空相公重見寄〉、〈鎮州初歸〉。

（兵部侍郎時）

二月，作〈祭竇司業文〉。

三月，作〈同水部張員外曲江春遊〉、〈楚國夫人墓誌銘〉。

四月，作〈和水部張員外宣政衙賜百官櫻桃詩〉、〈送桂州嚴大夫〉。

六月，作〈奉和僕射裴相公感恩言志〉、〈和裴僕射相公假山十一韻〉、〈和李相公題蕭家林亭〉。

夏，作〈韋侍講盛山十二詩序〉。

夏秋，作〈郾州谿堂詩並序〉。

八月，作〈唐故國子司業竇公墓誌銘〉。

（吏部侍郎時）

九月，作〈奉和僕射相公朝迴見寄〉。

十一月，作〈奉酬天平馬十二僕射暇日言懷見寄之作〉。

【時人事跡】

賈島，四十四歲，在長安舉進士。以才僻澀無所采用，與平曾等同貶，時稱舉場十惡。

元稹，四十四歲，在工部侍郎任。二月，同平章事，六月，罷為同州刺史。

張籍，五十七歲，二月，與韓愈同遊楊於陵別墅林亭。春，除水部員外郎。四月，張籍作〈朝日勅賜櫻桃詩〉。秋，奉命出使江陵，巡視水利、漕運軍事。

白居易，五十一歲，為中書舍人。與張籍、韓愈以詩相贈答。時唐軍十餘萬圍王廷湊，久無功，白居易上書論河北用兵事，皆不納。復以朋黨傾軋，兩河復亂，國是日荒，民生益困，乃求外

任。七月，自中書舍人除杭州刺史。時宣武軍亂，汴河未通，乃取道襄漢赴任。途經江州，與李渤會，訪廬山草堂。十月，至杭州。有謝表。

賈島，四十四歲。與張籍、姚合、朱慶餘、沈亞之等俱在長安。

李翱，四十九歲。春，蒞任舒州（今安徽安慶）刺史。時江淮炎旱，百姓流亡，翱至任悉心撫綏，舒人得以安業。以績優，朝廷賜爵一級，亡母追贈爲縣夫人。

劉禹錫，五十一歲，正月二日，蒞夔州任，五日有上謝表。

馮宿，五十六歲。轉兵部郎中。

柳宗元死後三年，柳州羅池廟成。

唐穆宗長慶三年癸卯（823）　五十六歲

【朝廷時事】

三月，詔以牛僧孺同中書侍郎、同平章事。李德裕出爲浙西觀察使，八年不遷，以爲李逢吉排己，引僧孺爲相，牛、李之怨益深。

四月，詔以鄭權爲嶺南節度使。

五月，詔以柳公綽爲山南東道節度使。

六月，詔以吏部侍郎韓愈爲京兆尹兼御史大夫。六軍不敢犯法，私相謂曰：「是尙欲燒佛骨，何可犯也。」

八月，詔以裴度爲司空，山南西道節度使。

八月，馬總卒，追封吏部侍郎。

九月，李紳與韓愈爭台參及它職事，文移往來，辭語不遜。

李逢吉奏二人不協，十月，丙戌，以愈爲兵部侍郎，紳爲江西觀察使。韓愈、李紳入謝，上各令自敘其事，乃深寤。壬辰，復以愈爲吏部侍郎，紳爲戶部侍郎。

九月，詔以中書侍郎、同平章事杜元穎同平章事，充西川節度使。

是年進士及第，鄭冠、韓湘、李訓等二十八人；諸科，十九人；道舉科；日試萬言科，張□；禮部侍郎王起知貢舉。

【韓愈事跡】

長慶三年，昌黎五十六歲。在吏部侍郎任；六月，爲京兆尹，兼御史大夫。十月癸巳（十二），復爲兵部侍郎；庚子（十九），復爲吏部侍郎。

爲京兆尹時，穆宗特例敕放臺參，後不得爲例。是時，李紳方幸，宰相以臺與府不協爲請，出紳爲江西觀察使，以昌黎爲兵部侍郎。紳既復留，公入謝，上問李紳爭何事？昌黎因自辨，數日復爲吏部侍郎。

〈神道碑〉：「遷吏部侍郎，會京兆尹以不治聞，遂以遷拜。勅曰：『朕屈韓愈公公尹，宜令無參御史，不得爲故常，兼御史大夫用優之。』」

〈答友人論京兆尹不臺參書〉：「容桂觀察使帶中丞尚不臺參，京尹郡國之首，所管神州赤縣，官帶大夫，豈得却不如？事須臺參，亦是何典故？赤令尚與中丞分道而行，何況京尹。聖恩以爲然，便令宣與李紳，不用臺參。」

〈行狀〉：「改京兆尹，兼御史大夫。特詔不就御史臺謁，後不得引爲例。（略）李紳爲御史中丞，械囚送府，使以尹杖杖之。公曰：『安有此？』使歸其囚。是時紳方幸，

宰相欲去之，故以臺與府不協為請，出紳為江西觀察使，以公為兵部侍郎。紳既復留，公入謝。上曰：『卿與李紳爭何事？』公因自辨。數日復為吏部侍郎。」

《舊唐書・本傳》：「轉京兆尹，兼御史大夫。以不台參，為御史中丞李紳所劾。愈不伏，言准敕仍不台參。紳、愈性皆褊僻，移剌往來，紛然不止，乃出紳為浙西觀察使，愈亦罷尹為兵部侍郎。及紳面辭赴鎮，泣涕陳敘。穆宗憐之，乃追制以紳為兵部侍郎，愈復為吏部侍郎。」

《洪譜》「長慶三年」引《實錄》云：「三年六月辛卯，吏部侍郎韓愈京兆尹兼御史大夫，勅放臺參，後不得為例。」

《洪譜》「長慶三年」云：「時宰相李逢吉與李紳不協，及紳為中丞，及除愈京兆尹兼御史大夫，仍放臺參。紳性峭直，屢上疏論其事，遂與愈辭理往復。逢吉乃兩罷之，出紳為江西觀察使，以公為兵部侍郎。」

《程記》「長慶三年」條《方考》：「按：公答友人書云『臺參實奏云，容桂觀察使帶中丞，尚不臺參，京尹豈得却不如。聖恩以為然，便令宣與李紳。』詳此書，蓋臺參公面奏得旨，非出宰相之謀，亦非特詔也。程所書皆本《新史》之言，故或者遂謂公靡紳以附宰相李逢吉，皆不考始末也。蓋公恃其嘗有薦紳之恩，且視紳晚輩，每事恥出其下，遂至紛爭。而逢吉逐紳之謀，實出於臺、府既爭之後。若曰逢吉首為此謀以逐紳，而公不悟，墮其計中，則亦非人情也。〈神道碑〉謂宰相乘之，此言得其實也。……況當時敕云『後不得為例』，則知無不臺參之理也。」

謹案：方崧卿謂昌黎臺參得旨，非出宰相之謀，可謂鉅識。

其析人物心理，甚諦。

在京兆尹任，六軍將士皆不敢犯，禁軍老姦宿惡，盡縛送獄，京師安然。

〈行狀〉：「改京兆尹，兼御史大夫。六軍將士皆不敢犯，私相告曰：『是尚欲燒佛骨者，安可忤！』故盜賊止。遇旱，米價不敢上。」

〈神道碑〉：「遷吏部侍郎，會京兆尹以不治聞，遂以遷拜。……禁軍老姦，宿惡不攝，盡縛送獄，京理恪然。」

〈墓銘〉：「還拜京兆尹，斂禁軍，帖旱耀，醫悴臣之鈺。再為吏部侍郎。」

《洪譜》「長慶三年」引《實錄》云：「十月癸巳，愈為兵部侍郎；庚子，為吏部侍郎。」

四月，鄭權為嶺南節度使，將行，公卿大夫士能詩者，相率為詩以美朝政，以慰南行之志，昌黎有序及詩。

韓弘，去年十二月三日葬，年五十八。今年七月葬。昌黎作神道碑銘。

柳宗元部將鄭忠、謝寧至長安，求昌黎撰〈柳州羅池廟碑〉。

《洪譜》「長慶三年」：「〈羅池廟碑〉云：『尚書吏部侍郎韓愈撰，長慶元年正月建。』按長慶元年正月，公尚為祭酒，二年九月始為吏部。歐陽公云：『據建碑時公未為吏部，碑云柳侯死後三年，廟成，明年，愈為柳人書羅池事。』子厚以元和十四年卒，至後二年愈作碑時，當是長慶三年，其云元年，蓋傳摹者誤刻之耳。」

案：〈柳州羅池廟碑〉，今據歐公說繫長慶三年。

昌黎姪孫韓湘及第。十月，應江西幕府之召，昌黎作詩〈示

爽〉送行。

　　女挐卒于元和十四年二月二日。今年，十月四日，發墓而歸，十一月十一日葬。昌黎有〈祭文〉、〈墓壙〉。

　　十月十九日，以兵部侍郎，復為吏部侍郎。

【詩文編年】

（吏部侍郎時）

　　正月廿六日，作〈唐故太學博士李君墓誌銘〉。

　　春，作〈早春呈水部張十八員外二首〉、〈柳州羅池廟碑〉。

　　四月，作〈送鄭尚書赴南海〉、〈送鄭尚書序〉、〈論孔戣致仕狀〉。

（京兆尹時）

　　六月，作〈舉馬總自代狀〉、〈京尹不臺參答友人書〉、〈祭竹林神文〉、〈曲江祭龍文〉、〈賀雨表〉。

　　七月，作〈唐故司徒兼侍中中書令贈太傅許國公神道碑銘〉。

　　九月，作〈和李相公攝事南郊覽物興懷呈一二知舊〉。

　　十月初一朔，上〈賀太陽不虧狀〉、作〈奉和杜相公太清宮紀事陳誠上李相公十六韻〉。

　　是時、作〈枯樹〉。

（兵部侍郎時）

　　十月，十五日上〈舉張正甫自代狀〉，作〈送諸葛覺往隨州讀書〉、〈嘲魯連子〉（考辨）、〈祭張給事文〉（考辨）。

（吏部侍郎時）

　　十月，作〈祭馬僕射文〉。

　　十一月十一日，作〈祭女挐女文〉、〈女挐壙銘〉。

　　是時，作〈示爽〉、〈祭侯主簿文〉。

【時人事跡】

張籍，五十八歲。在長安爲水部員外郎，與居易有詩酬唱。

白居易，五十二歲，守杭州刺史。屢遊西湖。

元稹，四十五歲，守同州刺史。八月，遷浙東觀察使、越州刺史。十月，經杭州，與白居易相會，唱和甚富。《元氏長慶集》百卷編成。多，抵越洲。

李翱，五十歲，十月，自舒州刺史召爲禮部郎中，有〈別灊山神文〉。

劉禹錫，五十二歲，在夔州刺史任。有鑒於天下學校廢墮，儒教頹靡，十一月上〈夔州論利害表〉。然時政不用其言。

賈島，四十五歲。與張籍、姚合、朱慶餘、沈亞之等俱在長安。

韓湘，二十八歲，多，受辟赴江西幕府，張籍、朱慶餘等人各有詩送之。

侯喜，卒。昌黎有祭文。

【詩文考辨】

〈嘲魯連子〉（《韓集》卷五）

韓醇云：「太史亦有取焉。公嘲之之意，不悉其安在？意必有所諷，于當時後世有不得而窺者。」

樊汝霖疑有所諷，云：「魯連，齊人。太史公曰：『魯連其指意雖不合大義，然余多其在布衣之位，蕩然不詘於諸侯，談說於當世，折卿相之權。』公乃云爾，何哉？抑豈有所諷也。」（《魏本》引）

方世舉認是有爲而作，《箋注》云：「《史記・魯仲連傳》：『魯仲連者，齊人也。好奇偉俶儻之畫策。』按，〈讀東方朔雜

事〉、〈嘲魯連子〉，非譏弄舌人，皆有所爲而作。此詩譏爭名相軋者，而云『雄跨吾厭矣，高拱禪鴻聲』，有不屑與爭之意，大抵爲京兆尹與李紳爭臺參時所作。香山詩稱紳爲短李，此詩『細而』注，又作『兒』，亦與短李合。」

王元啓認是爲後進爭名者發，云：「此詩爲後進爭名者發，于卒章『唐虞』二句見之。近解，以細兒爲短李，謂與李紳爭臺參時作。爭臺參時與唐虞何涉？其解尤爲荒謬。」

沈欽韓云：「此詩之旨，蓋其時輕薄少年，恃口舌以屈名賢，借魯仲連難田巴事以見意也。」

程學洵曰：「此詩朱子未定所指，予亦謂當闕之。若謂是李紳之事，公負氣人，恐亦未肯以田巴自擬。」

錢繫元和十一年，云：「大抵亦嘲劉叉之流耳，無年可繫，類附於此。」

張繫於元和十一年，云：「大抵借嘲魯連子而嘲譏市井小人，與〈病鴟〉同時作。有人謂（按指方世舉）韓愈與李紳爭台參而嘲譏『短李』，然與事不類。」

屈置「疑年」。

謹按：諸家認此爲有爲而作，如樊；至其意指，認是爭名相軋者，細分四說：一嘲劉叉之流，如錢；二嘲譏市井小人，如張；三爲京兆尹與李紳爭臺參時所作，如方世舉；四比喻不似，如王元啓、程學洵、屈。

案此詩應是有爲而作，論意指多以爲諷後進爭名相軋者，此爲諸家共識。至於實指，則出現分岐。

有關田巴讓魯仲連故事，據方世舉引《魯連子》云：「齊之辨士田巴辨於徂丘，議於稷下，一日而服十人。有徐劫者；其弟

子也。魯連謂劫曰：『臣願得當田子，使之必不復談，可乎？』徐劫言之巴，魯連得見，曰：『今楚軍南陽，趙伐高唐，燕人十萬在聊，國亡在旦夕。先生將奈何？』田巴曰：『無奈何。』魯連曰：『危不能爲安，亡不能爲存，無貴士矣。如先生之言，有似梟鳴出聲，人皆惡之，願先生弗復談也。』田巴曰：『謹受教。』於是杜口爲業，終身不談也。」

〔清〕王元啓《讀韓記疑》分析：「（魯仲）連之賢唐虞者，賢其讓也。今巴拱手而禪鴻名於連，連猶哆陳唐虞以肆辨，是受其讓而不知也。」是說魯仲連欲與田巴辨，田巴不辨，此處「禪鴻」名引禪讓典故，猶言退讓，而魯不知，還高談唐虞；其意諷刺後進爭名，甚爲明顯。而韓愈晚年，所謂後進爭名事，不外劉叉之流，李紳之輩而已。查，劉叉不過奪金而去，未有爭辯；李紳爭臺參事，文牒往來，自六月至十月，喧騰五個月，殆爲近是。至於，用典似不似，有時，假意亂真，不必刻版以求。筆者以爲，此詩恐與臺參事有關；宜繫長慶三年十月。

〈祭張給事文〉（《韓集》卷二十三）

方崧卿云：「長慶元年（821），祭張徹。」

王儔繫於長慶元年七月，云：「張給事者徹，而公之從子婿也。元和四年進士，長慶元年七月甲辰，幽州盧龍軍都知兵馬使朱克融囚其節度使張弘靖以反，徹時爲節度判官，以罵賊遇害，朝廷贈給事中。」

樊汝霖曰：「張給事，徹也，元和四年登第，詳見公所誌墓云。」

洪興祖《韓子年譜》，繫此文於長慶三年。

　　王元啓繫長慶三年，云：「公於長慶元年七月由祭酒轉兵部侍郎，二年九月改吏部，三年十月罷京兆尹又爲兵部，才七日仍改吏部。徹以元年被難，三年鄆帥馬總遣人以幣之范陽歸其喪。文有『輿魂東歸』之語，當是徹柩初歸，公再爲兵部時作。蓋在三年癸卯十月癸巳（十二日）後，庚子（十九日）以前。」

　　屈云：「按洪、王以長慶三年作近是。」

　　張繫於長慶元年，云：「方崧卿《年譜》、方成珪《詩文年譜》繫是年。」論云：「案張徹於三月十七日張弘靖受命幽州大督都府長史後，即赴鎮。七月幽州軍亂，徹被拘囚月餘，罵賊而死，時在八月，而公寫此文當在九月，任兵部侍郎時，故文首云『兵部侍郎韓愈謹以清酌之奠，祭于故殿中侍御史贈給事中張君之靈。』」

　　謹案：此文繫年有兩說：長慶元年、長慶三年。

　　觀察點爲：張徹遇難於長慶元年八月，何時「輿魂東歸」？以張清華之言，此文作於長慶元年九月，則恐未得東歸！然據《韓集》〈清河張君墓誌銘〉，則有幾點可以注意：（一）其得歸葬故里，頗爲曲折。〈墓誌銘〉云：「其友侯雲長佐鄆使，請於其帥馬僕射，……使以幣請之范陽，范陽人義而歸之。以聞，詔所在給船轝，傳歸其家，賜錢物以葬。」（二）「長慶四年四月某日，其妻子以君之喪葬于某州某所。」若以長慶三年其靈柩歸家，韓氏祭之以文，翌年四月爲之誌墓，此爲合理的推測，當然也可以在長慶元年八月作祭文遙祭其靈，然後長慶四年誌墓；筆者，選擇長慶三年。又因祭文中，昌黎提到時任兵部侍郎，故繫於重任兵部侍郎時。

唐穆宗長慶四年甲辰（824）　五十七歲

【朝廷時事】

正月，穆宗崩，廿三日，太子湛即位，是爲敬宗。

二月，貶李紳爲端州司馬。

　　尊郭太后爲太皇太后，尊上母王妃爲皇太后。

　　帝幸中和殿擊毬。自是數遊宴、擊毬、奏樂、賞賜宦官樂

　　人，不可悉紀。

三月，赦天下。詔諸道常貢之外，無得進奉。

　　詔以劉栖楚爲起居舍人，不拜。

四月，詔以李虞爲拾遺。

　　盜入清思殿，中尉馬存亮討平之。

五月，詔以李程、竇易直同平章事。

六月，加裴度同平章事。

　　夏綏節度使李祐進馬百五十匹，卻之。

十月，賜韋處厚錦綵銀器。

十一月，葬穆宗於光陵。

十二月，詔以劉栖楚爲諫議大夫。

　　罷泗州戒壇。

十二月，吏部侍郎韓愈卒。

是年進士及第，李羣、韓琮、韓昶等三十三人；諸科，十五

人；中書舍人李宗閔知貢舉。

【韓愈事跡】

長慶四年，昌黎五十七歲，在吏部侍郎任。五月請告，八月，滿百日，免官。十二月二日卒，諡曰文。敬宗不御朝，贈禮部尚書。

王仲舒，去年十一月十七日薨，年六十二。今年，二月葬河南先塋。韓、王二人友善，其子初請銘，昌黎為作神道碑銘及墓誌銘。

張徹死於亂，長慶四年其妻以君之喪葬於某州某所。妻韓氏為韓叔父孫女。昌黎譽張徹：「其人忠義，常從余學，選於諸公而嫁與之。孝順祗修，羣女效其所為。」為作墓誌銘。

子韓昶，進士擢第，年二十六歲。

夏，楊巨源年七十，致仕歸鄉，公卿設帳，祖道都門外送之，昌黎有序送之。

夏，賈島上詩吏部侍郎韓愈。初秋時，有幾次與昌黎及張籍等泛舟南溪。

夏，張籍罷水部員外郎，昌黎養病城南莊，日與之遊泛南溪。秋，有〈城南〉詩。

> 張籍〈祭退之〉詩：「去夏公請告，養疾城南莊；籍時官休罷，兩月同游翔；皇子陂岸西，地曠氣色清；新池平四漲，中有蒲荇香；北臺臨稻疇，茂柳多陰涼；板亭坐垂釣，煩苦稍已平；共愛池上佳，聯句舒遲情；會有賈秀士，來茲亦間并；移船入南溪，東西縱篙根；盤回入潭瀨，下網截鯉魴；踏沙掇小蔬，樹下炰新粳；日來相與嬉，不知暑景長；月中登高灘，星漢交垂芒；釣車擲長線，有獲齊驩驚；夜闌乘馬歸，衣上草露光；公為遊溪詩，唱詠多慨慷；自期此終老，結社於其鄉。」

《洪譜》「長慶四年」:「城南莊在長安城南,公之別墅
也。〈池上聯句〉,集中無之。游溪詩,卽〈南溪始泛〉
三首是也。魯直於退之,最愛此詩,以為有詩人句律之深
意。蓋退之絕筆於此。賈秀士卽島,島有〈韓侍郎夜泛南
溪詩〉。」

孔戣,正月薨,年七十四,八月葬河南河陰。昌黎常賢其能,
上奏疏曰:「戣為人守節清苦,論議正平。」為作墓誌銘。

李翺為禮部郎中,是夏,昌黎請告養疾城南莊,李翺時來相
晤。

八月十六夜,張籍與王建往訪昌黎,坐語於堦楹,昌黎「為
出二侍女,合彈琵琶箏。」

韓愈臨終,氣色自若,謹守禮法,張籍在側,命張視其手足,
以「幸不失節」為榮;並請經理後事。

〈行狀〉:「及病,遂請告以罷。每與交友言,既終以處
妻子之語,且曰:『某伯兄德行高,曉方藥,食必視本草,
年止於四十二。某疏愚,食不擇禁忌,位為侍郎,年出伯
兄十五歲矣,如又不足,於何而足?且獲終於牖下,幸不
至失大節,以下見先人,可謂榮矣。』」

張籍〈祭退之〉詩:「公有曠達識,生死為一綱;及當臨終
晨,意色亦不荒;贈我珍重言,傲然委衾裳;公比亦為書,
遺約有修章。令我署其末,以為後事程;家人號于前,其書
不果成;子符奉其言,甚于親使令;魯論未及注,手跡今微
茫;新亭成未登,閉在莊西廂;書札與詩文,重疊我笥盈。」

遺命喪葬仍遵儒家之禮,不用佛、道、陰陽吉凶之事:

〈神道碑〉:「遺命喪葬無不如禮。俗習夷狄,畫寫浮圖,

日以七數之，及拘陰陽所謂吉凶，一無汙我。」

《洪譜》「長慶四年」引東坡云：「歐陽永叔、司馬君
實、范景仁皆不喜佛，然其聰明之所照了，德力之所成
就，真佛法也。愚於退之亦云。」

〈朱校〉云：「此事可見公之平生，謹守禮法，排斥異教，
自信之篤，至死不變，可為後世法。」

案：朱熹借易簀之言，指出昌黎一生行事，「謹守儒家禮法」，
甚諦。

十二月二日卒於靖安里第，年五十七。敬宗不御朝，贈禮部
尚書。

〈行狀〉：「長慶四年得病，滿百日假。既罷，以十二月
二日卒於靖安里第。享年五十七，贈禮部尚書。」

〈神道碑〉：「病滿三月免。四年十二月丙子，薨靖安里
第，年五十七。嗣天子不御朝，贈禮部尚書。」

〈墓銘〉：「薨，年五十七，贈禮部尚書。」

《舊唐書‧韓愈傳》：「長慶四年十二月卒，時年五十
七，贈禮部尚書，諡曰文。」

【詩文編年】

（吏部侍郎時）

二月，作〈唐故江南西道觀察使中大夫洪州刺史兼御史中丞
贈左散騎常侍太原王公墓誌銘〉、〈唐故江南西道觀察使中大夫
洪州刺史兼御史中丞上柱國賜紫金魚袋贈左散騎常侍太原王公神
道碑銘〉。

四月，作〈唐故幽州節度使判官給事中清河張君墓誌銘〉。

（考辨）

五月，作〈請遷玄宗廟議〉（考辨）、〈南陽樊紹述墓誌銘〉（考辨）。

（請告）

夏，作〈送陽少尹序〉。

（免職）

八月，八日作〈唐正議大夫尚書左丞孔公墓誌銘〉；十六日，作〈翫月喜張十八員外與王六秘書至〉；作〈南溪始泛三首〉、〈與張十八同效阮步兵一日復一夕〉。

是年，作〈送諸葛覺赴隨州讀書〉（考辨）。

【時人事跡】

劉禹錫，五十三歲，守夔州。六月，授和州刺史。八月，赴任。

白居易，五十三歲，在杭州刺史任。修築錢塘湖堤，又濬城中六井，以供飲用。五月，除太子左庶子分司東都。秋至洛陽。買洛陽故楊憑舊履道里宅居之。

元稹，四十六歲，在浙東觀察使任。均定浙東稅籍。在越州。冬，編纂白樂天詩文凡二千一百九十一首，五十卷，曰《白氏長慶集》。

張籍，五十九歲。夏，罷水部員外郎，休官二月，受詔拜主客郎中，有〈同韓侍御南谿夜賞〉詩。

李翱，五十一歲。爲禮部郎中。

白行簡，四十九歲。遷司門員外郎。

賈島，四十六歲，夏，上詩昌黎；初秋，數與昌黎及張籍等泛舟南溪。

【詩文考辨】

〈唐故幽州節度判官贈給事中清河張君墓誌銘〉
（《韓集》卷三十四）

〈祭文〉云：『無所掩葬，輿魂東歸』者，徹初被殺，招魂而歸，其後故人以幣請之范陽，始得歸葬也。」

《洪譜》繫四年四月，據〈張徹墓志〉云：「其妻子以君之喪葬于某州某所。」方崧卿《韓譜增考》：『案踰年則固定，不應四年而後歸葬也。』

方成珪《詩文年譜》繫長慶四年，云：「給事以是年四月某日葬。四月庚辰朔。」

屈繫於長慶四年，云：「宋傳《韓集》此《誌》所書張徹葬年月日，有作『長慶二年四月某日』者，有作『長慶三年四月某日』者，有作『長慶四年四月某日』者。」又云：「按〈誌〉有『今牛宰相』、『鄆帥馬僕射』云云，牛宰相，牛僧孺也；馬僕射，馬摠也。《舊唐書・穆宗紀》云：『長慶二年（822）十二月己酉（二十三日），以前天平軍節度使馬總檢校左僕射，守戶部尙書。』又『長慶三年二月，以牛僧孺同中書門下平章事。』則其作『長慶二年四月某日者』非當。洪興祖《韓子年譜》從『長慶四年四月某日』之本，繫〈誌〉於是年四月作。幽州兵亂，踰年而定，方崧卿雖云『徹葬或只在三年』，然仍從作『四年』之本，蓋不能必定作『三年』、『四年』之是非，則取作『四年』者以爲愼也。今從《洪譜》繫年。」

黃繫於長慶四年四月，據《韓譜增考》云：「『案踰年則固定，不應四年而後歸葬也。』而仍不詳何時，故猶從《洪譜》繫於此年。」

張繫於長慶三年，云：「按墓誌云：『長慶四年某月某日』，方云『四年』，舊本或作『三年』，或作『二年』。《舊唐書·穆宗紀》：馬揔，于長慶二年十二月二十三日，為檢校左僕射、守戶部尚書，召還。使人以幣請范陽乞張徹屍骨，時間當於馬在鄆州而未召回長安時；張徹屍骨乞回安葬，也不可能逾年到長慶四年才乞回安葬。然其所定之本作『四年』，姑先繫此。」

謹按：此〈墓誌〉繫年應與以上〈祭文〉相並而觀：〈墓誌〉既言長慶四年四月葬，則此文作於是年四月，應無可疑。

〈請遷玄宗廟議〉（《韓集·外集》卷一）

樊汝霖繫長慶四年五月，云：「此議《舊史》載於〈禮儀志〉，曰：「長慶四年五月（《舊唐書·禮儀志》原文為「正月」）禮儀使奏云云。公時豈以吏部侍郎為禮儀使耶？」

方成珪繫長慶四年五月，其《詩文年譜》謂：「公上此議後即請告矣。」

屈置「存疑」詩文中，云：「方崧卿、朱熹從樊氏『以吏部侍郎為禮儀使耶』之推測，又以《蜀本》有此篇，遂訂為韓愈文。」但提出質疑：「按《冊府元龜》卷591載：『牛僧孺為禮儀使，長慶四年（824）七月奏』，下錄所奏『謹按周禮』云云，實即此議，僅文字小有異耳。則此議為牛僧孺文，劉曄誤收為韓文也。」

張認為當寫于長慶四年五月，云：「《舊唐書·禮儀志五》：「長慶四年正月，禮儀使奏：『謹按《周禮》：天子七廟，三昭三穆，與太祖之廟而七。（略）』」《舊唐書補校》云：『《冊府元龜》五九一載此事，云牛僧孺為禮儀使，長慶四年七月奏。《會要》作五月。穆宗以其年正月辛未崩，不得于正月即議其遷

廟，疑五月近是。』《會要》所云是。因韓愈參議，如在七月，他告休在城南莊，不當參與此議。此議當寫于五月，時尙在吏部侍郎任，未告休。」

謹按：〈請遷玄宗廟議〉見於《韓集・外集》卷一。查此文有兩作者之爭議：一題爲〈請遷玄宗廟議〉，韓愈撰；見於《全唐文》卷550，頁5576；一題爲〈請祧遷玄宗廟主奏〉，牛僧孺撰；見於《全唐文》卷682，頁6968。再查《舊唐書・卷25・禮儀志五》，頁958-959，文字略同，

茲分三個問題討論：禮儀使是誰？作於何時？是否爲韓愈作？

據《舊唐書補校》云：「《冊府元龜》591 載此事，云牛僧孺爲禮儀使。」

又云：「長慶四年七月奏，《會要》作五月。穆宗以其年正月辛未崩，不得於正月即議其遷祔，移五月近是。」（頁975）。

則此文所言之禮儀使是牛僧孺；正月爲五月之誤，即應作於長慶四年五月。

至於，是否爲韓愈作？有兩派意見：一派認此議爲牛僧孺文，劉曄誤收爲韓文，如屈；一派認此爲韓愈作，如沈欽韓。

據《校注》引沈欽韓曰：「上具禮儀使奏，而下列議，則韓公特是議者，分非禮議使。」是說長慶四年五月，韓愈應朝議命，提出自己意見。爲何文字略同？筆者推測，禮儀使牛僧孺提出此議，而韓愈只在其議文基礎上推衍，略提意見，故多出幾字。沈說可取。

總言之，此議是長慶四年五月韓愈所作，作後即告休矣。

〈南陽樊紹述墓誌銘〉（《韓集》卷三十四）

樊汝霖疑作於長慶三、四年間，云：「紹述卒且葬，〈誌〉

皆無年月，或云：不必載也。按紹述作〈絳守居園池記〉乃長慶
三年五月十七日，而公卒以四年十二月，則疑在長慶三、四年間。」

文讞云：「公此銘，疑四年所作也。」

方崧卿始繫於長慶四年，云：「紹述〈絳守居園池記〉，長
慶三年五月也，公作於次年。紹述蓋未罷絳州而卒，此銘無歲月，
當以此考。」

方成珪《詩文年譜》：「此當是長慶三、四年作。」

屈據大方說，姑繫之長慶四年。

張繫於長慶三年，云：「韓愈《誌銘》不書紹述卒葬時間。
韓愈明年十二月卒，而已有此文。又紹述〈絳守居園池記〉後書
『長慶三年五月十七日』，知紹述卒在五月以後，故繫是時。樊
宗師約卒於此年，生年不詳。」

謹按：此文繫年有二說：一、在長慶三年或四年之間，樊汝
霖、方成珪主之；二、在長慶四年，文讞及方崧卿主之。

觀察點有二：

1. 樊宗師卒於何年？不可考。只能從樊所作之〈絳守居園池
記〉乃長慶三年五月十七日而知悉一二。據〈樊墓誌〉云：
「綿、絳之人，至今皆曰：『於我有德』。以爲諫議大夫，
命且下，遂病以卒。」則可能卒於長慶三、四年間。

2. 再觀韓氏，長慶四年五月請告，養病，至八月免吏部侍郎，
十二月卒。則此〈樊墓誌〉之寫作時間約在長慶三年五月
至長慶四年八月之間。若以「銘法」而論，樊既卒，應由
其家人妻子將先人行狀寫備，交於韓氏，韓氏應銘而作墓
誌。如今，「愈既銘之，從其家求書」，可見其家人妻子
無此準備，而述及樊家「自祖及紹述三世」皆甚簡略，推

知其家人妻子亦不甚清楚，故未能作完整之提供，甚至，其妻子郡望姓氏以及有無子女，皆不書，顯然是韓氏晚年作品，甚至在養病時所寫。今繫長慶四年五月後。

〈送諸葛覺往隨州讀書〉（《韓集》卷七）

方崧卿云：「長慶四年作，李繁時知隨州。」

方世舉認是昌黎自京兆尹罷為兵部侍郎作，云：「案繁為隨州，年月無所考。然元和十五年，公為國子祭酒時，曾為處州李繁作〈孔子廟碑〉。是詩云：『出守數已六』，應又在處州之後。史第云累居郡守，蓋略之也。繁罷隨州之後，即接敬宗之事，其為隨州，大抵在穆宗時。又云：『我雖官在朝，氣勢日局縮』，疑自京兆尹罷為兵部侍郎作。」

錢從方世舉繫於長慶三年冬。

張繫長慶三年，云：「從詩句『行年餘五十，出守數已六』看，韓愈時年五十六歲，正在長慶三年。從『我雖官在朝，氣勢日局縮』詩句看，當在爭台參後的多天。」

謹按：此詩繫年有三說：（一）長慶三年，方世舉、錢仲聯、張清華主之；（二）長慶四年，方崧卿主之；（三）疑年，屈守元主之。

此詩繫年觀察點有三：（一）諸葛覺生平？（二）李繁何時任隨州刺史？（三）韓自言「氣勢日局縮」究在何時？

關於「諸葛覺生平」，據《集釋》卷十二本詩，《魏本引韓醇曰》：「諸葛覺或云即澹師，後去僧為儒。」《何義門讀書記》：「諸葛覺《貫休集》中作「玨」。其〈懷玨〉詩有『出山因覓孟，踏雪去尋韓。』注云：『諸葛曾為僧。』」其他的生平不詳。

　　關於「李繁何時任隨州刺史？」李繁爲李泌之子。據《舊書·李繁傳》，詩中言，李繁「行年餘五十，出守數已六」，與本傳所言「累居郡守」相合。惟本傳只記：隨州刺史，亳州刺史二官職，而無處州刺史之記述。其「累居郡守」順序大概是處州、隨州、亳州。現在所知〈處州孔子廟碑〉，文題有「朝散大夫國子祭酒賜紫金魚袋韓愈撰」字樣，而韓氏任國子祭酒時爲元和十五年（820）九月至長慶元年（821）七月，而文章作於是時，而李繁任處州刺史亦可能在此時。至任隨州刺史在何時？不可知。《舊唐書·本傳》只是說：「罷隨州刺史，歸京師，久不承恩。」至任亳州刺史則在敬宗寶曆二年（826）九月，以下試作推測，李繁任隨州刺史可能在長慶二至四年，由敬宗寶曆元年（825）至寶曆二年（826）九月前。未有官職，「久不承恩」大概指此。

　　再從「氣勢日局縮」言，韓氏長慶元年至四年的仕履分三段：（一）長慶元年秋九月，韓愈自國子祭酒轉兵部侍郎。長慶二年宣慰鎮州，歸朝，穆宗大悅，九月，自兵部侍郎轉吏部侍郎。（二）長慶三年（823）六月，韓愈自吏部侍郎遷京兆尹兼御大夫，穆宗勅「放免臺參」，李紳「以韓氏不詣御史臺爲恥，文牒往來爭論不休」。李逢吉乘之，愈罷爲兵部侍郎，旋改爲吏部侍郎。（三）長慶四年，正月庚申（廿二日）穆宗崩。癸酉（廿三日）敬宗即位。韓愈爲吏部侍郎。五月請告，養病於城南韓莊。以上三段時期，第一段韓氏官運正隆，可以排除。第二段「自京兆尹罷爲兵部侍郎」，雖有爭論，亦未至「局縮」地步。第三段時間，韓氏長慶四年五月請告養病之前，由於身體有病，可以說是「氣勢日局縮」，以此言之，再配合李繁之仕履，則此詩繫於長慶四年較長。

敬宗寶曆元年乙巳（825）　卒後一年

【韓愈事跡】

　　今年正月，其孤昶使奉功緒之錄繼訃以至，李翱爲作〈行狀〉，敍其歷官事蹟請中書牒考功下太常，定謚。謚曰文。又作〈祭文〉；皇甫湜作〈神道碑銘〉、〈墓誌銘〉、〈祭文〉，張籍作〈祭退之〉詩，李漢編理全集，劉禹錫亦作〈祭文〉。

　　　〈墓銘〉：「長慶四年八月，昌黎韓先生既以疾免吏部侍郎，書諭湜曰：『死能令我躬所以不隨世磨滅者，惟子以爲囑。』其年十二月丙子，遂薨。明年正月，其孤昶使奉功緒之錄繼訃以至。三月癸酉，葬河南河陽，乃哭而敍銘其墓。其詳將揭之於神道碑云。」

　　　〈神道碑〉：「夫人高平郡君，孤前進士昶，謹以承命。湜既已銘先生墓矣，又悉敍其系葉德詔於碑，以圖永久，而揭以詞。」

　　三月五日，安葬河陽祖塋。

　　　張籍〈祭退之〉：「舊塋盟津北，野窆動鼓鉦；柳車一出門，終天無迴箱；籍貧無贈賚，曷用申哀誠；衣器陳下帳，醪餌奠堂皇；明靈庶鑒知，髣髴斯來饗。」

【時人事跡】

張籍，六十歲。在長安爲主客郎中。三月，有〈祭退之〉詩。

白居易，五十四歲。五月五日抵蘇州，有謝表。

元稹，四十七歲。在越州。築陂塘貯水，加惠農民。

劉禹錫，五十四歲。在和州。

李翱，二月，由禮部郎中，出爲盧州刺史。三月十九日昌黎葬於河陽。李自盧州遣使祭奠，有祭文。

參、韓愈綜述

　　茲據〈行狀〉、〈神道碑〉、〈墓銘〉、新舊《唐書・本傳》、《洪譜》、《方考》、《朱校》綜述韓愈的爲人、性情、古文藝術等等，以爲知人論世之助焉，未能詳也。

　　昌黎爲人：

　　〈行狀〉云：「氣厚性通，議論多大體。與人交，終始人易。凡嫁內外及交友之女無主者十人。幼養於嫂鄭氏，及嫂歿，爲之朞服以報之。」

　　〈神道碑〉：「朝有大獄大疑，文武會同，莫先發言。先生援經引決，考合傳記，侃侃正色，伏其所詞。」

　　〈墓銘〉：「先生與人洞朗軒闢，不施戟級。族姻友舊不自立者，必待我然後衣食嫁娶喪葬。平居雖寢食，未嘗去書，忩以爲枕，飡以飴口，講評孜孜，以磨諸生。恐不完美，游以詼笑嘯歌，使皆醉義忘師。嗚呼！可爲樂易君子，鉅人長者矣。」

　　張籍〈祭退之〉：「嗚呼吏部公，其道誠巍昂；生爲大賢資，天使光我唐。德義動鬼神，鑒用不可詳；獨爲雄直氣，發爲古文章。學無不該貫，吏治得其方；三次論諍退，其志亦剛彊。再使平山東，不言所謀臧；薦待皆寒羸，但取其才良。親朋有孤稚，婚姻有辦營；譬如天有斗，人可爲

信常；如彼歲有春，物宜得華昌。哀哉未申施，中年遽殂
喪；朝野良共哀，㓜子知舊腸。」

昌黎性情：

《舊唐書·本傳》：「愈性弘通，與人交，榮悴不易。」

《新唐書·本傳》：「愈性明銳，不詭隨。與人交，始終
不少變。」

《洪譜》「長慶四年」：「然《舊史》旣云『性弘通』，
又云『性褊僻』，不若《新史》云『性明銳，不詭隨』，
為得其實也。」

昌黎事君、交友：

〈墓銘〉：「內外惸弱悉撫之，一親以仁，使男有官，女
有從。不啻於已生；交於人，已而我負，終不計，死則庇
其家，均食剖資，雖微弱，待之如賢戚，人詬笑之，愈篤。
未嘗一食不對客，閭人或畫見其面，相指語以為異事；未
嘗宿貨餘財。每曰：吾前日解衣質食，今存有已多矣。」

《舊唐書·本傳》：「少時與洛陽人孟郊、東郡人張籍友
善。二人名位未振，愈不避寒暑，稱薦於公卿間，而籍終
成科第，榮於祿仕。後雖通貴，每退公之際，則相與談宴，
論文賦詩，如平昔焉。而觀諸權門豪士，如僕隸焉，瞪然
不顧。而頗能誘屬後進，館之者十六七，雖晨炊不給，怡
然不介意。大抵以興起名教，弘獎仁義為事。凡嫁內外及
友朋孤女僅十人。」

《新唐書·本傳》：「與人交，始終不少變。成就後進士，
往往知名。經愈指授，皆稱『韓門弟子』，愈官顯，稍謝
遣。凡內外親若交友無後者，為嫁遣孤女而恤其家。嫂鄭

喪，為服期以報。至進諫陳謀，排難恤孤，矯拂諭末，皇
皇於仁義，可謂篤道君子矣。」

有關昌黎正直敢言，拙於世務的評論：

《舊唐書・本傳》：「愈發言真率，無所畏避，操行堅正，
拙於世務。」

《新唐書・本傳》：「操行堅正，鯁言無所忌。」

《洪譜》：「公豈拙於世務者，特不能取容於俗耳。」

謹案：昌黎操行堅正，不求取容，洪興祖說是。

有關昌黎恃才肆意，妄撰羅池神碑的評論：

《舊唐書・本傳》：「然時有恃才肆意，……，若南人妄
以柳宗元為羅池神，而愈撰碑以實之。」

《洪譜》「長慶四年」：「按羅池事，理或有之，未必柳
人之妄也。」

謹案：撰羅池事，據事直書，如洪興祖所言，與恃才肆意何
有？

有關昌黎恃才肆意為賀作〈諱辨〉，令舉進士事的評論：

《舊唐書・本傳》云：「然時有恃才肆意，……李賀父名
晉，不應進士，而愈為賀作〈諱辨〉，令舉進士。」

《洪譜》「長慶四年」：「《摭言》亦云：『賀舉進士，
或謗賀不避家諱，文公特著〈諱辯〉一篇。』然則賀嘗舉
進士，而元稹謗之也。〈諱辯〉亦云『賀舉進士有名』，
而唐史本傳云：『父名晉肅，以是不應進士，愈為作〈諱
辯〉，竟不就試。』非也。退之勸賀舉進士，蓋惜其才耳，
何恃才肆意之有！」

謹案：洪興祖所辨，甚諦。

有關李賀不就進士試，傳爲元稹所阻撓，應爲誤傳：

康駢《劇談錄》卷下「元相國謁李賀」條：「元和中，進士李賀，善爲歌篇，韓文公深所知重，于縉紳之間，每加延譽，由此聲華藉甚。時元相國積年老，以明經擢第，亦攻篇什，常願交結于賀。一日，執贄造門。賀覽刺不容，遽令僕者謂曰：『明經擢第，何事來看李賀？』相國無復致情，慙憤而退。其後左拾遺制策登科，日當要路。及爲禮部郎中，因議賀父名晉，不合應進士舉。賀亦以輕薄爲時輩所排，遂致轗軻。文公惜其才，爲著〈諱辯錄〉明之，然竟不成事。」

方崧卿《韓集舉正》卷四云：「〈諱辨〉：……康駢《劇談錄》謂公此文因元稹而發，董彥遠謂賀死元和中，使稹爲禮部，亦不相及爭名，蓋當時同試者。」

朱自清《李賀年譜》云：「按元稹明經擢第，賀才四歲。事之不實，無庸詳辯。抑兩《唐書》稹傳僅謂其穆宗長慶初擢祠部郎中。祠部郎中雖亦屬禮部，然所掌爲『祠祀享祭天文漏刻國忌廟諱卜筮醫藥僧尼之事』，與禮部郎中掌禮樂學校等事者異，昧者不察，遂張冠李戴耳。」

岑仲勉《唐史餘瀋》卷三《李賀與元稹》云：「微之入爲膳部員外，轉祠部郎中，乃在元和最末（十五）之一年，則賀應已卒矣。倘謂賀卒在長慶，董說不足信，則賀二十七而終（此據《新書》二〇三，《舊》一三七作二十四，茲姑取其較長者），最早不過生貞元十一年，彼以歌詩著名之頃，微之當已入仕（貞元十八年署秘省校書），非徒明經及第也。復考《白集》三四〈中書制誥〉，有〈元稹

可太子左諭德依前入蕃使制〉，……此制長慶初行，其人斷非微之，則當時信有同姓名者；然通事舍人系從六品上階，雖同乎員外郎，而職務不要，僅司朝見引納等務，則此元稹在長慶前亦似未嘗為禮部郎官也。合此推測，阻撓李賀者當日或信有元稹（非微之）其人，曾參傳訊，《劇談錄》遂以微之當之，且以微之之出身、仕歷實之也。」
卞孝萱《元稹年譜》：「為了徹底駁斥《劇談錄》的錯誤，再補充兩點：（1）《全唐文》卷五五八韓愈〈諱辯〉云：『賀舉進士，有名，與賀爭名者，毀之曰……。』元和五年冬，李賀舉進士，此時元稹已貶謫江陵府，怎麼可能跑到西京毀謗李賀？（2）元稹與韓愈是朋友。據張固《幽閒鼓吹》云：『李賀以歌詩謁韓吏部』。從輩分來看，只有李賀拜訪元稹的可能，絕無元稹拜訪李賀的需要。」
有關撰《順宗實錄》，敘事拙於取捨的評論：
《舊唐書・本傳》：「及撰《順宗實錄》，繁簡不當，敘事拙於取捨，頗為當代所非。」
《洪譜》「元和十年」云：「按退之作史詳略各有意，削去常事，著其繫於政者，其褒善貶惡之旨明甚，當時議者非之，卒竄定無全篇，良可惜也。史又云：『愈說禁中事頗切直，內官惡之，往往於上前言其不實。』此言是也。」
有關古文藝術成就的評論：
〈行狀〉：「深於文章，每以為自揚越之後，作者不出，其所為文，未嘗效前人之言，而固與之並。自貞元末，以至于茲，後進之士，其有志於古文者，莫不視公以為法。」
〈墓銘〉：「先生之作，無圓無方，至是歸工，扶經之心，

執聖之權，尚友作者。跋邪觚異，以扶孔氏，存皇之極。知人罪，非我計。茹古涵今，無有端涯。渾渾灝灝，不可窺梭。及其酣放，豪曲快字。凌紙怪發，鯨鏗春麗，驚耀天下。然而栗密窈眇，章妥句適，精能之至，入神出天。嗚呼極矣，後人無以加之矣。姬氏已來，一人而止矣。」

李漢〈韓愈文集序〉：「文者，貫道之器也，不深於斯道，有至焉者不也。易繇爻象，春秋書事，詩詠歌、書，禮剔其偽，皆深矣乎！秦、漢已前，其長渾然，迫乎司馬遷、相如、董生、揚雄，劉向之徒，尤所謂傑然者也。至後漢、曹魏、氣象萎薾。司馬氏已來，規範蕩悉，謂易已下，為古文剽掠僭竊為工耳。文與道蓁塞，固然莫知也。先生生於大曆戊申，幼孤，隨兄播遷韶嶺。兄卒，鞠於嫂氏辛勤來歸。自知讀書為文，日記數千百言。比壯，經書通念曉析。酷排釋氏，諸史百子，皆搜抉無隱。汗瀾卓踔，淵泫澄深，詭然而蛟龍翔，蔚然而虎鳳躍，鏘然而韶鈞發。日光玉潔，周情孔思，千態萬貌，卒澤於道德仁義，炳如也。洞視萬古，愍惻當世，遂大拯頹風，教人自為。時人始而驚，中而笑且排，先生志益堅，其終人亦翕然而隨。嗚呼！先生於文，摧陷廓清之功，比於武事，可謂雄偉不嘗者矣。」（《唐文粹》卷九十二）

趙德〈文錄序〉：「昌黎公，聖人之徒歟！其文高出，與古之遺文不相上下。所履之道，則堯舜禹湯文武周孔孟軻揚雄所授受服行之實也，固已不雜其傳，由佛及聃莊楊之言，不得干其思，入其文也。以是光於今，大於後，金石燋鑠，斯文燦然，德行道學文庶幾乎古。蓬茨中手持目覽，

飢食渴飲，沛然滿飽，顧非適諸聖賢之域而謬志於斯，將所以盜其影響！僻處無備，得以所遇，次之為卷，私曰《文錄》，實以師氏為請益依歸之所云。」

《舊唐書·本傳》：「常以為自魏、晉已還，為文者多拘偶對，而經誥之指歸，遷、雄之氣格，不復振起矣。故愈所為文，務反近體；抒意立言，自成一家新語。後學之士，取為師法。當時作者甚眾，無以過之，故世稱『韓文』焉。」

《新唐書·本傳》；「每言文章自漢司馬相如、太史公、劉向、揚雄後，作者不世出，故愈深探本元，卓然樹立，成一家言。其《原道》、《原性》、《師說》等數十篇，皆奧衍閎深，與孟軻、揚雄相表裡而佐佑《六經》云，至它文，造端置辭，要為不襲蹈前人者。然惟愈為之，沛然若有餘，至其徒李翱、李漢、皇甫湜從而效之，遽不及遠甚。」

有關昌黎繼承孔孟儒學的評論，舊書以為略有違「孔、孟之旨」，新書則以為「要之無牴牾聖人者」：

《舊唐書·本傳》：「亦有盭孔、孟之旨。」

《新唐書·本傳》：「至貞元、元和間，愈遂以《六經》之文為諸儒倡，障堤末流，反刓以樸，剗偽以真。然愈之才，自視司馬遷、揚雄，至班固以下不論也。當其所得，粹然一出於正，刊落陳言，橫鶩別驅，汪洋大肆，要之無牴牾聖人者。其道蓋自比孟軻，以荀況、揚雄為未淳，寧不信然？至進諫陳謀，排難恤孤，矯拂媮末，皇皇於仁義，可謂篤道君子矣。自晉汔隋，老佛顯行，聖道不斷如帶。諸儒倚天下正議，助為怪神。愈獨喟然引聖，爭四海之惑，雖蒙訕笑，跆而復奮，始若未之信，卒大顯於時。昔孟軻

拒楊、墨，去孔子才二百年。愈排二家，乃去千餘歲，撥
衰反正，功與齊而力倍之，所以過況、雄為不少矣。自愈
沒，其言大行，學者仰之如泰山、北斗云。」

程頤稱昌黎為「近世豪傑之士」，識見甚高云云。

程頤：「程子曰：韓愈亦近世豪傑之士，如〈原道〉中言
語雖有病。然自孟子而後，能將許大見識尋求者，才見此
人。至如斷曰：孟氏醇。又曰：荀與揚也，擇焉而不精，
語焉而不詳。若不是他見得，豈千餘年後，便能斷得如此
分明也。」（《二程語錄》卷一）

程頤：「退之晚來為文，所得處甚多。學本是修德，有德
然後有言。退之卻倒學了。因學文日求其未至，遂有所得。
如曰：『軻之死不得其傳』，似此言語，非是蹈襲前人，
又非鑿空撰得出，必有所見，若無所見，不知言所傳者何
事？」（《二程語錄》卷一）

朱熹則評昌黎為學之得失：

朱熹《讀唐志》：「孟軻氏沒，聖學失傳；天下之士，背
本趨末，不求知道養德以充內，而汲汲乎徒以文章為事業。
然在戰國之時，若申、商、孫、吳之術，蘇、張、范、蔡
之辨，列御寇、莊周、荀況之言，屈平之賦，以至秦漢之
間，韓非、李斯、陸生、賈傅、董相、史遷、劉向、班固，
下至嚴安、徐樂之流，猶皆先有其實，然後託之於言。唯
其無本，而不能一出於道，是以君子猶或羞之。及至宋玉、
相如、王褒、揚雄之徒，一則以浮華為尚，而無實之可言
矣。雄之《太玄》、《法言》，蓋亦〈長揚〉、〈校獵〉
之流，而粗變其音節，初非為明道講學而作也。東京以降，

訖于隋唐，數百年間，愈下愈衰，則其去道益遠，而無實之文亦無足論。韓愈氏出，始覺其陋，慨然號於一世，欲去陳言，以追詩書六藝之作，而其弊精神，糜歲月，又有甚於前世諸人之所為者。然猶幸其略知不根無實之不足恃，因是頗泝其源，而適有會焉，於是〈原道〉諸篇始作。而其言曰：『根之茂者其實遂，膏之沃者其光輝，仁義之人，其言藹如也。』其徒和之，亦曰：『未有不深於道而能文者，則議庶幾其賢也。』然今讀其書，則其出諂諛、戲豫、放浪而無實者，自亦不少。若夫所原之道，則亦徒能言其大體，而未見其有探討服行之效。使其言之為文者，皆必由是而出也。故其論古人，則又直以屈原、孟軻、馬遷、相如、揚雄為一等，而猶不及董、賈。其論當世之弊，則但以詞不己出，而遂有神狙聖伏之嘆。至於其徒之論，亦但以剽掠僭竊為文之病，大振頹風，教人自為，為韓之功。則其師生之間、傳受之際，蓋未免裂道與文為兩物，而於其輕重緩急本末賓主之分，又未免倒懸而逆置之也。」（《晦庵先生朱文公文集》卷70）

朱熹：「先生令學者評董仲舒、揚子雲、王仲淹、韓退之四子優劣。或取仲舒，或取退之，曰：『董仲舒自是好人，揚子雲不足道。這兩人不須說。只有文中子、韓退之這兩人疑似，試更評看。』學者亦多主退之，曰：『看來文中子根脚淺，然却是以天下為心，分明是要見諸事業。天下事，它都一齊入思慮來。雖是卑淺，然却循規蹈矩，要做事業底人，其心却公。如韓退之，雖是見得箇道之大用是如此，然却無實用功處。它當初，本只是要討官職做，始

終只是這心，他只是要做得言語似六經，便以為傳道。其每日功夫，只是做詩博奕、酣飲取樂而已。觀其詩，便可見都襯貼那〈原道〉不起；至其做官臨政，也不是要為國做事，也無甚可稱，其實只是要討官職而已。」（《朱子語類》卷 137）

朱熹：「韓退之却有些本領，非歐公比。〈原道〉其言雖不精，然皆實，大綱是。」（《朱子語類》卷 137）

《朱校》：「今按：諸賢之論，唯此二條為能極其深處；然復考諸臨川王氏之書，則其詩有曰：『紛紛易盡百年身，舉世何人識道真；力去陳言誇末俗，可憐無補費精神。』其為予奪，乃有大不同者，故嘗折其衷而論之。竊謂程子之意：固為得其大端；而王氏之言，亦自不為無理。蓋韓公於道，知其用之周於萬事，而未知其體之具於吾之一心；知其可行於天下，而未知其本之當先於吾之一身也。是以其言常詳於外，而略於內。其志極於遠大，而其行未必能謹於細微。雖知文與道有內外淺深之殊，而終未能審其緩急重輕之序，以決取舍。雖知汲汲以行道濟時、抑邪與正為事，而或未免雜乎貪位慕祿之私，此其見於文字之中，信有如王氏所譏者矣。但王氏雖能言此，而其所謂道真者，實乃老佛之餘波，正韓公所深詆。則是楚雖失，而齊亦未為得耳。故今兼存其說，而因附以狂妄管窺之一二。私竊以為，若以是而論之，則於韓公之學所以為得失者，庶幾其有分乎。」

附編一：韓愈歷官年月職掌及大事記

官位與年月	職　　掌	大　　事
汴州推官 （試秘書省校書）（正九品上） （汴州觀察推官） 貞元十二年七月至貞元十五年二月三日	秘書省校書郎掌讎校典籍刊正文字，皆辯其紕繆，以正四庫之圖史焉。（《唐六典》頁216）	
徐州觀察推官 貞十五年秋至貞十六年五月		願荐之於朝廷 書論晨入夜歸事，諫張擊毬。徐泗濠三州節度使書記廳石記，奉張命朝京師賀新正
四門博士（正七品上） 貞元十七年秋冬至貞元十九年四月 貞十九年七月復授至冬	四門博士掌教文武官七品以上及侯伯子男子之為生者，若庶人子為俊士生者，分經同太學。其束脩之禮，督課試舉同國子博士之法。（《唐六典》頁384-385）	與陸傪書薦侯喜等十人、形成韓愈弟子。
監察御史（正八品上） 貞十九年冬至十二月	監察御史掌分察百僚巡按郡縣，糾視刑獄，肅整朝儀。（《唐六典》頁267-268）	以天旱人飢上疏
陽山令（從七品下） 貞二十年至貞廿一夏秋		有惠政，民生子，多以其姓及字名之。
江陵法曹參軍（正七品下） 貞廿一年八月十四日至九月初旬至十月末至江陵至元和元年八月		

國子博士（正五品上）元和元年六月至元和四年六月十日	國子博士掌教文武官三品已上及國公子孫一品已上曾孫之為生者，五分其經以為之業。（《唐六典》382-383頁）	
都官員外郎分司東都並判祠部（從五品上）元和四年六月十日至五年冬	都官郎中、員外郎掌配役隸簿，錄俘囚，以給衣糧、藥療，以理訴競雪免。凡公私良賤必周知之，凡反逆相坐沒其家，為官奴婢。（《唐六典》頁146）	據《六典》將東都寺觀管理權從宦官手中收歸祠部，並誅殺不良僧尼道士。使浮屠風氣一時為之轉受。元和五年上啟稱病告休
河南縣令（正六品上）元和五年冬至六年夏	掌導揚風化，撫字黎甿，敦四人之業，崇五土之利，養鰥寡，恤孤窮，審察冤屈，躬親獄訟，務知百姓疾苦。（《唐六典》頁518）	取禁假冒軍人，為軍吏所訟。又嘗禁阻藩鎮在洛陽置宅第貯潛卒
職方員外郎（從六品上）元六年夏至元七年二月	職方郎中、員外郎，掌天下之地圖及城隍鎮戌烽候之數，辨其邦國都鄙之遠近，及四夷之歸化者。（《唐六典》頁122）	議復讎。奏論柳潤事，左降。
左遷國子博士（正五品上）元七年二月至元八年三月		作〈進學解〉
比部郎中（從五品上）／史館修撰（六品下）元八年三月二十二日至元九年十月二十日	比部郎中掌勾諸司百寮俸料、公廨、贓贖、戌上中下為差。凡京司有別借食本，每季一申省，諸州歲終而申省，比部總句覆之。凡倉庫出內、營、造、備市、丁匠、功程贓贖、賦歛、勳、賞賜與、軍資、器仗、和糴屯收，亦句覆之。（《唐六典》頁149）史官掌修國史，不虛美，不隱惡，直書其事。凡天地日月之祥，山川封域之分，昭穆繼代之序，禮樂師旅之事，誅賞廢興之政，皆本於起居注，以為實錄，然後立編年之體為褒貶焉，既終則藏之於府。（《唐六典》頁205）	升三級，疑是武元衡執政有關。

考功郎中（從五品上）／依前史館修撰（六品下） 元九年十月二十一日至十二月十五日	考功郎中之職，掌內外文武官吏之考課，凡應考之官皆具備當年功過行能，本司及本州長官對眾讀議其優劣，定為九等考第，各於其所由司準額校正，然後送省，內外文武官量遠近以程限之有差。（《唐六典》頁45）	
考功郎中知制誥 元九年十二月十五日至元十一年正月二十日		進《順宗實錄》
遷中書舍人（正五品上） 元十一年正月二十日至五月十八日	中書舍人，掌侍奉進奏，參議表章，凡詔旨制裁及璽書冊命，皆按典故起草進畫，既下則署而行之。其禁有四：一曰漏泄，二曰稽緩，三曰遺失，四曰妄誤，所以重王命也。（《唐六典》，頁198）	
降太子右庶子（正四品下） 元十一年五月十八日至十二年十二月二十九日	右庶子之職，掌侍從左右，獻納啟奏，宣傳令言。（《唐六典》頁465）	
太子右庶子，行軍司馬（從四品下） 元十二年十二月二十九日→		出征淮西
刑部侍郎（正四品下） 元和十二年十二月二十一日至元十四正月十三日	刑部侍郎之職，掌天下刑法及徒隸勾覆，關禁之政令。（《唐六典》頁128）	奉詔撰〈平淮西碑〉。諫佛骨
潮州刺史（正四品下） 元十四正月十四日至十月二十四日	掌清肅邦畿，考覈官吏，宣布德化，撫和齊人，勸課農桑，教諭五教，每歲一巡屬縣，觀風俗，問百姓，錄囚徒，恤鰥寡，閱丁口，務知百姓之疾苦，內有篤學異能聞於鄉里者，舉而進之；有不孝悌，悖禮亂常不率法令者，	上謝表 鱷魚 放奴婢 興學校

	紀而繩之；其吏在官，公廉正己，清直守節者，必察之；其貪穢諂諛求名狗私者，亦謹而察之，皆附於考課以為襃貶；若善惡殊尤都隨即奏聞。若獄訟之枉疑，甲兵之徵遣，興造之便宜，符瑞之尤異，亦以上聞；其常則申於尚書省而已。若孝子順孫，義夫節婦，志行聞於鄉閭者，亦隨實申奏，表其門閭。若精誠感通則加優賞，其孝悌力田者，考其集日，具以名聞，其所部有須改更，得以便宜從事。（《唐六典》頁 511）	
袁州刺史（正四品下）十月聞命，正月八日到任，九月授國子祭酒，十二月歸朝		放奴婢
國子祭酒（從三品）長元至秋七月	國子祭酒，司業之職，掌邦國儒學，訓導之政令。（《唐六典》頁 381）	論典帖良人男女狀。奏請國子暨依《六典》置生徒
兵部侍郎（正四品下）長元秋七月至長二年九月	兵部侍郎之職，掌天下軍衛，武官選授之政令。凡軍事卒戌之籍、山川要害之圖，廐牧甲仗之數，悉以咨之。其屬有四：一曰兵部、二曰職方、三曰駕部、四曰庫部。尚書侍郎總其職務而奉行其制命。凡中外百司之事，由於所屬咸質正焉。凡選授之制，每歲孟冬以三旬會其人，去王城五百里集於上旬，千里之內集於中旬，千里之外集於下旬。以三銓領其事，一曰尚書銓，二曰東銓，三曰西銓。（《唐六典》頁 109）	宣撫鎮州。秦論變鹽法事宣狀
吏部侍郎（正四品上）長二年九月至長三年六月	吏部尚書侍郎之職，掌天下官吏選授、勳封，考課之政令。凡職官銓綜之典，封爵策勳之制，權	尚書令史防禁皆不鎖

	衡殿最之法，悉以咨之。其屬有四：一曰吏部，二曰司封，三曰司勳、四曰考功。尚書侍郎總其職務而奉行其制。及中外百司之事，由於所屬皆質正焉。（《唐六典》頁 24-25）（《唐書》卷46，百官志，頁 1186）	
京兆尹（從三品）兼御史大夫（從三品）長三年六月至十月	御史大夫之職，掌邦國刑憲典章之政令，以肅正朝廷，中丞爲之貳。凡天下之人有稱冤而無告者，三司訊之。凡中外百僚之事，應彈劾者，御史言於大夫，大事則方幅奏彈，小事則署名而已。（《唐六典》頁 264）	禁軍老姦宿惡，盡縛送獄。
吏部侍郎（正四品上）長三年十月至長四。五月致仕。十二月丙子卒		

附編二：韓文繫年諸家異同一覽表

說明：1、篇目排列依《韓愈全集校注》。

2、繫年比較以大方、小方、屈、張、黃，陳克明及筆者意見爲主。

3、「無」，表示原書有收卻無繫年

4、「無年考」，表示該書列爲「無年可考」。

5、「無收」，表示該書無收此篇。

6、「疑年」、「存疑」，表示原書自列爲「疑年文」或置於「存疑詩文」中。

7、「入附錄」，表原書置入附錄，不收入繫年中。

8、「入詩」，表該書列入詩繫年中。

9、「？」表篇中所指人物姓名有誤。

（△：表示爲異同而需待研究之篇目，計 61 篇）

	方崧卿	方成珪	屈守元	張清華	黃珵喜	陳克明	柯萬成
與張徐州薦薛公達書（張建封）	貞四	無收	貞四	貞四	貞四	貞四	貞四
河中府連理木頌	貞六	貞六	貞六	貞六	貞六	貞七	貞六
△貓相乳	貞五、六	貞二	貞六	貞四	無收	貞六	貞三
上賈滑州書（賈耽）	貞六	貞六	貞六	貞六	貞六	貞六	貞六

明水賦	貞八	貞八	貞八	貞八	貞八	貞八	貞八登第後
△瘞硯銘	無	貞十	貞八	貞十	無收	貞十一	貞八
省試顏子不貳過論	貞九	貞九	貞九	貞九	貞九	貞九	貞九
△爭臣論	貞八	貞八	貞九	貞八	貞八	貞八	貞八登第後
上考功崔虞部書（崔元瀚）	貞九	貞九	貞九	貞九	貞九	貞九	貞九
△應科目時與人書	貞十	貞九	貞十	貞九	無收	貞九	貞十
△與鳳翔刑尚書書（刑君牙）	貞十一	貞十一	貞十	貞九	貞九	貞九	貞九
送齊皞下第序	貞八	貞十	貞十	貞十	無收	貞九	貞十
贈張童子序	無	貞十	貞十	貞十	無收	貞十一	貞十九月
△祭鄭夫人文（韓會妻）	貞十	貞十	貞十	貞十	貞十一	貞十一	貞十
唐故太子校書李公墓誌銘（李元賓）	貞十	貞十一	貞十	貞十	貞十	貞十一	貞十十二月
感二鳥賦并序	貞十一	貞十一	貞十一	貞十一	貞十一	貞十一	貞十一五月
畫記	貞十一	貞十一	貞十一	貞十一	無收	貞十一	貞十一
上宰相書	貞十一	貞十一	貞十一	貞十一	貞十一	貞十一	貞十一正月二七
後十九日復上書	貞十一	貞十一	貞十一	貞十一	貞十一	貞十一	貞十一二月十六
後二十九日復上書	貞十一	貞十一	貞十一	貞十一	貞十一	貞十一	貞十一三月十六
答侯繼書	貞十一	貞十一	貞十一	貞十一	貞十一	貞十一	貞十一春
答崔立之書	貞十一	貞十一	貞十一	貞十一	貞十一	貞十一	貞十一春
△省試學生代齋郎議	貞十一	貞十一	貞十一	貞十	貞十	貞十	貞十
祭田橫墓文	貞十一	貞十一	貞十一	貞十一	貞十一	貞十一	貞十一九月

監軍新竹亭記	無收	無收	貞十二	貞十二	無收		貞十二秋多
復志賦并序	貞十三	貞十三	貞十三	貞十三	貞十三	貞十三	貞十三七月
△送權秀才序	貞十二	貞十三	貞十三	貞十四	貞十四	貞十三	貞十四秋
奏汴州得嘉禾嘉瓜狀	無收	貞十三	貞十三	貞十三	無收		貞十三夏秋間
△進士策問十三首	無	無年考	貞十四	前六題是貞十四作；餘非一歲所作。	無收	疑	貞十四
汴州東西水門記	貞十四	貞十四	貞十四	貞十四	貞十四	貞十四	貞十四三月
答張籍書	貞十二	貞十三	貞十四	貞十四	貞十四	貞十二	貞十四秋
重答張籍書	貞十二	貞十三	貞十四	貞十四	貞十四	貞十二	貞十四秋
與馮宿論文書	貞十二、三	貞十四	貞十四	貞十四	貞十四	貞十四	貞十四
清邊郡王楊燕奇碑文	貞十四	貞十四	貞十四	貞十四	無收	貞十四	貞十四十月
△太學生何蕃傳	貞十五	貞十五	貞十五	貞十五	無收	貞十六	貞十五多
子產不毀鄉校頌	無	元二	貞十五	貞十九	無收	疑	貞十五
徐泗豪三州節度掌書記廳石記	貞十五	貞十五	貞十五	貞十五	貞十五	貞十五	貞十五春
愛直贈李君房別	貞十五	貞十五	貞十五	貞十五	貞十五	貞十五	貞十五
△賀徐州張僕射白兔書（張建封）	貞十六	貞十六	貞十五	貞十六	貞十五	貞十五	貞十五秋
上張僕射書	貞十五	貞十五	貞十五	貞十五	貞十五	貞十五	貞十五九月
上張僕射第二書	貞十五	貞十五	貞十五	貞十五	貞十五	貞十五	貞十五九月後
△與李翶書	貞十五	貞十五	貞十五	貞十五	貞十六	貞十五	貞十五

祭董相公文（董晉）	無	貞十五	貞十五	貞十五	貞十五	貞十五	貞十五二月
董公行狀	貞十五	貞十五	貞十五	貞十五	貞十五	貞十五	貞十五五月十八
崔評事墓誌（崔瀚）	貞十五	貞十五	貞十五	貞十五	貞十五	貞十五	貞十五二月初
閔已賦	貞十六	貞十六	貞十六	貞十六	無收	貞十六	貞十六
題李生壁	貞十六	貞十六	貞十六	貞十六	貞十六	貞十六	貞十六五月十四
與孟東野書	貞十六	貞十六	貞十六	貞十六	貞十六	貞十六	貞十六三月
與衛中行書	貞十六	貞十六	貞十六	貞十六	貞十六	貞十六	貞十六
祭穆員外文（穆員）	無	貞十六	貞十六	貞十六	無收	貞十六	貞十六
△獲麟解	非元和間作	無年考	貞十七	貞十七	貞十六	貞十七	貞十六
△行難	無	貞十八	貞十七	貞十八	無收	貞十七	貞十七
圬者王承福傳	無	無年考	貞十七	貞十七	無收	疑	貞十七
答李翊書	貞十七、八	貞十七	貞十七	貞十七	貞十七	貞十七	貞十七六月二六
重答李翊書	貞十七、八	貞十七	貞十七	貞十七	貞十七	貞十七	貞十六六月
答尉遲生書（尉遲汾）	無	貞十七	貞十七	貞十七	無收	貞十九	貞十七
△送孟東野序（孟郊）	貞十七	無	貞十七	貞十八	貞十八	貞十七	貞十八
送竇從事序（竇牟）	貞十六	貞十七	貞十七	貞十七	貞十七	貞十七	貞十七夏
送李愿歸盤谷序	貞十七	貞十七	貞十七	貞十七	貞十七	貞十七	貞十七
與汝州盧郎中論薦侯喜狀（盧虔）	貞十七	貞十七	貞十七	貞十七	貞十七	貞十七	貞十七
△歐陽生哀辭（歐陽詹）	貞十八	無年考	貞十七	貞十八	貞十七	貞十八	貞十七
△題哀辭後	貞十八	無年考	貞十七	貞十八	貞十七	貞十八	貞十七
唐故貝州司法參軍李君墓誌銘（李楚金）	無	貞十七	貞十七	貞十七	貞十七	貞十七	貞十七九月
師說	貞元年	貞十八	貞十八	貞十八	無收	貞十九	貞十八

與祠部陸員外書（陸傪）	貞十八	貞十八	貞十八	貞十八	貞十八	貞十八	貞十八春
與于襄陽書（于頔）	貞十八	貞十八	貞十八	貞十八	貞十八	貞十八	貞十八七月
答李秀才書	貞八、九	貞十八	貞十八	貞十八	無收	貞十九	貞十八
△答陳生書（陳師錫）	貞八、九	貞十八	貞十八	元三	無收	貞十九	貞十八
與崔群書	貞十八	貞十八	貞十八	貞十八	貞十八	貞十八	貞十八
答胡生書（胡直均）	貞十八	胡未第時	貞十八	貞十八	無收	貞十八	貞十八
上巳日燕太學聽彈琴詩序	貞十九	貞十八	貞十八	貞十八	無收	貞十八	貞十八三月
獨孤申叔哀辭	貞十八	貞十八	貞十八	貞十八	無收		貞十八四月
唐故贈絳州刺史馬府君行狀（馬彙）	貞十八	貞十八	貞十八	貞十八	無收	貞十八	貞十八
施先生墓誌（施士丐）	貞十八	貞十八	貞十八	貞十八	貞十八	貞十八	貞十八十月
△禘祫議	貞十七	貞十九	貞十九	貞十九	貞十七	貞十九	貞十九
△訟風伯	無	貞十九	貞十九	無	無收	貞十九	貞十九
與陳給事書（陳京）	貞十九	貞十九	貞十九	貞十九	貞十九	貞十九	貞十九
上李尙書書（李實）	貞十九	貞十九	貞十九	貞十九	貞十九	貞十九	貞十九
送浮屠文暢師序	貞十九	貞十九	貞十九	貞十九	貞十九	貞十九	貞十九春
送牛堪序	無	貞十九	貞十九	貞十九	無收	貞十九	貞十九
送陳密序	無	貞十九	貞十九	貞十九	無收	貞十九	貞十九
△送王秀才序（王含）	貞十八、九	無年考	貞十九	無	無收	貞十九	貞十九
送何堅序	貞十九	貞十九	貞十九	貞十九	無收	貞十九	貞十九
贈崔復州序	貞元末	貞十九	貞十九	貞十九	無收	貞十九	貞十九
△送董邵南序	無	貞十九	貞十九	元二	無收	貞十八	元二
送許郢州序（許仲輿）	貞十九	貞十九	貞十九	貞十九	無收	貞十九	貞十九
論今年權停舉選狀	貞十九	貞十九	貞十九	貞十九	貞十九	貞十九	貞十九七月
御史臺上天旱人饑狀	貞十九	貞十九	貞十九	貞十九	貞十九	貞十九	貞十九十二月

祭十二郎文（韓老成）	貞十七	貞十九	貞十九	貞十九	貞十九	貞十九	貞十九秋冬間
唐故河南府法曹參軍盧府君夫人苗氏墓誌銘（盧貽妻）	貞十九	貞十九	貞十九	貞十九	無收	貞十九	貞十九七月
別知賦	貞二十	貞二十	貞二十	貞二十	貞二十	貞二十	貞二十夏
燕喜亭記	貞二十	貞二十	貞二十	貞二十	貞二十	貞二十	貞二十
答竇秀才書（竇存亮）	貞二十	貞二十	貞二十	貞二十	貞二十	貞二十	貞二十
送楊支使序（楊儀之）	貞二十	貞二十	貞二十	貞二十	貞二十	貞二十	貞二十
五箴	永元	貞廿一	永元	貞廿一	永元	貞廿一	永元
上兵部李侍郎書（李巽）	永元	永元	永元	永元	永元	貞廿一	永元
△送區冊序	貞廿一	貞廿一	永元	貞廿一	貞二十	貞廿一	貞廿一春
送廖道士序	永元	永元	永元	永元	永元	貞廿一	貞廿一春
送孟秀才序（孟琯）	永元	永元	永元	永元	無收	貞廿一	永元
送陳秀才彤序	永元	貞二十	永元	永元	永元	貞廿一	永元
荊潭唱和詩序	貞元廿一（永元）	貞元廿一（永元）	永元	永元	永元	元元	永元
施州房使君鄭夫人殯表（房武妻）	永元	永元	永元	永元	永元	貞廿一	永元
上襄陽于相公書（于頔）	元元	元元	元元	元元	元元	元元	元元
祭郴州李使君文（李伯康）	貞廿一（永元）	元元	元元	元元	貞廿一（永元）	元元	元元二月廿四
祭十二兄文（韓岌）	元元	元元	元元	元元	元元	元元	元元九月
唐故虢州司戶韓府君墓誌銘（韓岌）	元元	元元	元元	元元	元元	元元	元元
△毛穎傳	無	無年考	元二	元四	無收	元四	元二

釋言	元二	元二	元二	元二	元二	元二	元二正月
答馮宿書	元二	元二	元二	元二	無收	元二	元二
張中丞傳後敘(張巡)	無	元二	元二	元二	元二	元二	元二四月
考功員外盧君墓銘（盧東美）	元二	元二	元二	元二	元二	元二	元二二月
處士盧君墓誌銘（盧於陵）	元二	元二	元二	元二	元二	元二	元二九月
唐故太原府參軍事苗君墓誌銘(苗蕃)	元二	元二	元二	元二	元二	元二	元二十二月十九
與少室李拾遺書（李渤）	元三	元三	元三	元三	元三	元三	元三七月
唐故河南少尹裴君墓誌銘（裴復）	元三	元三	元三	元三	元三	元三	元三七月
△諱辯	元和中	元六	元四	元六	無收	疑	元六
祭薛助教文(薛公達)	元四	元三	元四	元四	元四	元四	元四三月廿一
唐故國子助教薛君墓誌銘（薛公達）	元四	元四	元四	元四	元四	元四	元四五月十五
河南緱氏主簿唐充妻盧氏墓誌銘（唐充妻）	元四	元四	元四	元四	元四	元四	元四四月十五
監察御史元君妻京兆韋氏夫人墓誌銘（元稹妻）	元四	元四	元四	元四	元四	元四	元四十月十三
△河南府同官記	元四	元四	元五	元五	元四	元五	元五
上鄭尚書相公啓（鄭餘慶）	元五	元五	元五	元五	元五	元五	元五
上留守鄭相公啓（鄭餘慶）	元五	元五	元五	元五	元五	元五	元五冬
△送幽州李端公序（李益）	元五	元五	元五	元四	無收	元五	元五

△送溫處士赴河陽軍序（溫造）	元六	元五	元五	元五	元六	元五	元六多
△唐故河中府法曹張君墓碣銘（張圓）	元五	元五	元五	元四	元五	元五	元五二月
唐故中散大夫河南尹杜君墓誌銘（杜兼）	元五	元五	元五	元五	元五	元五	元五二月廿四
唐朝散大夫贈司勳員外郎孔君墓誌銘（孔戭）	元五	元五	元五	元五	元五	元五	元五八月十六
唐故登封縣尉盧殷墓誌銘（盧殷）	元五	元五	元五	元五	元五	元五	元五
送窮文	元六	元六	元六	元六	元六	元六	元六正月
△代張籍答李浙東書（李遜）	元六、七	元五	元六	無	元六	元六	元六八月
△答渝州李使君書（李方古）	無	無年考	元六	無	無收	元五	元六
△答楊子書（楊敬之）	貞十七	元六	元六	貞十七	貞十七	貞十七	貞十七
復讎狀	元六	元六	元六	元六	元六	元六	元六多
唐故興元少尹房君墓誌銘（房武）	元六	元六	元六	元六	元六	元六	元六正月十四
唐故河南府王屋縣尉畢君墓誌銘（畢坰）	元六	元六	元六	元六	元六	元六	元六二月廿五
乳母墓銘	元六	元六	元六	元六	元六	元六	元六三月廿
唐故江西觀察使韋公墓誌銘（韋丹）	元六	元六	元六	元六	元六	元六	元六七月初八
唐故襄陽盧丞墓誌銘（盧行簡父）	元六	元六	元六	無收	元六	元六	元六九月
△答陳商書	元八	元七	元七	元三？	無收	元三	元七
石鼎聯句詩序	元七	元七	元七	元七	元七	元七	元七十二月

祭石君文（石洪）	元七	元七	元七	元七	元七	元七	元七七月廿七
唐故集賢院校理石君墓誌銘（石洪）	元七	元七	元七	元七	元七	元七	元七七月二八
△唐銀青光祿大夫守左散騎常侍致仕上柱國襄陽郡王平陽路公神道碑銘（路應）	元七	元七	元七	元六	元七	元七	元七十月初五
唐故河南少尹李公墓誌銘（李素）	元七	元七	元七	元七	元七	元七	元七三月
進學解	元七	元八	元八	元八	元八	元七	元八春
答劉秀才論史書（劉軻）	元九	元八	元八	元八	元八	元八	元八六月九
送水陸運使韓侍御歸所治序（韓重華）	元八	元八	元八	元八	元八	元八	元八冬
唐故河東節度觀察使滎陽鄭公神道碑文（鄭儋）	元八	元八	元八	元八	元八	元八	元八六月廿
唐息國夫人墓誌銘（李欒妻）	元八	元八	元八	元八	元八	元八	元八八月十
唐河陽軍節度使烏公先廟碑銘（烏重胤父）	元八	元八	元八	元八	元八	元八	元八八月廿五
大唐故殿中侍御史隴西李府君墓誌銘并序（李虛中）	元八	元八	元八	元八	元八	元八	元八十月二九
唐魏博節度觀察使沂國公先廟碑銘（田弘正）	元八	元八	元八	元八	元八	元八	元八十一月初三

唐故朝散大夫商州刺史除名徙封州董府君墓誌銘（董溪）	元八	元八	元八	元八	元八	元八	元八十一月初五
答元侍御書（元稹）	元九	元九	元九	元九	元九	元九	元九九月五
與袁相公書（袁滋）	元九	元九	元九	元九	元九	元九	元九九月
與鄭相公書（鄭餘慶）	元九	元九	元九	元九	元九	元九	元九秋
答魏博田僕射書（田弘正）	元九	元九	元九	無收	元九	元九	元九十二月
爲韋相公讓官表（韋貫之）	元九	元九	元九	元九	元九	元九	元九十二月
祭薛中丞文（薛存誠）	元九	元九	元九	元九	無收	元九	元九閏八月十五
祭裴太常文	元九	元九	元九	元九	無收	元九	元九
△祭左司李員外太夫人文	無	元六	元九	元六	無收	元六	元九
扶風郡夫人墓誌銘（馬暢妻）	元九	元九	元九	元九	元九	元八	元九正月廿五
唐故檢校尙書左僕射右龍武統軍劉公墓誌銘（劉昌裔）	元九	元九	元九	元九	元九	元九	元九九月
唐故檢校尙書左僕射兼御史大夫龍武統軍贈潞州大都督彭城劉公墓碑（劉昌裔）	元九	元九	元九	元九	元九	元九	元九九月
貞曜先生墓誌銘（孟郊）	元九	元九	元九	元九	元九	元九	元九十月十七
試大理評事王君墓誌銘（王適）	元九	元九	元九	元九	元九	元九	元九十一月
藍田縣丞廳壁記	元十	元十	元十	元十	元十	元十	元十
△答劉正夫書	元十	元七	元十	元七	無收	元十	元九

與華州李尙書書（李絳）	元十	元十	元十	元十	元十	元十	元十春
與鄂州柳中丞書（柳公綽）	元十	不	元十	元十	元十	元十	元十
再答柳中丞書	元十	不	元十	元十	無收	元十	元十
爲宰相賀雪表	元十	元十	元十	元十	元十	元十	元十二月
爲裴相公讓官表（裴度）	元十	元十	元十	元十	元十	元十	元十六月
論捕賊行賞表	元十	元十	元十	元十	元十	元十	元十夏秋間
進《順宗皇帝實錄》表狀	元十	元十	元十	元十	元十	元十	元十夏
除崔群戶部侍郎制	元十	元十	元十	元十	元十	元十	元十
祭虞部張員外文（張季友）	元十	元十	元十	元十	元十	元十	元十
唐故虞部員外郎張府君墓誌銘(張季友)	元十	元十	元十	元十	元十	元十	元十
唐故秘書少監贈絳州刺史獨孤府君墓誌銘（獨孤郁）	元十	元十	元十	元十	元十	元十	元十五月二日
唐故清河郡公房公墓碣銘（房啓）	元十	元十	元十	元十	無收	元十	元十秋
唐故監察御史衛府君墓誌銘(衛中立)	元十	元十	元十	元十	元十	元十	元十十二月
衢州徐偃王廟碑	元十	元十	元十	元十	無收	元十	元十十二月九日
科斗書後記	元十一	元十一	元十一	元十一	元十一	元十一	元十一六月四
△論淮西事宜狀	元十	元十一	元十一	元十	元十	元十一	元十五月
多薦官殷侑狀	元十一	元十一	元十一	元十一	元十一	元十一	元十一多

進王用碑文狀	元十一	元十一	元十一	元十一	元十一	元十一	元十一冬
謝許受王用男人事物狀	元十一	元十一	元十一	元十一	元十一	元十一	元十一冬
祭周氏侄女文	元十一	元十一	元十一	元十一	無收	元十一	元十一
四門博士周況妻韓氏墓誌銘（韓妤）	元十一	元十一	元十一	元十一	元十一	元十一	元十一春夏間
唐故銀青光祿大夫檢校左散騎常侍兼右金吾衛大將軍贈工部尙書太原郡公神道碑文（王用）	元十一	元十一	元十一	元十一	元十一	元十一	元十一冬
△唐荊南節度使袁滋先廟碑（袁滋）	元十一	元十一	元十一	元十	元十一	元十一	元十一二月十六
曹成王碑（李皋）	無	元十一	元十一	元十一	元十一	元十一	元十一
送殷員外序（殷侑）	元十二	元十二	元十二	元十二	元十二	元十二	元十二
△爲宰相賀白龜狀（裴度等）	元十	無收	元十二	元十一	元十一	元十二	元十二十月
舉錢徽自代狀	元十二	元十二	元十二	元十二	元十二	元十二	元十二十二月
△薦樊宗師狀	元十	元九	元十二	元十三	元九	元九	元十一冬
祭河南張員外文（張署）	元十二	元十二	元十二	元十二	元十二	元十二	元十二秋
唐故河南令張君墓誌銘（張署）	元十二	元十二	元十二	元十二	元十二	元十二	元十二
唐故試大理評事胡君墓銘（胡明允）	元十二	元八	元十二	無收	無收	元十二	元十二三月後
答殷侍御書（殷侑）	元十三	元十三	元十三	元十三	元十三	元十三	元十三八月
改葬服議	無	元十三	元十三	元十三	無收	疑	元十三
進撰平淮西碑文表	元十三	元十三	元十三	元十三	元十三	元十三	元十三三月廿五

奏韓弘人事物表	元十三	元十三	元十三	元十三	元十三	元十三	元十三夏
謝許受韓弘物狀	元十三	元十三	元十三	元十三	元十三		元十三夏
唐故鳳翔隴州節度使李公墓誌銘（李惟簡）	元十三	元十三	元十三	元十三	元十三	元十三	元十三十一月十六
唐故相權公墓碑（權德輿）	元十三	元十三	元十三	元十三	元十三	元十三	元十三
平淮西碑	元十三	元十三	元十三	元十三	元十三	元十三	元十三春
記宜城驛	元十四	元十四	元十四	元十四	元十四	元十四	元十四二月二
與路鵠秀才序	無收	無收	元十四	無收	無收		元十四
論佛骨表	元十四	元十四	元十四	元十四	元十四	元十四	元十四正月
潮州刺史謝上表	元十四	元十四	元十四	元十四	元十四	元十四	元十四三月
潮州請置鄉校牒	元十四	元十四	元十四	元十四	元十四	元十四	元十四
賀冊尊號表	元十四	元十四	元十四	元十四	元十四	元十四	元十四秋
鱷魚文	元十四	元十四	元十四	元十四	元十四	元十四	元十四四月廿四
潮州祭神文五首	無	元十四	元十四	元十四	元十四	元十四	元十四三月廿五[1]元十四六月六[2~5]
△祭柳子厚文	元十五	元十五	元十四	元十五	元十四	元十五	元十五五月五
唐故中散大夫少府監胡良公墓神道碑（胡珦）	元十四	元十四	元十四	元十四	元十四	元十四	元十四
新修滕王閣記	元十五	元十五	元十五	元十五	元十五	元十五	元十五十月

與孟尚書書（孟簡）	元十五	元十五	元十五	元十五	元十五	元十五	元十五秋
袁州刺史謝上表	元十五	元十五	元十五	元十五	元十五	元十五	元十五春
△舉韓泰自代狀	元十五	元十五	元十五	元十四	元十五	元十五	元十五春
慰國哀表	元十五	元十五	元十五	元十五	元十五	元十五	元十五春
憲宗崩慰諸道疏	無收	元十五	元十五	元十五	元十五	元十五	元十五春
賀皇帝即位表	元十五	元十五	元十五	元十五	元十五	元十五	元十五春
皇帝即位賀宰相啓	無收	元十五	元十五	元十五	元十五	元十五	元十五春
皇帝即位賀諸道狀	無收	元十五	元十五	元十五	元十五	元十五	元十五春
賀赦表	元十五	元十五	元十五	元十五	元十五	元十五	元十五春
皇帝即位降赦賀觀察使狀	無收	元十五	元十五	元十五	元十五	元十五	元十五春
賀冊皇太后表	元十五	元十五	元十五	元十五	元十五	元十五	元十五春
賀慶雲表	元十五	元十五	元十五	元十五	元十五	元十五	元十五六月十六
袁州申使狀	元十五	元十五	元十五	元十五	元十五	元十五	元十五九月
舉薦張維素狀	長元	元十五	元十五	元十五	元十五	元十五	元十五十月
黃家賊事宜狀	元十五	元十五	元十五	元十五	元十五	元十五	元十五秋
應所在典貼良人男女等狀	元十五	元十五	元十五	元十五	元十五	長元	元十五十二月
袁州祭神文三首	無	元十五	元十五	元十五	元十五	元十五	元十五夏
祭湋文（韓湋）	元十五	元十五	元十五	元十五	元十五	元十五	元十五春

祭湘君夫人文	元十五	元十五	元十五	元十五	元十五	元十五	元十五十月
唐柳州刺史柳子厚墓誌銘	元十五	元十五	元十五	元十五	元十五	元十五	元十五七月十日
韓滂墓誌銘	元十五	元十五	元十五	元十五	元十五	元十五	元十五
南海神廟碑	元十五	元十五	元十五	元十五	無收	元十五	元十五十月
處州孔子廟碑	無	元十五	元十五	元十五	無收	長元	元十五
請上尊號表	長元	長元	長元	長元	長元	長元	長元
△舉薦張籍狀	長元	元十五	長元	元十五	元十五	長元	元十五冬
△請復國子監生徒狀	元元	長元	長元	貞十九	長元	元元	長元
△國子監論新注學官牒	長元	長元	長元	元十五	長元	長元	長元
舉韋顗自代狀	長元	長元	長元	長元	長元	長元	長元七月
錢重物輕狀	長元	長元	長元	長元	無收	長元	長元秋
祭故陝府李司馬文（李郱）	長元	長元	長元	長元	長元	長元	長元五月
唐故中大夫陝府左司馬李公墓誌銘（李郱）	長元	長元	長元	長元	長元	長元	長元五月廿五
唐故殿中少監馬君墓誌銘（馬繼祖）	長初	長元	長元	長元	長元	長元	長元
唐故昭武校尉守左金吾衛將軍李公墓誌銘（李道古）	長元	長元	長元	長元	長元	長元	長元
唐故朝散大夫尚書庫部郎中鄭君墓誌銘（鄭群）	長元	長元	長元	長元	長元	長元	長元十一月廿二
唐故朝散大夫越州刺史薛公墓誌銘（薛戎）	長元	長元	長元	長元	長元	長元	長元十一月廿七

黃陵廟碑	長元	長元	長元	長元	無收	長元	長元秋
韋侍講盛山十二詩序（韋處厚）	長二	長二	長二	長二	長二	長二	長二夏
論變鹽法事宜狀	長二	長二	長二	長二	長二	長二	長二春夏間
祭竇司業文（竇牟）	長二	長二	長二	長二	長二	長二	長二
楚國夫人墓誌銘（韓弘妻）	長二	長二	長二	長二	長二	長二	長二三月
唐故國子司業竇公墓誌銘（竇牟）	長二	長二	長二	長二	長二	長二	長二八月
京尹不臺參答友人書	長三	長三	長三	長三	長三	長三	長三六月
論孔戣致仕狀	長三	長三	長三	長三	長三	長三	長三四月
舉馬摠自代狀	長三	長三	長三	長三	長三	長三	長三六月
賀雨表	長三	長三	長三	長三	長三	長三	長三六月
賀太陽不虧狀	長三	長三	長三	長三	長三	長三	長三九月朔
舉張正甫自代狀	長三	長三	長三	長三	長三	長三	長三十月
祭竹林神文	長三	長三	長三	長三	長三	長三	長三六月
曲江祭龍文	長三	長三	長三	長三	長三	長三	長三六月
祭女挐女文（韓挐）	長三	長三	長三	長三	長三	長三	長三冬
△祭張給事文（張徹）	長元	長元	長三	長元	無收	長元	長三
祭侯主簿文（侯喜）	長二	長三	長三	長三	長三	長二	長三
祭馬僕射文（馬總）	長三	長三	長三	長三	長三	長三	長三十月
女挐壙銘（韓挐）	長三	長三	長三	長三	長三	長三	長三十一月十一

唐故太學博士李君墓誌銘（李干）	長三	長三	長三	長三	長三	長三	長三正月廿六
唐故司徒兼侍中中書令贈太尉許國公神道碑銘（韓弘）	長三	長三	長三	長三	長三	長三	長三七月
柳州羅池廟碑	長三	長三	長三	長三	長三	長二	長三春
送楊少尹序（楊巨源）	長四	長四	長四	長四	長四	長四	長四
唐故江南西道觀察使中大夫洪州刺史兼御史中丞贈左散騎常侍太原王公墓誌銘（王仲舒）	長四	長四	長四	長四	長四	長四	長四二月
唐故江南西道觀察使中大夫洪州刺史兼御史中丞上柱國賜紫金魚袋贈左散騎常侍太原王公神道碑銘（王仲舒）	長四	長四	長四	長四	長四	長四	長四二月
△唐故幽州節度判官贈給事中清河張君墓誌銘（張徹）	長三	長四	長四	長三	長四	長四	長四四月
△南陽樊紹述墓誌銘（樊宗師）	長四	長四	長四	長三	無收	長三	長四
唐正議大夫尚書左丞孔公墓誌銘（孔戣）	長四	長四	長四	長四	長四	長四	長四八月八
△原道	無	無年考	疑年	貞二十	貞廿一	疑年	貞二十
△原性	無	無年考	疑年	貞二十	貞廿一	疑年	貞二十
△原毀	無	無年考	疑年	貞二十	貞廿一	疑年	貞二十
△原人	無	無年考	疑年	貞二十	貞廿一	疑年	貞二十
△原鬼	無	無年考	疑年	貞二十	貞廿一	疑年	貞二十
對禹問	無	無年考	疑年	無收	無收	疑年	疑年
雜說四首	無	無年考	疑年	無收	無收	疑年	疑年
讀荀	無	無年考	疑年	無收	無收	疑年	疑年

讀《鶡冠子》	無	無年考	疑年	無收	無收	疑年	疑年
讀《儀禮》	無	無年考	疑年	無收	無收	疑年	疑年
讀《墨子》	無	無年考	疑年	無收	無收	疑年	疑年
本政	無	無年考	疑年	無收	無收		疑年
守戒	無	無年考	疑年	無收	無收	元十一	疑年
後漢三賢贊	無	無年考	疑年	無收	無收	疑年	疑年
伯夷頌	無	無年考	疑年	無收	無收	疑年	疑年
△通解	無	無年考	疑年	貞四	無收	貞五	疑年
△擇言解	無	無年考	疑年	貞四	無收	貞五	疑年
△鄠人對	無	無年考	疑年	貞四	無收	貞五	疑年
與李祕書論小功不稅書	無	無年考	疑年	無收	無收	疑年	疑年
△答侯生問《論語》書	無收	貞十七	疑年	貞十七	無收	疑年	元十五
爲人求薦書	無	無年考	疑年	無收	無收	疑年	疑年
答呂毉山人書	無	無年考	疑年	無收	無收	元十三	疑年
送浮屠令縱西遊序	無	無年考	疑年	無收	無收		疑年
送高閑上人序	無	無年考	疑年	無收	無收	疑年	疑年
送王秀才序（塤）	無	無年考	疑年	無收	無收	貞廿一	疑年
高君仙硯銘	無	無年考	疑年	無收	無收	疑年	疑年
高君畫贊	無	無年考	疑年	無收	無收	疑年	疑年
祭房君文（房次卿）	無	無年考	疑年	元六	無收		疑年
△祭李氏二十九娘子文（李干妻）	無	無年考	疑年	無收	長二		疑年
弔武侍御所畫佛文	無	無年考	疑年	無收	無收	元六	疑年
盧渾墓誌銘	無	無年考	疑年	無收	無收		疑年
△順宗實錄第一 順宗實錄第二 順宗實錄第三 順宗實錄第四 順宗實錄第五	無收	無	疑年	元十	元十	元九	元十
送毛仙翁十八兄序	無收	無收	存疑	無收	無收		疑年
下邳侯革華傳	無	無	存疑	無收	無收		疑年
△與大顛師書	無收	元十四	存疑	無收	元十四	元十四	元十四夏
詩之序議	無收	無收	存疑	無收	無收		疑年
范蠡招大夫文種議	無收	無收	存疑	無收	無收		疑年

直諫表	無收	無收	存疑	無收	無收		疑年
論顧威狀	無收	無收	存疑	無收	無收		疑年
潮州謝孔大夫狀	無收	元十四	存疑	元十四	無收	元十四	元十四八月
三器論	無收	無收	存疑	無收	無收		疑年
相州刺史御史中丞田公故夫人魏氏墓誌銘	無收	無收	存疑	無收	無收		疑年
△請遷玄宗廟議	無	長四	存疑	長四	無收	長四	長四
長安慈恩塔題名	無收	無年考	（入附錄）無	無收	無收	貞十九	疑年
洛北惠林寺題名	無收	貞十七	（入附錄）貞十七	貞十七	貞十七		貞十七七月廿二
謁少室李渤題名	無收	元三	（入附錄）無	元四	元四	元四	元四三月廿六
福先塔寺題名	無收	元三	（入附錄）元三	元三	元三	元三	元三十月九日
嵩山天封宮題名	無收	元四	（入附錄）元四	元四	元四	元四	元四三月廿六
迓杜兼題名	無收	元三	（入附錄）元四	元四	元四	元四	元四九月廿二
華嶽題名	無收	元十二	（入附錄）元十一	元十二	無收	元十二	元十二八月八
濟源題名	無收	無收	（入附錄）元四	無收	無收		元四
承天山題名	無收	無收	（入附錄）長二	無收	無收		長二二月二十

屈漏收者附列於此：

太清宮觀紫極舞賦	無收	無收	無收	貞九	貞九
朱絲繩賦	無收	無收	無收	無收	貞十

附編三：韓詩繫年諸家異同一覽表

說明：1、篇目排列依錢著《集釋》。

　　　2、本表，以大方、小方，錢、屈、張、黃，陳克明及筆者之意見爲主。

　　　3、大小方之繫年乃得自〈韓愈詩大小方繫年比較研究〉之論述。大方《舉正》、〈年表〉繫年一有一無者，依有繫者。若相異者依〈年表〉。

　　　4、「無」者，表示原書有收錄此詩，但無繫年。

　　　5、「無年考」者，表示該書列爲「無年可考」。

　　　6、「無收」，表示該書沒有收入此詩。

　　　7、「疑僞」者，表該書列爲「疑僞詩」。

　　　　　「存疑」者，表示該書置於「存疑詩文」中。

　　　8、「入文」者，表示該書或表置於文類中。

　　　9、「注₁」，表〈韓文年表〉作三首。

　△：表示四家異同而需待研究之篇目，計 51 篇。

		方崧卿	方成珪	錢仲聯	屈守元	張清華	黃埕喜	陳克明	柯萬成
1	芍藥歌	無收	無年考	貞元	存疑	貞元	貞元	貞二年前	貞元春
2	條山蒼	貞十七	無年考	貞二	疑年	貞二	貞二	貞三	貞二春
3	△出門	貞元中	貞二	貞二	疑年	貞三	貞二	貞三	貞二
4	△烽火	貞元中	貞三	貞三	貞十六	貞三	貞三	貞三	貞三閏五月

5	△落葉送陳羽	貞八	貞七	貞七	貞八	貞七	貞七	貞七	貞七秋
6	北極贈李觀	貞八	貞八	貞八	貞八	貞八	貞八	貞八	貞八秋
7	△長安交遊者贈孟郊	貞十年前	貞十一	貞九	貞九	貞八	貞八	貞九	貞八
8	△孟生詩	貞八	貞十一	貞九	貞九	貞八	貞八	貞九	貞八
9	岐山下二首	貞十一	貞十一	貞九	貞九	貞九	貞九	貞九	貞九游風翔日
10	青青水中蒲三首	無	無年考	貞九	貞九	貞九	貞九	貞九	貞九夏
11	△古風	貞元年中未遇日作	貞十四前	貞十	貞十六	貞十	無收	貞十四	貞十六
12	重雲李觀疾贈之	貞十一前	貞十	貞十	貞十	貞十	貞十	貞十	貞十閏四月
13	謝自然詩	貞十	貞十	貞十	貞十	貞十	無收	貞十	貞十十一月二十
14	雜詩	無	無	貞十一	貞十一	貞十一	無收	元元	貞十一
15	馬厭穀	貞元年中	貞十一	貞十一	貞十一	貞十一	無收	貞十一	貞十一
16	△苦寒歌	無	無年考	貞十一	疑年	貞十一	無收		
17	送汴州監軍俱文珍序并詩	貞十三（入文）	貞十三	貞十三	貞十三	貞十三	貞十三	貞十三	貞十三春
18	△遠遊聯句	元三	元三	貞十四	無（入附錄）	貞十四	貞十五	貞十四	貞十五春
19	答孟郊	貞十七、八間京都作	無年考	貞十四	貞十四	貞十四	無收	貞十四	貞十四
20	△醉留東野	元六	元六	貞十四	貞十四	貞十四	貞十五	貞十四	貞十五
21	△知音者誠希	無收	無年考	貞十四	疑年	貞十四	無收	元三	貞十四
22	病中贈張十八（張籍）	無	無	貞十四	貞十四	貞十四	貞十四	貞十四	貞十四冬
23	天星送楊凝郎中賀正	貞十四	貞十四	貞十四	貞十四	貞十四	貞十四	貞十四	貞十四冬
24	汴州亂二首	貞十五	貞十五	貞十五	貞十五	貞十五	貞十五	貞十五	貞十五二月
25	贈河陽李大夫（李元）	無	貞十五	貞十五	貞十五	貞十五	無收	貞十五	貞十五冬

26	贈張徐州莫辭酒（張建封）	無收	貞十五	貞十五	貞十五	貞十五	貞十五	貞十五	貞十五三月
27	嗟哉董生行（董邵南）	貞元中	貞十五	貞十五	貞十五	貞十五	貞十五	貞十六	貞十五
28	此日足可惜贈張籍	貞十五	貞十五	貞十五	貞十五	貞十五	貞十五	貞十五	貞十五二月二十日
29	贈族姪	無收	貞十五	貞十五	貞十五	貞十五	貞十五	貞十五	貞十五
30	齪齪	貞十五	貞十五	貞十五	貞十五	貞十五	貞十五	貞十五	貞十五秋
31	汴泗交流贈張僕射（張建封）	貞十五、六	貞十五	貞十五	貞十五	貞十五	貞十五	貞十五	貞十五七月
32	忽忽	貞十五、六	貞十五	貞十五	貞十五	貞十五	無收	貞十五	貞十五
33	鳴鴈	貞十五、六	貞十五	貞十五	貞十五	貞十五	無收	貞十五	貞十五
34	雉帶箭	徐州日	貞十五	貞十五	貞十五	貞十五	無收	貞十五	貞十五
35	從仕	貞十七、八	貞十五	貞十五	貞十五	貞十五	元十五	貞十五	貞十五
36	暮行河堤上	貞十一前	貞十五	貞十五	貞十五	貞十五	貞十五	貞十五	貞十五十月
37	駕驥	貞十六	貞十五	貞十五	貞十五	貞十五	貞十五	貞十六	貞十五冬
38	歸彭城	貞十六	貞十六	貞十六	貞十六	貞十六	貞十六	貞十六	貞十六春
39	幽懷	徐州作	貞十五	貞十六	貞十六	貞十六	無收	貞十六	貞十六春
40	海水	無	貞十六	貞十六	貞十六	貞十六	貞十六	貞十一	貞十六
41	送僧澄觀	貞十六	貞十六	貞十六	貞十六	貞十六	貞十六	貞十六	貞十六秋
42	河之水二首寄子姪老成	貞十六、七	貞十六	貞十六	貞十六	貞十六	貞十六	貞十六	貞十六冬
43	將歸贈孟東野房蜀客（孟郊、房次卿）	貞十七、八	貞十七	貞十七	貞十七	貞十七	貞十七	貞十七	貞十七三月
44	贈侯喜	貞十七	貞十七	貞十七	貞十七	貞十七	貞十七	貞十七	貞十七七月廿二

45	山石	貞十七、八	貞十七	貞十七	貞十七	貞十七	貞十七	貞十七	貞十七七月
46	送陸歙州詩并序	貞十八（入文）	貞十八	貞十八	貞十八	貞十八	貞十八	貞十八	貞十八二月十八
47	△夜歌	貞十一前	貞十六	貞十八	貞十六	貞十八	貞十八	貞十八	元元
48	哭楊兵部凝陸歙州參	貞十九	貞十九	貞十九	貞十九	貞十九	貞十九	貞十九	貞十九正月
49	苦寒	貞十九	貞十九	貞十九	貞十九	貞十九	無收	貞十九	元八十月
50	△詠雪贈張籍	元七、八	長元	貞十九	疑年	貞十九	無收	長元	元元
51	落齒	貞十九	貞十九	貞十九	貞十九	貞十九	貞十九	貞十九	貞十九
52	△古意	貞十八	無年考	貞十九	貞十八	貞十八	貞十九	貞十八	貞十八夏
53	題炭谷湫祠堂	無	貞十九	貞十九	貞十九	貞十九	貞十九	貞十九	貞十九
54	△利劍	貞十五	貞十二	貞十九	疑年	貞十九	無收	貞十九	貞十九
55	湘中	貞廿一	貞十九	貞二十	貞二十	貞二十	貞二十	貞二十	貞二十春
56	△答張十一功曹	貞二十	元元	貞二十	元元	貞二十	貞二十	貞二十	貞二十春
57	同冠峽	貞二十	貞二十	貞二十	貞二十	貞二十	貞二十	貞二十	貞二十二月半
58	次同冠峽	貞二十	貞二十	貞二十	貞二十	貞二十	貞二十	貞二十	
59	貞女峽	貞二十	貞二十	貞二十	貞二十	貞二十	貞二十	貞二十	貞二十春
60	縣齋讀書	貞二十	貞二十	貞二十	貞二十	貞二十	貞二十	貞二十	貞二十
61	送惠師	貞二十	貞二十	貞二十	貞二十	貞二十	貞二十	貞二十	貞二十
62	送靈師	貞二十	貞二十	貞二十	貞二十	貞二十	貞二十	貞二十	貞二十多末
63	李員外寄紙筆（李伯康）	貞二十	貞廿一	貞二十	貞二十	貞二十	貞二十	貞二十	貞二十多
64	叉魚	貞廿	元元	貞廿一	貞廿一	貞廿一	貞廿一	貞廿一	元元春
65	聞梨花發贈劉師命	元元	貞廿一	貞廿一	貞廿一	貞廿一	貞廿一	貞廿一	貞廿一正月
66	梨花下贈劉師命	元元	貞廿一	貞廿一	貞廿一	貞廿一	貞廿一	貞廿一	貞廿一正月

67	劉生詩	貞廿一	貞廿一	貞廿一	貞廿一	貞廿一	貞廿一	貞廿一	貞廿一春夏間
68	縣齋有懷	貞廿一	貞廿一	貞廿一	貞廿一	貞廿一	貞廿一	貞廿一	貞廿一正月
69	△君子法天運	徐州作	無年考	貞廿一	疑年	貞廿一	貞廿一	貞廿一	貞廿一
70	△畫月	無收	無年考	貞廿一	元十五	貞廿一	無收	元五	疑年
71	△醉後	無	貞廿一	貞廿一	疑年	貞廿一	貞廿一	貞廿一	疑年
72	雜詩四首	元十一	無年考	貞廿一	貞廿一	貞廿一	貞廿一	元十一	貞廿一
73	宿龍宮灘	貞二十	貞廿一	貞廿一	貞廿一	貞廿一	貞廿一	貞廿一	貞廿一夏秋
74	郴州祈雨	貞廿一	貞廿一	貞廿一	貞廿一	貞廿一	無收	貞廿一	貞廿一夏秋間
75	射訓狐	貞十七、八	貞廿一	貞廿一	貞廿一	貞廿一	貞廿一	貞廿一	貞廿一
76	東方半明	貞十七	貞廿一	貞廿一	貞廿一	貞廿一	貞廿一	貞廿一	貞廿一
77	八月十五夜贈張功曹（張署）	貞廿一	貞廿一	貞廿一	貞廿一	永元	貞廿一	貞廿一	貞廿一八月十五
78	譴瘧鬼	元十一	無年考	貞廿一	貞廿一	永元	貞廿一	元十二	貞廿一夏秋
79	湘中酬張十一功曹（張署）	貞廿一	貞廿一	貞廿一	貞廿一	永元	貞廿一	貞廿一	貞廿一秋暮
80	郴口又贈二首	貞廿一	貞廿一	貞廿一	貞廿一	永元	貞廿一	貞廿一	貞廿一秋暮
81	題木居士二首	貞廿一	貞廿一	貞廿一	貞廿一	永元	貞廿一	貞廿一	貞廿一
82	合江亭	貞廿一	貞廿一	貞廿一	貞廿一	永元	貞廿一	貞廿一	貞廿一九月
83	謁衡嶽廟遂宿嶽寺題門樓	貞廿一	貞廿一	貞廿一	貞廿一	永元	貞廿一	貞廿一	貞廿一九月
84	岣嶁山	貞廿一	貞廿一	貞廿一	貞廿一	永元	貞廿一	貞廿一	貞廿一九月
85	別盈上人（誠盈）	貞廿一	貞廿一	貞廿一	貞廿一	永元	貞廿一	貞廿一	貞廿一九月後
86	赴江陵途中寄贈王二十補闕李十一拾遺李二十六員外翰林三學士（王涯、王建、李程）	貞廿一	貞廿一	貞廿一	貞廿一	永元	貞廿一	貞廿一	貞廿一十月

87	潭州泊船呈諸公	無收	貞廿一	貞廿一	貞廿一	永元	貞廿一	貞廿一	貞廿一
88	陪杜侍御遊湘西兩寺獨宿有題因獻楊常侍（楊憑）	貞廿一	貞廿一	貞廿一	貞廿一	永元	貞廿一	貞廿一	貞廿一九月
89	洞庭湖阻風贈張十一署（張署）	貞廿一	貞廿一	貞廿一	貞廿一	永元	貞廿一	貞廿一	貞廿一十月
90	岳陽樓別竇司直（竇庠）	貞廿一	貞廿一	貞廿一	貞廿一	永元	貞廿一	貞廿一	貞廿一十月
91	晚泊江口	貞廿一	貞廿一	貞廿一	貞廿一	永元	貞廿一	貞廿一	貞廿一秋末
92	龍移	無	貞廿一	貞廿一	疑年	永元	無收	貞十九	貞廿一
93	永貞行	貞廿一	貞廿一	貞廿一	貞廿一	永元	貞廿一	貞廿一	貞廿一
94	木芙蓉	移江陵道間	無年考	貞廿一	貞廿一	永元	無收	貞廿一	貞廿一
95	喜雪獻裴尙書（裴均）	元元	貞廿一	貞廿一	貞廿一	永元	貞廿一	貞廿一	貞廿一十二月立春後
96	春雪（看雪乘清旦）	元元	元元	元元	元元	元元	元元	元元	元元春
97	春雪（片片驅鴻急）	無收	元元	元元	元元	元元	無收	貞二十	元元春
98	春雪間早梅	元元	元元	元元	元元	元元	元元	元元	元元春
99	早春雪中聞鶯	元元	元元	元元	元元	元元	元元	元元	元元春
100	△和歸工部送僧約（歸登）	元元	無年考	元元	疑年	元元	無收	元元	疑年
101	杏花	元元	元元	元元	元元	元元	元元	元元	元元春
102	李花贈張十一署（張署）	元元	元元	元元	元元	元元	元元	元元	元元二月尾
103	寒食日出遊	元元	元元	元元	元元	元元	元元	元元	元元春
104	感春四首	元元	元元	元元	元元	元元	無收	元元	元元春
105	憶昨行和張十一（張署）	元元	元元	元元	元元	元元	元元	元元	元元春
106	題張十一旅舍三詠　榴花　井　蒲萄	元元	元元	元元	元元	元元	元元	元元	元元五月

107	贈鄭兵曹（鄭群）	貞十七	無年考	元元	元元	元元	元元	元元	元元五月
108	鄭群贈簟	元元	元元	元元	元元	元元	元元	元元	元元五月
109	醉贈張秘書（張署）	元和初	元和初	元元	元元	元元	元元	元元	元和初
110	答張徹	元元	元元	元元	元元	元元	元元	元元	元元六月後
111	會合聯句	元元	元元	元元	元元	元元	元元	元元	元元六月後
112	納涼聯句	元元	元元	元元	元元	元元	元元	元元	元元閏六月
113	同宿聯句	元元	元元	元元	元元	元元	元元	元元	元元夏秋間
114	南山詩	元元	元元	元元	元元	元元	元元	元元	元元六月
115	豐陵行	元元	元元	元元	元元	元元	元元	元元	元元七月
116	△雨中寄孟刑部幾道聯句	元元	元元	元元	無	元元	元元	元元	元元秋
117	秋雨聯句	元元	元元	元元	元元	元元	元元	元元	元元八月
118	城南聯句	元二	元元	元元	元元	元元	元元	元元	元元秋
119	短燈檠歌	貞十七、八	元元	元元	元元	元元	無收	元元	元元秋
120	薦士	元元	貞廿一	元元	元元	元元	元元	元元	元元五月
121	秋懷詩十一首	元元	元元	元元	元元	元元	無收	元元	元元秋
122	游青龍寺贈崔大補闕	元元	元元	元元	元元	元元	元元	元元	元元九月
123	贈崔立之評事	元元	元元	元元	元元	元元	元元	元元	元元九月
124	送區弘南歸	元元	元元	元元	元元	元元	元元	元元	元元秋冬
125	送文暢師北遊	元元	元元	元元	元元	元元	元元	元元	元元秋末冬初

126	鬥雞聯句	元元	元元	元元	元元	元元	元元	元元	元元秋冬
127	征蜀聯句	元元	元元	元元	元元	元元	元元	元元	元元十月
128	△有所思聯句	無收	元元	元元	無	元元	無收	元元	元元
129	△遣興聯句	無收	元元	元元	無	元元	無收	元元	元元
130	△贈劍客李園聯句	無收	元元	元元	無	元元	無收	元元	元元
131	喜侯喜至贈張籍張徹	元元	元元	元元	元元	元元	元元	元元	元元六月後
132	贈崔立之（昔者十日雨）	無	元元	元元	元元	元元	元元	元元	元元九月
133	元和聖德詩并序	元二	元二	元二	元二	元二	元二	元二	元二正月
134	△記夢	元十一	元十一	元二	疑年	元二	元二	元十一	元十一
135	三星行	元和初遇讒分司日	元二	元二	元二	元二	元二	元二	元二
136	剝啄行	元和初遇讒分司日	元二	元二	元二	元二	元二	元二	元二
137	嘲鼾睡二首	無收	無年考	元二	元二	元二	無收	疑年	元二
138	酬裴十六功曹巡府西驛塗中見寄（裴度）	元二	元二	元二	元二	元二	元二	元二	元二秋
139	孟東野失子	元二	元三	元三	元三	元三	元三	元三	元三春
140	△莎柵聯句	元二、三	元五	元三	無	元三	元三	元三	元三
141	贈唐衢	貞十七	元三	元三	元三	元三	元三	元三	元三春
142	祖席　前字　秋字	元五	元三	元三	元三	元三	元三	元三	元三秋
143	△陸渾山火和皇甫湜用其韻	元二	元二	元三	元二	元三	元三	元三	元三冬
144	△寄皇甫湜	無	元二	元三	疑年	元三	無收	元八	元三
145	崔十六少府攝伊陽以詩及書見投因酬三十韻	元三	元三	元三	元三	元三	無收	元三	元三冬

146	送李翺	元四	元四	元四	元四	元四	元四	元四	元四正月
147	和虞部盧四汀酬翰林錢七徽赤藤杖歌（盧汀、錢徽）	元四	元四	元四	元四	元四	元四	元四	元四
148	送侯參謀赴河中幕（侯繼）	元四	元四	元四	元四	元四	元四	元四	元四十二月
149	東都遇春	元三	元三	元五	元五	元五	元五	元五	元五春
150	感春五首	元五（注1）	元五	元五	元五	元五	元五	元五	元五春
151	同寶牟韋執中尋劉尊師不遇	無收	元五	元五	元五	元五	元五	元五	元五
152	送鄭十校理序并詩（鄭翰）	元五（入文）	元五	元五	元五	元五	元五	元五	元五春
153	送石處士赴河陽幕及序（石洪）	元五	元五	元五	元五	元五	元五	元五	元五夏秋間
154	新竹	貞二十	元五	元五	貞二十	元五	無收	貞二十	貞十五
155	晚菊	貞二十	元五	元五	貞二十	元五	無收	貞二十	貞十五
156	送湖南李正字歸並序（李礎）	元五	元五	元五	元五	元五	元五	元五	元五秋暮
157	月蝕詩效玉川子作（盧全）	元五	元五	元五	元五	元五	元五	元五	元五十一月
158	燕河南府秀才	元五	元五	元五	元五	元五	元五	元五	元五十一月
159	學諸進士作精衛銜石填海	元七、八	元五	元五	元五	元五	元五	元五	元五
160	△招揚之罘一首	元六	元五	元五	元五	元六	元五	元五	元五
161	辛卯年雪	元六	元六	元六	元六	元六	元六	元六	元六二月末
162	李花二首	元六	元六	元六	元六	元六	元六	元六	元六春
163	寄盧全	元六	元六	元六	元六	元六	元六	元六	元六春
164	誰氏子	元六	元六	元六	元六	元六	無收	元六	元六三月後
165	河南令舍池臺	元六	無	元六	元六	元六	元六	元六	元六春夏
166	△池上絮	無收	無年考	元六	疑年	無收	無收	元六	疑年

167	石鼓歌	元六	元六	元六	元六	元六	元六	元六	元六年末
168	峽石西泉	元元	元五	元六	元六	元六	元六	元六	元六秋
169	入關詠馬	元元	元七	元六	元六	元六	元六	元六	元六
170	酬司門盧四兄雲夫院長望秋作（盧汀）	元六	元六	元六	元六	元六	元六	元六	元六秋
171	盧郎中雲夫寄示送盤谷子詩兩章歌以和之（盧汀）	元八	元六	元六	元六	元六	元六	元六	元六多
172	送無本師歸范陽	元六	元六	元六	元六	元六	元六	元六	元六多
173	送陸暢歸江南	元六	元六	元六	元六	元六	元六	元六	元六多
174	贈張籍	無	元元	元六	元六	元六	元六	元六	元六多
175	雙鳥詩	無	元六	元六	元六	元六	元六	元六	元六
176	贈劉師服	元七	元七	元七	元七	元七	元七	元七	元七
177	和崔舍人詠月二十韻（崔群）	元七、八年	元七	元七	元七	元七	元七	元七	元七八月
178	石鼎聯句詩並序	元七（入文）	元七（入文）	元七	元七（入文）	元七	元七	元七	元七十二月
179	寄崔二十六立之	無	元十	元七	元七	元七	元七	元七	元七多
180	奉和武相公鎮蜀時詠使宅韋太尉所養孔雀（武儒衡）	元十	元八	元八	元八	元八	元八	元八	元八三月
181	和武相公早春聞鶯（武儒衡）	無	元八	元八	元八	元八	元八	元八	元八三月
182	△大安池（闕）	無	無年考	元八	疑年	元八	無收		元九疑年
183	△遊太平公主山莊	元十、十一	無年考	元八	元十	元八	元八	元九	疑年
184	△晚春	元十、十一	無年考	元八	元十	元八	元八	元九	疑年
185	送進士劉師服東歸	元八	元八	元八	元八	元八	元八	元八	元八夏
186	送劉師服	元八	元八	元八	元八	元八	元八	元八	元八夏
187	奉和虢州劉給事使君三堂新	元八	元九	元八	元八	元八	元八	元八	元八

	題二十一詠并序（劉伯芻） 新亭 　流水 　竹洞 　月臺 　渚亭 　竹溪 　北湖 　花島 　柳溪 　西山 　竹逕 　荷池 　稻畦 　柳巷 　花源 　北樓 　鏡潭 　孤嶼 　方橋 　梯橋 　月池								
188	酬藍田崔丞立之詠雪見寄	無收	元八	元八	元八	元八	元八	元八	元八十月
189	雪後寄崔二十六丞公	元八	元八	元八	元八	元八	元八	元八	元八冬
190	△讀東方朔雜事	元十一	無年考	元八	疑年	元八	無收	元十三	元　八
191	桃源圖	貞十七	元十一	元八	元八	元八	元八	元八	元十一末
192	飲城南道邊古墓上逢中丞過贈禮部衛員外少室張道士（裴度、衛中行）	無收	元九	元九	元九	元九	元九	元九	元九春
193	江漢答孟郊	貞十一前	元九	元九	元九	元九	元九	元九	元九
194	△山南鄭相公樊員外酬答爲詩其末咸有見	元十	元九	元九	元十	元九	元九	元九	元十

	及語樊封以示愈依賦十四韻以獻（鄭餘慶、樊宗師）							
195	送張道士詩并序	元九（入文）	元九	元九	元九	元九	元九	元九	元九秋
196	△答道士寄樹雞	無	無年考	元九	疑年	元九	無收	元九	元九秋
197	△廣宣上人頻見過	元十二	無年考	元九	疑年	元九	無收	元九	元九至元十二
198	酬王二十舍人雪中見寄（王涯）	元七、八年間	元九	元九	元九	元九	元九	元九	元九冬
199	奉酬振武胡十二丈大夫（胡証）	元九	元九	元九	元九	元九	元九	元九	元九十一月
200	奉和庫部盧四兄曹長元日朝迴（盧汀）	元十	元十	元十	元十	元十	元十	元十	元十
201	寒食直歸遇雨	元十	元十	元十	元十	元十	元十	元十	元十春
202	送李六協律歸荊南（李礎）	元十	無	元十	元十	元十	元十	元十	元十春
203	題百葉桃花	元十	元十	元十	元十	元十	元十	元十	元十春
204	春雪（新年都未有芳華）	元十	元十	元十	元十	元十	元十	元十	元十二月
205	戲題牡丹	元十	元十	元十	元十	元十	元十	元十	元十春
206	盆池五首	元十	無年考	元十	元十	元十	元十	元十	元十
207	芍藥	元十	元十	元十	元十	元十	元十	元十	元十春
208	送李尙書赴襄陽八韻（李遜）	元十	元十	元十	元十	無收	元十	元十	元十十月
209	△示兒	元十三	元十	元十	元十	元十三	元十	元十一	元十冬
210	人日城南登高	元十一、二	元十一	元十一	元十一	元十一	元十一	元十一	元十一正月
211	和席八十二韻（席夔）	元十一	元十一	元十一	元十一	元十一	元十一	元十一	元十一春
212	遊城南十六首　賽神　題于賓客莊　晚春　落花	元和十年後，非一日時之作	無年考　元十三	元十一	元十一	元十一	元十一	元十一	元十一

	楸樹二首 風折花枝 贈同遊 贈張十八助教 題韋氏莊 晚雨 出城 把酒 嘲少年 楸樹 遣興	元九後作							
213	感春三首	元十一	元十一	元十一	元十一	元十一	無收	元十一	元十一 三月
214	和侯協律詠筍 （侯喜）	元十二	元十一	元十一	元十一	元十一	元十一	長三	元十一
215	題張十八所居 （張籍）	元十一	元十一	元十一	元十一	元十一	元十一	元十一	元十一
216	調張籍	無	元元	元十一	元十一	元十一	元十一	元十一	元十一
217	奉酬盧給事雲 夫四兄曲江荷 花行見寄並呈 上錢七兄閣老 張十八助教 （盧汀、錢徽）	元十一	元十一	元十一	元十一	元十一	元十一	元十一	元十一 五月後
218	奉和錢七兄曹 長盆池所植 （錢徽）	元十一	元十一	元十一	元十一	元十一	元十一	元十一	元十一
219	庭楸	元十三	元十一	元十一	元十一	元十一	元十一	元十一	元十一 五月
220	△早赴街西行 香贈盧李二中 舍人（盧汀、 李逢吉）	元十一	元九	元十一	元十一	元九	無收	元九	元十一
221	聽穎師彈琴	無	元十一	元十一	元十一	元十一	元十一	元十一	元十一
222	酬馬侍郎寄酒	元十二	元十一	元十一	元十一	元十一	元十一	元十一	元十一 秋
223	符讀書城南 （韓昶）	元十 一、二	元十一	元十一	元十一	元十一	元十一	元十一	元十一 七月

224	大行皇太后挽歌詞三首	元十一	元十一	元十一	元十一	元十一	元十一	元十一	元十一八月
225	△梁國惠康公主挽歌二首	元七、八	無年考	元十一	疑年	元十一	無收	元十一	元十一
226	△晚寄張十八助教周郎博士（張籍、周況）	元十一	元十一	元十一	元十	元十一	元十一	元十一	元十冬
227	△病鴟	元十一、二	無年考	元十一	疑年	元十一	無收	元十一	疑年
228	△嘲魯連子	無	無	元十一	疑年	元十一	無收	長三	疑年
229	閑遊二首	元十二	元十二	元十二	元十二	元十二	無收	元十二	元十二春
230	贈刑部馬侍郎（馬總）	元十二	元十二	元十二	元十二	元十二	元十二	元十二	元十二七月
231	過鴻溝	元十二	元十二	元十二	元十二	元十二	元十二	元十二	元十二八月
232	送張侍郎（張正甫）	元十二	元十二	元十二	元十二	元十二	元十二	元十二	元十二八月
233	奉和裴相公東征途經女几山下作（裴度）	元十二	元十二	元十二	元十二	元十二	元十二	元十二	元十二秋
234	晚秋郾城夜會聯句（李正封）	元十二	元十二	元十二	元十二、三	元十二	元十二	元十二	元十二晚秋
235	郾城晚飲奉贈副使馬侍郎及馮李二員外（馬總、馮宿、李宗閔）	元十二	元十二	元十二	元十二	元十二	元十二	元十二	元十二十月
236	酬別留後侍郎（馬總）	元十二	元十二	元十二	元十二	元十二	無收	元十二	元十二十一月
237	同李二十八夜次襄城（李正封）	元十二	元十二	元十二	元十二	元十二	元十二	元十二	元十二十二月
238	同李二十八員外從裴相公野宿西界（李正封、裴度）	元十二	元十二	元十二	元十二	元十二	元十二	元十二	元十二十二月
239	過襄城	元十二	元十二	元十二	元十二	元十二	元十二	元十二	元十二十二月

240	宿神龜招李二十八馮十七（李正封、馮宿）	元十二	元十二	元十二	元十二	元十二	元十二	元十二	元十二十二月
241	次硤石	元十二	元十二	元十二	元十二	元十二	元十二	元十二	元十二十二月
242	和李司勳過連昌宮（李正封）	元十二	元十二	元十二	元十二	元十二	元十二	元十二	元十二十二月
243	桃林夜賀晉公（裴度）	元十二	元十二	元十二	元十二	元十二	元十二	元十二	元十二十二月
244	次潼關先寄張十二閣老使君（張賈）	元十二	元十二	元十二	元十二	元十二	元十二	元十二	元十二十二月
245	次潼關上都統相公（裴度）	元十二	元十二	元十二	元十二	元十二	元十二	元十二	元十二十二月
246	晉公破賊回重拜台司以詩示幕中賓客愈奉和（裴度）	元十二	元十二	元十二	元十二	元十二	無收	元十二	元十二十二月
247	送李員外院長分司東都（李正封）	元十三	元十三	元十三	元十三	元十三	元十三	元十三	元十三正月
248	讀皇甫湜公安園池詩書其後	元十三	無年考	元十三	元十三	元十三	元十三	元十三	元十三
249	獨釣四首	元十三	元十三	元十三	元十三	元十三	元十三	元十三	元十三八月
250	元日酬蔡州馬十二尙書去年蔡州元日見寄之什（馬總）	元十四	元十四	元十四	元十四	元十四	元十四	元十四	元十四元旦日
△ 251	華山女	元十一、二	無年考	元十四	疑年	元十四	元十四	元十一	元十四正月
252	左遷至藍關示姪孫湘（韓湘）	元十四	元十四	元十四	元十四	元十四	元十四	元十四	元十四正月
253	武關西逢配流吐蕃	元十四	元十四	元十四	元十四	元十四	元十四	元十四	元十四春
254	路傍堠	元十四	元十四	元十四	元十四	元十四	元十四	元十四	元十四春

255	次鄧州界	元十四	元十四	元十四	元十四	元十四	元十四	元十四	元十四春
256	食曲河驛	元十四	元十四	元十四	元十四	元十四	元十四	元十四	元十四春
257	過南陽	元十四	元十四	元十四	元十四	元十四	元十四	元十四	元十四春
258	題楚昭王廟	貞十九、二十	元十四	元十四	元十四	元十四	元十四	元十四	元十四春
259	瀧吏	元十四	元十四	元十四	元十四	元十四	元十四	元十四	元十四春
260	題臨瀧寺	元十四	元十四	元十四	元十四	元十四	元十四	元十四	元十四春
261	晚次宣溪辱韶州張端公使君惠書敍別酬以絕句二章（張蒙）	元十四	元十四	元十四	元十四	元十四	元十四	元十四	元十四春
262	過始興江口感懷	元十四	元十四	元十四	元十四	元十四	元十四	元十四	元十四春
263	贈別元十八協律六首（元集虛）	元十四	元十四	元十四	元十四	元十四	元十四	元十四	元十四春
264	初南食貽元十八協律（元集虛）	元十四	元十四	元十四	元十四	元十四	無收	元十四	元十四抵潮後
265	宿曾江口示姪孫湘二首（韓湘）	元十四	元十四	元十四	元十四	元十四	元十四	元十四	元十四春
266	答柳柳州食蝦蟆（柳宗元）	元十四	元十四	元十四	元十四	元十四	元十四	元十四	元十四抵潮後
267	琴操十首 　將歸操 　猗蘭操 　龜山操 　越裳操 　拘幽操 　岐山操 　履霜操 　雉朝飛操 　別鵠操 　殘形操	無	無年考	元十四	元十四	元十四	無收	元十四	元十四

268	量移袁州張韶州端公以詩相賀因酬之（張蒙）	元十五	無	元十四	元十四	元十四	元十四	元十四	元十四十月
269	別趙子（趙德）	元十四	元十四	元十四	元十四	元十四	元十四	元十四	元十四冬
△270	將至韶州先寄張端公使君借圖經（張蒙）	元十五	元十五	元十五	元十五	元十四	元十五	元十五	元十四十二月下旬
271	△題秀禪師房	元十四	無	元十五	元十五	元十四	無收	元十五	元十四
272	韶州留別張端公使君（張蒙）	元十五	元十五	元十五	元十五	元十五	元十五	元十五	元十五正月
273	除官赴闕至江州寄鄂岳李大夫（李程）	元十五	元十五	元十五	元十五	元十五	元十五	元十五	元十五
274	次石頭驛寄江西王十中丞閣老（王仲舒）	元十五	元十五	元十五	元十五	元十五	元十五	元十五	元十五九月後
275	遊西林寺題蕭二兄郎中舊堂（蕭穎士）	元十五	元十五	元十五	元十五	元十五	元十五	元十五	元十五九月後
276	自袁州還京行次安陸先寄隨州周員外（周君巢）	元十五	元十五	元十五	元十五	元十五	元十五	元十五	元十五冬
277	寄隨州周員外	元十五	元十五	元十五	元十五	元十五	元十五	元十五	元十五冬
278	題廣昌館	元十五	元十五	元十五	元十五	元十五	元十五	元十五	元十五冬
279	酒中留上襄陽李相公（李逢吉）	元十五	元十五	元十五	元十五	元十五	元十五	元十五	元十五冬
280	去歲自刑部侍郎以罪貶潮州刺史乘驛赴任其後家亦譴逐小女道死殯之層峰驛旁山下蒙恩還朝過其墓留題驛梁	元十五	元十五	元十五	元十五	元十五	元十五	元十五	元十五冬

281	賀張十八秘書得裴司空馬（張籍）	長元	元十五	元十五	元十五	元十五	元十五	元十五	元十五多
282	△詠燈花同侯十一（侯喜）	元十四	元十五	元十五	元十三	元十五	元十五	元十五	元十五多暮
283	送侯喜	元七、八	元十五	元十五	元十五	元十五	元十五	元十五	元十五多
284	杏園送張徹侍御歸使（張徹）	長元	長元	長元	長元	長元	長元	長元	長元春
285	雨中寄張博士籍侯主簿喜（張籍、侯喜）	長元	長二	長元	長元	長元	無收	長元	長元夏
286	南山有高樹行贈李宗閔（李宗閔）	長元	長元	長元	長元	長元	長元	長元	長元四月
287	△猛虎行	無	宗閔復入作	長元	疑年	長元	無收	長元	疑年
288	奉和兵部張侍郎酬鄆州馬尙書祇召途中見寄開緘之日馬帥已再領鄆州之作（張賈、馬總）	長元	長元	長元	長元	長元	長元	長元	長元四月丙子
289	南內朝賀歸呈同官	元十一	長元	長元	長元	長元	長元	長元	長元七月
290	朝歸	元十一	長元	長元	長元	長元	長元	長元	長元七月
291	早春與張十八博士籍遊楊尙書林亭寄第三閣老兼呈白馮二閣老（張籍）	長二	長二	長二	長二	長二	長二	長二	長二二月
292	奉使常山早次太原呈副使吳郎中（吳丹）	長二	長二	長二	長二	長二	長二	長二	長二二月中
293	夕次壽陽驛題吳郎中詩後（吳丹）	長二	長二	長二	長二	長二	長二	長二	長二二月中
294	奉使鎮州行次承天行營奉酬裴司空（裴度）	長二	長二	長二	長二	長二	長二	長二	長二

295	鎮州路上謹酬裴司空相公重見寄（裴度）	長二	長二	長二	長二	長二	長二	長二	長二二月中
296	鎮州初歸	長二	長二	長二	長二	長二	長二	長二	長二春
297	同水部張員外曲江春遊寄白二十二舍人（張籍、白居易）	長二	長二	長二	長二	長二	長二	長二	長二三月
298	和水部張員外宣政衙賜百官櫻桃詩（張籍）	長二	長二	長二	長二	長二	長二	長二	長二三月
299	送桂州嚴大夫（嚴謩）	長二	長二	長二	長二	長二	長二	長二	長二四月
300	奉和僕射裴相公感恩言志（裴度）	長二	長二	長二	長二	長二	長二	長二	長二六月
301	和裴僕射相公假山十一韻（裴度）	長二	長二	長二	長二	長二	長二	長二	長二六月
302	奉和李相公題蕭家林亭（李逢吉）	長二	長二	長二	長二	長二	長二	長二	長二六月後
303	鄆州谿堂詩并序（馬總）	長二（入文）	長二	長二	長二	長二	長二	長二	長二夏秋間
304	和僕射相公朝迴見寄（裴度）	長二	長二	長二	長二	長二	長二	長二	長二九月中
305	奉酬天平馬十二僕射暇日言懷見寄之作（馬總）	長二	長二	長二	長二	長二	長二	無收	長二
306	早春呈水部張十八員外二首（張籍）	長二	長三	長三	長三	長三	長三	長三	長三春
307	送鄭尚書赴南海詩并序（鄭權）	長三	長三	長三	長三	長三	長三	長三	長三四月
308	和李相公攝事南郊覽物興懷呈一二知舊（李逢吉）	長二	長二	長三	長三	長三	長三	長三	長三秋

309	奉和杜相公太清宮紀事陳誠上李相公十六韻（杜元穎）	長二	長二	長三	長三	長三	長三	長三	長三十月
310	△枯樹	元十三	無	長三	疑年	長三	無收	長三	疑年
311	△送諸葛覺往隨州讀書	長四	長三	長三	疑年	長三	無收	長三	長四
312	示爽（韓湘）	元十一、二	長三	長三	長三	長三	長三	元十一	長三冬
313	南溪始泛三首	長四	長四	長四	長四	長四	長四	長四	長四
314	與張十八同效阮步兵一日復一夕（張籍）	長二、三	長四	長四	長四	長四	無收	長四	長四冬
315	翫月喜張十八員外以王六秘書至（張籍）	長二、三	長四	長四	長四	長四	長四	長四	長四八月
316	辭唱歌	無收	無年考	疑偽	疑年	無收	無收	疑年	疑偽
317	贈賈島	無收	無收	疑偽	存疑	無收	無收	疑年	疑偽
318	贈譯經僧	無收	無收	疑偽	存疑	無收	無收	疑年	疑偽
319	題杜工部墳	無收	無收	無收	存疑	無收	無收		
320	遊祝融峰	無收	無收	無收	存疑	無收	無收		
321	題西白澗	無收	無收	無收	存疑	無收	無收		
322	別韓湘	無收	無收	無收	存疑	無收	無收		
323	題遊息洞	無收	無收	無收	存疑	無收	無收		
324	冬日可愛詩	無收	無收	無收	無收	貞十一	貞十		

主要參考文獻

一、韓愈詩文集

〔唐〕韓愈撰：《昌黎先生文集》四十卷外集十卷，宋蜀刻本。

〔唐〕韓愈撰：〔宋〕文讜註、王儔補註：《新刊經進詳註昌黎先生文》宋蜀刻本。

〔唐〕韓愈撰：《昌黎先生文集》四十卷外集十卷附外集，景印宋本。

〔唐〕韓愈撰：〔宋〕魏仲舉：《五百家注昌黎文集》，文淵閣四庫全書本。

〔唐〕韓愈撰：〔宋〕祝充注：《音注韓文公文集》四十卷外集十二卷，文祿堂本。

〔唐〕韓愈撰：〔宋〕廖瑩中集註：《東雅堂昌黎集註》，文淵閣四庫全書本。

〔宋〕魏仲舉編：《韓文類譜》，上海：古籍出版社，續修四庫全書本。

〔宋〕方崧卿：《韓集舉正》，台北：藝文印書館，影印文淵閣本。

〔宋〕朱熹：《昌黎先生集考異》十卷，上海：古籍出版社，山西祁縣圖書館藏宋刻本，1985 年 2 月。

〔清〕方世舉箋注：《韓昌黎詩集編年箋注》，上海：古籍出版社續修四庫全書集部，台北：莊嚴文化事業有限公司，1997

年 6 月。

〔清〕顧嗣立輯：《昌黎先生詩集注》，台北：臺灣學生書局，
　　　民國 56 年 5 月。

〔清〕顧嗣立刪補、黃鉞證訛：《昌黎先生詩增注證訛十一卷》。

〔清〕王元啓：《讀韓記疑十卷》，嘉慶二十二年秋刊。

〔清〕方成珪撰、陳準校刊：《韓集箋正》五卷附《年譜》一卷，
　　　瑞安陳氏湫漻齋校本。

〔清〕陳景雲：《韓集點勘》，景印文淵閣本。

〔清〕沈欽韓撰：《韓集補注》，光緒十七年三月廣雅書局刊。

〔清〕馬其昶：《韓昌黎文集校注》，香港：中華書局，1984。

徐震：《韓集詮訂》，《文藝叢刊》本，民國 23 年。

錢仲聯撰：《韓昌黎詩繫年集釋》，臺北：世界書局，民國 75
　　　年 10 月，四版（此舊版）。

錢仲聯撰：《韓昌黎詩繫年集釋》，上海：上海古籍出版社，1984
　　　年 8 月（此新版）。

童第德：《韓集校詮》，北京：中華書局，1985 年 1 月。

羅聯添編：《韓愈古文校注彙輯》，台北，國立編譯館，民國 92
　　　年 6 月。

屈守元、常思春主編：《韓愈全集校注》，成都：四川大學出版
　　　社，1996 年。

劉真倫：《昌黎文錄輯校》，武昌：華中科技大學，2002 年 2 月。

閻琦校注：《韓昌黎文集注釋》，西安，三秦出版社，2004 年 12 月。

二、韓愈年譜及相關年譜類

〔宋〕呂大防撰：《韓吏部文公集年譜》，徐敏霞校輯：《韓愈

年譜》，北京，中華書局，1991 年 5 月。

〔宋〕程俱撰：《韓文公歷官記》，徐敏霞校輯：《韓愈年譜》，
　　北京，中華書局，1991 年 5 月。

〔宋〕洪興祖撰：《韓子年譜》，徐敏霞校輯：《韓愈年譜》，
　　北京，中華書局，1991 年 5 月。

〔宋〕樊汝霖撰：《韓文公年譜》，徐敏霞校輯：《韓愈年譜》，
　　北京，中華書局，1991 年 5 月。

〔宋〕方崧卿撰：《韓文年表》，徐敏霞校輯：《韓愈年譜》，
　　北京，中華書局，1991 年 5 月。

〔宋〕方崧卿撰：《年譜增考》，收入洪興祖撰：《韓子年譜》
　　內，徐敏霞校輯：《韓愈年譜》，北京，中華書局，1991 年
　　5 月。

〔清〕顧嗣立撰：《昌黎先生年譜》，徐敏霞校輯：《韓愈年譜》，
　　北京，中華書局，1991 年 5 月。

〔清〕方成珪撰：《昌黎先生詩文年譜》，徐敏霞校輯：《韓愈
　　年譜》，北京，中華書局，1991 年 5 月。

華忱之：《孟郊年譜》，台北：學海出版社，民 87 年 5 月。

李嘉言：《賈島年譜》，台北：大西洋圖書公司，民 59 年 1 月。

朱自清：《李賀年譜》，香港：龍門書店，1970 年 3 月。

羅聯添：《張籍年譜》，《唐代詩文六家年譜》，台北：學海出
　　版社，民 75 年 7 月。

羅聯添：《劉夢得年譜》，《唐代詩文六家年譜》，台北：學海
　　出版社，民 75 年 7 月。

羅聯添：《李翱年譜》，《唐代詩文六家年譜》，台北：學海出
　　版社，民 75 年 7 月。

羅聯添：《柳宗元事蹟繫年暨資料類編》，台北：國立編譯館，
　　民 70 年 12 月。

羅聯添：《白樂天年譜》，台北：國立編譯館，民 78 年 7 月。

蔣抱玄：《考正韓文公年譜》，收入《注釋評點韓昌黎文全集》，
　　台北：廣文書局，民 80 年。

黃埕喜：《韓愈事蹟繫年考》，1989 年東吳大學中文研究所碩士
　　論文，收入羅聯添編：《韓愈古文校注彙輯》，台北，國立
　　編譯館，民國 92 年 6 月。頁 3699-3966。

卞孝萱：《元稹年譜》，山東：齊魯書社，1980 年 6 月。

羅聯添著：《韓愈研究》，臺北：臺灣學生書局，民 70 年 11 月。

朱金城著：《白居易年譜》，上海：古籍出版社，1982 年 8 月。

張清華著：《韓愈年譜匯證》，收入《韓學研究》下冊，南京：
　　江蘇教育出版社，1998 年 8 月。

陳克明著：《韓愈年譜及詩文編年》，成都，巴蜀出社，1999 年
　　8 月。

楊軍著：《元稹集編年箋注》，西安：三秦出版社，2002 年 6 月。

三、韓愈研究類

〔清〕王鳴盛撰：《蛾術編》95 卷，台北，信誼書局，民 65 年 7 月。

錢基博撰：《韓愈志》，香港：龍門書店，1969 年 10 月。

程學洵：《韓詩臆說》，台北：臺灣商務印書局，民 59 年 7 月。

吳文治：《韓愈資料彙編》，臺北：學海出版社，民 73 年 4 月。

陳克明著：《韓愈述評》，北京：中國社會科學出版社，1985 年
　　7 月。

鄧潭州著：《韓愈研究》，長沙：湖南教育出版社，1991 年。

劉國盈著：《韓愈評傳》，北京：北京師範學院出版社，1991 年 6 月。

成復旺著：《韓愈評傳》南寧：廣西教育出版社，1997 年 8 月。

羅聯添著：《韓愈傳》，臺北：國家出版社，1998 年 3 月。

劉國盈著：《韓愈叢考》，北京：文化藝術出版社，1999 年 1 月。

陳新璋著：《韓愈傳》，廣州：廣東高等教育出版社，1999 年 11 月。

劉真倫：《韓愈集宋元傳本研究》，北京：中國社會科學出版社，
　　2004 年 6 月。

劉真倫：《韓集舉正彙校》，南京：鳳凰出版社，2007 年 12 月。

柯萬成著：《韓愈詩研究》（增訂本），臺北：花木蘭文化事業
　　出版社，2010 年 9 月增訂新版。

柯萬成著：《韓愈與唐代文化論叢》，臺北：花木蘭文化事業出
　　版社，2011 年 9 月。

柯萬成著：〈韓愈文繫年三家異同比較研究〉，《韓愈古文新論》，
　　臺北：文史哲出版社，2006 年 6 月。

柯萬成著：〈韓愈詩繫年四家異同比較研究〉，《韓愈古文新論》，
　　臺北：文史哲出版社，2006 年 6 月。

柯萬成撰：〈韓愈詩繫年考辨二十則〉，《科技學刊》，民 92
　　年 3 月第十二卷第二期。

柯萬成撰：〈韓愈文繫年考辨二十九則〉，《科技學刊》，民 92
　　年 9 月第十二卷第五期。

四、基本文獻

〔唐〕李翱撰：〈正議大夫行尚書吏部侍郎上柱國贈禮部尚書韓
　　公行狀〉，載《韓文公志》卷第一，《新刊經進詳註昌黎先
　　生文》，上海：古籍出版社，1994 年 9 月。（《李文公集》

卷十一）

〔唐〕皇甫湜撰：〈韓文公墓誌〉，載《韓文公志》卷第一，《新
　　刊經進詳註昌黎先生文》，上海：古籍出版社，1994 年 9 月。
　　（《皇甫持正文集》卷六）

〔唐〕皇甫湜撰：〈韓文公神道碑〉，載《韓文公志》卷第一，
　　《新刊經進詳註昌黎先生文》，上海：古籍出版社，1994 年
　　9 月。（《皇甫持正文集》卷六）

〔唐〕李漢撰：〈昌黎先生韓愈文集序〉，載《韓文公志》卷第
　　三，《新刊經進詳註昌黎先生文》，上海：古籍出版社，1994
　　年 9 月。（《唐文粹》卷九十二）

〔唐〕李翱撰：〈祭文〉，載《韓文公志》卷第三，《新刊經進
　　詳註昌黎先生文》，上海：古籍出版社，1994 年 9 月。（《李
　　文公集》卷十一）

〔唐〕皇甫湜撰：〈祭文〉，載《韓文公志》卷第三，《新刊經
　　進詳註昌黎先生文》，上海：古籍出版社，1994 年 9 月。（《皇
　　甫持正文集》卷六）

〔唐〕劉禹錫撰：〈祭文〉，載《韓文公志》卷第三，《新刊經
　　進詳註昌黎先生文》，上海：古籍出版社，1994 年 9 月。（《劉
　　夢得文集外集》卷十）

〔唐〕張籍撰：〈祭文〉、載《韓文公志》卷第三，《新刊經進
　　詳註昌黎先生文》，上海：古籍出版社，1994 年 9 月。（《張
　　司業集》卷一）

〔後晉〕劉昫：《舊唐書‧卷 160》，北京：中華書局二十四史
　　校點本，1977 年。

〔宋〕宋祁：《新唐書‧卷 176》，北京：中華書局二十四史校

點本，1977 年。

〔唐〕皮日休撰：〈請配饗書〉，載《韓文公志》卷第一，《新刊經進詳註昌黎先生文》，上海：古籍出版社，1994 年 9 月。

〔宋〕蘇軾撰：〈潮州韓文公廟碑〉，載《韓文公志》卷第二，《新刊經進詳註昌黎先生文）, 上海：古籍出版社，1994 年 9 月。（《經進東坡文集事略》卷五十五）

〔宋〕朱熹撰：《校新書本傳》，《原本韓集考異》，《文淵閣四庫全書，卷十》。

〔宋〕司馬光撰、胡三省注：《新校資治通鑑注》，台北：世界書局，民 76 年 1 月。

〔宋〕宋敏求編：《唐大詔令集》，台北：華文書局，民 58 年 6 月。

〔清〕傅恆等監修、龔德柏斷句：《歷代通鑑輯覽》，台北：臺灣商務印書館，民 61 年 1 月。

〔清〕徐松撰、民國・羅繼祖補遺：《登科記考》，日本，東京：中文出版社，1982 年 5 月。

〔日〕平岡武夫編：《唐代的曆》，上海：古籍出版社，1990 年 9 月。

傅璇琮主編，《唐才子傳校箋》，北京：中華書局，2000 年 2 月。

〔清〕徐松撰、孟二冬補正：《登科記考補正》，北京：燕山出版社，2003 年 7 月。

高步瀛撰：《唐宋詩舉要》，台北：世界書局，民 53 年 3 月。

高步瀛撰：《唐宋文舉要》，台北：宏業書局，民 60 年 3 月。